The Grand Hostels

Die schicksten Designhostels der Welt

gestalten

Willkommen in den neuen Designhostels

» Mein Ziel war es immer, konventionelle Gewohnheiten anzuzweifeln und neue Möglichkeiten zu finden, Leute zu Reisen zu inspirieren. «

Ich bin ein Mädchen fürs Hotel. In meinen 20ern bin ich mit dem Rucksack durch Europa gereist und habe in Hostels übernachtet. Jetzt arbeite ich und kann mir ein eigenes Zimmer leisten. Die Vorstellung mit miefenden Backpackern in einem Zehnbettzimmer zu übernachten finde ich ziemlich widerlich."

Mein Date verlief wirklich gut bis hierhin. Ich hatte gerade eine heftige Trennung hinter mir und auf den Rat eines Freundes hatte ich mich beim Onlinedating *match.com* angemeldet. Das war die Zeit vor Tinder. Meine Leidenschaft zu reisen war ein gutes Thema für die Dates und brach oft das Eis. Bis die Frauen merkten, dass ich über das Reisen mit kleinem Budget schrieb.

» Reisen mit kleinem Budget? Heißt das im Hostel übernachten? Im Mehrbettzimmer? «

Hostels wurden nicht nur bei meinen Dates negativ wahrgenommen. Ich erkannte selbst, dass ich älter wurde und das Schlafen in Mehrbettzimmern schwierig fand. Je mehr ich reiste, desto intoleranter wurde ich gegenüber den Reisegewohnheiten anderer Leute. Ich sehnte mich nach dem Luxus eines eigenen Zimmers, war aber noch nicht bereit mich auf die charakterlose und fade Welt der Hotels einzulassen.

Die Weisheit kommt mit dem Alter – das lehrte mich, dass es mir ums Erleben geht, wenn ich reise. Mit 39 bedeutete Reisen nicht mehr im billigsten verfügbaren Bett zu übernachten. Ich will mehr als nur ein billiges Bett. Ich will ein Erlebnis. Also machte ich mich auf die Suche nach einer erwachseneren Art mit dem Rucksack um die Welt zu reisen, und dass ohne auf Komfort zu verzichten. Ich fing an zu recherchieren, las Reiseblogs, tauschte mich mit der Community auf Instagram und Twitter aus und fragte nach deren Hostel-Erfahrungen. Ich fand heraus, dass es besonders bei Reisenden in meinem Alter, zwischen 30 und 39 Jahren, den Trend gab ‚jünger' zu verreisen. Sie wählten Hostels, von denen sie vorher dachten, deren Gäste wären 20-somethings.

Dann entdeckte ich eine neue Sorte Designhostels, die in den letzten Jahren aufgekommen sind. Diese Hostels boten neben Mehrbettzimmern auch Einzel- und

Doppelzimmer mit eigenem Bad an. Die Einrichtung dieser Hostels war gleichwertig mit dem eines vier oder fünf Sterne Boutiquehotels.

Die Ausstattung dieser neuen Hostels ist grandios. Von Swimmingpools im Freien bis hin zu Dachterrassen, von Pétanque Bars zu Kinosälen, von Arbeitsplätzen und Tangostunden bis hin zum spanischen Kochkurs – es gibt unendlich viele Möglichkeiten und Erlebnisse in jedem der 116 Luxushostels dieses Buches. Ich mag den Gedanken sehr, dass jedes von ihnen sich wie ein Zuhause fernab der Heimat anfühlt. Ist man einmal da angekommen, fällt es schwer, wieder wegzugehen – Das verspreche ich.

Das alles begann als persönliches Projekt, mit dem ich meine Leidenschaft für das Backpacking-Reisen wiederentdeckte und vielen kreativen, mutigen und inspirierenden Leuten begegnete. Diese sind der wichtigste Anstoß, die Hostels in diesem Buch zu besuchen. Die Menschen, die man dort kennenlernt, sind es, die nicht nur die Art zu reisen neu definieren, sondern auch wie wir Hostels sehen.

Auf meinem Blog *BudgetTraveller.org* war es immer mein Ziel, die konventionellen Gewohnheiten anzuzweifeln und neue Möglichkeiten zu finden, Leute zu Reisen zu inspirieren. Mit diesem Buch hoffe ich, eine neue Generation von alten und jungen Reisenden zu begeistern, diese sensationellen neuen Hostels zu besuchen und die aufregende Hostel-Revolution zu feiern.

Willkommen in der Zukunft des luxuriösen Reisens für kleines Geld. Willkommen in den Grand Hostels, den Designhostels der Welt.

Kash Bhattacharya
Gründer und Editor, *BudgetTraveller.org*

Hostel-Typen

Budget

Romantik

Gastronomie

Familie

Party

Nachtruhe

Boutique

Design

Abends in Lissabon

Paris und Venedig, ihr dürft gern vor Neid erblassen – für mich ist Lissabon die romantischste Stadt der Welt!

Kulinarisches

Wenn ich zu den Klängen des Fado, die mir an jeder Straßenecke entgegenwehen, durch die *travessas* (Gassen) der Stadt laufe, kann ich nicht aufhören, all die wunderschönen Gebäude zu bewundern, die zahllosen Invasionen und Erdbeben standgehalten haben. Lissabon ist wie eine Reise in die Vergangenheit. In diese Stadt verliebt man sich immer wieder neu.

Das Auf und Ab durch Lissabons enge und häufig steile *travessas* kostet viel Energie, daher mache ich oft Pausen, um mich in einer der zahlreichen *Pastelarias* zu entspannen und einem Laster zu frönen, auf das die Lisboetas besonders stolz sind: Pastéis de Nata, mit Zimt aromatisierte Puddingtörtchen, die traditionell von einem *bica* begleitet werden, einem starken Espresso. Die besten Pastéis de Nata gibt es im Stadtteil Belém, von dem aus Vasco da Gama seine Segel setzte. Die Antiga Confeitaria de Belém backt diese süße Köstlichkeit seit 1837 nach einem alten, noch heute streng gehüteten Geheimrezept.

Wer authentische portugiesische Küche genießen möchte, sollte sich in den Stadtteil Alvalade wagen, Heimstatt der portugiesischen Punk-Bewegung. Im Restaurant Adega da Bairrada, in das normalerweise nur Einheimische gehen, sollte man die Klassiker Bacalhau (Stockfisch) und Cozido à Portuguesa, einen perfekt geschmorten Eintopf, probieren. Eine gute Auswahl an typischen Fleischgerichten bekommt man im O Carteiro, zum Beispiel Arroz de Cabidela – im eigenen Blut gekochtes Hühnchen (oder Kaninchen) mit Reis. Ja, einige portugiesische Gerichte sind nichts für schwache Nerven …

Modernere Interpretationen der portugiesischen Küche findet man im Time Out Lisboa, das einige der besten Restaurants der Stadt unter einem Dach vereint. Mir gefällt besonders das Trincas, Schwesterrestaurant des wunderbaren Decadente im Independente Hostel & Suites, das auf portugiesische Petiscos (kleine Gerichte) spezialisiert ist. Mein absoluter Favorit hier: der Oktopusreis. Wer dann auf den Geschmack gekommen ist, kann im A Maria Não Deixa in der Nähe der Standseilbahn Bica weitere Petiscos testen und sich zum Dessert ein Eis von Santini gönnen. →

fundação calouste GULBENKIAN
Restaurante O CARTEIRO
Red frog Speakeasy
BAR foxtrot
castelo de SÃO Jorge
ANTIGUA confeitaria
LUX frágil
PRAÇA do commercio
igreja de SANTA ENGRÁCIA
Torre de Bellém
ANTIGA confeitaria de Belém
LISBON

Lissabon ist wie eine Reise in die Vergangenheit. In diese Stadt verliebt man sich immer wieder neu.

» Als Gastronom muss ich immer auf dem neuesten Stand sein, ich persönlich ziehe jedoch die Klassiker vor. Das einfache, in einer Seitengasse gelegene Zé da Mouraria erobert mit seinem wunderbaren Mittagsmenü jedes kulinarische Herz, aber wer es edel mag, inklusive portugiesischer Top-Produkte und herausragender Weine, dem empfehle ich das Coelho da Rocha. Die beiden Brüder, die es betreiben, haben in ihrem zweiten Restaurant, dem Magano, als Kellner angefangen und es ihrem damaligen Boss abgekauft. Die zwei sind eine wahre Inspiration. «

DUARTE D'EÇA LEAL
– *The Independente Collective*

Bars

Was ihr Trinkverhalten angeht, sind die Portugiesen recht eigen. Getrunken wird beim Essen, auf Partys, aber nicht zum Feierabend oder ohne besonderen Anlass. Das Foxtrot ist die Ausnahme von dieser Regel. Der Besitzer, Senhor Joaquim, arbeitete hier 20 Jahre lang an der Bar, ehe er das Lokal von seinem damaligen Chef erwarb. Der Billardtisch ist heiß begehrt und es gibt einen hübschen Biergarten.

Das Red Frog Speakeasy in der eleganten Avenida da Liberdade gilt als beste Cocktailbar der Stadt. Als Reminiszenz an die amerikanische Prohibition der 1920er-Jahre versteckt sich diese Speakeasy (Flüsterbar) hinter einer verschlossenen Tür ohne Beschriftung. Wer hinein will, muss klingeln. Die Getränke sind relativ teuer, aber der Besuch lohnt sich und die Cocktails schmecken wirklich gut.

Für einen Drink mit schöner Aussicht über dem Tejo bei Sonnenuntergang empfehle ich das Miradouro de Santa Catarina. Die Atmosphäre ist großartig und nebenbei kann man wunderbar den funkigen Klängen der Straßenmusiker lauschen. Das Park Restaurant & Bar ist eine weitere sehr spezielle Location für ein Getränk bei Sonnenuntergang: Es handelt sich um ein Parkdeck, das in eine hippe Dachterrassenbar umgewandelt wurde.

Ausgehen

Herausforderer kommen und gehen, doch wahre Institutionen bleiben. In Lissabon ist dies das Lux, das mit seiner sorgsam ausgewählten Musik und Ausstattung die Seele seines Gründers Manuel Reis widerspiegelt. Irgendwann landet jeder einmal hier.

Eine weitere Lieblingsgegend von mir ist das hippe Cais do Sodré, auch Pink Street genannt – eine Anspielung auf seine Vergangenheit als Lissabons Rotlichtviertel. Was früher ein zwielichtiges Pflaster war, ist heute der größte Partyhotspot der Stadt. Beliebt ist auch die Musicbox, in der portugiesische als auch internationale DJs auflegen. Hip-Hop-Fans gehen ins Copenhagen und wer Jazz oder Livemusik mag ins Titanic Sur Mer. →

Flanieren

Ich mag es sehr, durch die Straßen von Alfama zu bummeln und dabei typische Szenen zu beobachten, zum Beispiel ältere Frauen, die sich zum Plaudern aus dem Fenster lehnen. Eine weitere schöne Gegend, die zum Schlendern einlädt, ist das Bairro da Mouraria, das zu den multikulturellsten Vierteln der Stadt gehört.

»Der Tejo ist ein zentraler Teil von Lissabon. Mein perfekter Spaziergang beginnt irgendwo in Belém und führt am MAAT (Museum für Kunst, Architektur und Technologie) vorbei bis ganz hinauf zum Village Underground und zur LXFactory.«

DUARTE D'EÇA LEAL
– The Independente Collective

Orte zum Entspannen

Die Atlantikküste ist nur 20 Minuten von Lissabon entfernt. Am Wochenende strömen die Einheimischen an die beliebte Costa da Caparica und hängen mit ihren Freunden in den Strandbars Cabana do Pescador oder Borda D'Água ab. Wenn das Wetter nicht warm genug ist für Sand und Meer, ist ein Picknick im Jardim da Estrela eine schöne Alternative.

»Mein liebster Ort zum Entspannen ist die Fundaçao Calouste Gulbenkian. Hier kann man zwischen Bäumen umherstreifen, ein Open-Air-Konzert genießen oder einfach am See relaxen und die Vögel beobachten.«

JADE PERLE LOUIS
– Destination Hostels

sich den Sonnenuntergang anzuschauen, auch wenn er um diese Zeit immer etwas überlaufen ist.«

NUNO CONSTANTINO
– Hub New Lisbon Hostel

Herumkommen

Ich liebe es, die Welt auf dem hintersten Sitz der Tram 28 an mir vorüberziehen zu lassen – die Fahrt gehört zu den schönsten Dingen, die das Leben zu bieten hat. Da sie Lissabons wachsender Beliebtheit zum Opfer zu fallen scheint, lohnt es sich, die Tram schon früh am Morgen zu besteigen und auf Taschendiebe achtzugeben.

»Die Scooter von eCooltra sind super für kurze Strecken. Man muss einfach nur die App downloaden, ein Foto von Führerschein und Personalausweis machen — das war's schon. Und günstig sind sie noch dazu!«

NUNO CONSTANTINO
– Hub New Lisbon Hostel

Aussichtspunkte

Lissabon erstreckt sich über sieben Hügel und bietet viele Aussichtspunkte, Miradouros genannt. Der Ausblick vom Miradouro de São Pedro de Alcântara gegenüber vom The Independente Hostel & Suites ist spektakulär. Und der vom The Insólito, einem etwas schrägen Restaurant mit Dachterrasse, ist ebenso umwerfend.

Auf dem Miradouro de Monsanto gab es mal ein Panoramarestaurant, das jedoch seit 2001 geschlossen ist. Eine Weile hatte es nur Neugierige und Streetart-Künstler hierher gezogen, doch seit September 2017 zählt er zu den offiziellen Aussichtspunkten der Stadt.

»Der Miradouro da Nossa Senhora do Monte ist perfekt, um Fotos zu machen und

Versteckte Orte

Lissabon ist voller Geheimnisse, denen man aber durchaus auf die Spur kommen kann. Ich empfehle, ein Boot nach Cova do Vapor zu nehmen, einem der Stadt vorgelagerten, traditionellen Fischerdorf mit einem einzigartigen Strand.
Hier kann man seine Sinne mit frischem Fisch und Vinho Verde verwöhnen und das Ganze mit einem Sprung ins kalte Wasser und einem Nickerchen in der warmen Sonne abrunden.

Das Village Underground gleich neben der LXFactory ist ein weiterer Geheimtipp. Hier sollte man unbedingt ein Getränk im Café einnehmen, das sich in einem faszinierenden Bau aus gestapelten Schiffscontainern und Doppeldeckerbussen befindet. Dieses neu entstandene Kreativzentrum ist absolut instagramverdächtig.

The Independente Hostel & Suites

Bohemes Wohnen am Puls der Stadt

The Independente liegt oberhalb des Miradouro de São Pedro de Alcântara und genau dort, wo sich drei der lebendigsten und beliebtesten Viertel von Lissabon treffen: Bairro Alto, Príncipe Real und Avenida da Liberdade. Das Art-Déco-inspirierte Hostel war die Idee von vier Brüdern, die einen Treffpunkt schaffen wollten, an dem Reisende ebenso wie Einheimische zusammenkommen.

Die Inneneinrichtung vereint skandinavischen Minimalismus und klassische Architektur miteinander. Ein Widerspruch, der ganz wunderbar funktioniert.
Das Gebäude war einst die Residenz des Schweizer Botschafters, bevor es 2011 in ein luxuriöses Hostel mit 90 Betten in elf geräumigen Schlafsälen umgebaut wurde.
Mit seinen hohen Decken, Stuckverzierungen und schmiedeeisernen Balkonen, die den Tagus überblicken, hat sich das Gebäude viel von seinem ursprünglichen Charakter bewahrt.

Die Schlafsäle verfügen über stabile Etagenbetten mit eigener Leselampe und Stromanschluss. Jeder Schlafsaal ist mit einer Mischung aus Antiquitäten, Familienerbstücken und Second-Hand-Möbeln geschmackvoll dekoriert. Es gibt außerdem vier private Suiten mit Balkon, auf dem die Gäste einen Espresso aus der eigenen Maschine genießen können – perfekt für ein Pärchen oder eine Familie, die mehr Privatsphäre wünschen.

Im Hostel finden regelmäßig Konzerte mit lokalen und →

Good to know

PREIS
€€€€€
AUSSTATTUNG
WLAN; Restaurant; Bar; Bar auf dem Dach; Lounge.

Tipp: Hier findet man auch The Decadent Restaurante & Bar, eines der schicksten und beliebtesten Restaurants. Es ist für seine moderne portugiesische Küche aus regionalen Zutaten bekannt und ist bei Einheimischen und Reisenden gleichermaßen beliebt.

Das Art-Déco-inspirierte Hostel war die Idee von vier Brüdern, die einen Treffpunkt schaffen wollten, an dem Reisende ebenso wie Einheimische zusammenkommen.

internationalen Künstlern statt und das Team organisiert wöchentliche Events wie Filmabende oder Kochshows sowie Surf-Touren und viele andere spannende Aktivitäten.

Auch The Decadent Restaurante & Bar, eines der schicksten und beliebtesten Restaurants in ganz Lissabon, findet man hier. Es ist für seine moderne portugiesische Küche aus regionalen Zutaten bekannt und die Gäste können sich mit einem leckeren Cocktail im Biergarten entspannen – der perfekte Ort an einem heißen Sommertag in Lissabon. Das kostenlose Frühstück aus Orangensaft, Müsli, Kaffee, Brot, Käse und Aufschnitt sorgt für einen guten Start in den Tag.

The Independente ist ideal für Designbegeisterte. Kombiniert mit einem großartigen Restaurant, einer coolen Bar und freundlichen Mitarbeitern ist dieses besondere und einzigartige Hostel der perfekte Ort in Lissabon.

Goodmorning Hostel

Aufwachen im Herzen von Lissabon

Das Goodmorning Hostel liegt an der Praça dos Restauradores, im Herzen von Lissabon und gehört zu einer neuen Sorte von Designhostels. Warme Holzfußböden, gewagte glänzende Tapeten und Räume voller Vintage-Kuriositäten und aufgearbeiteten Möbelstücken.

Die Mehrbettzimmer sind geräumig und clever aufgeteilt, die Betten sehr bequem. Jedes Bett hat ein Regal, eine Steckdose und eine Leselampe. Reisende, die mehr Privatsphäre wünschen, können ein Doppelzimmer mit Bad im Obergeschoss buchen. Alle Zimmer verfügen über Balkone mit Panoramablick.

Das Team ist freundlich und sprüht vor Ideen, was es Ungewöhnliches und Cooles in Lissabon zu tun gibt. Der Hostelkalender ist gespickt mit Unterhaltungsangeboten für die Gäste: Stadtbummel hinauf zur Burg, Radtour zu den Sehenswürdigkeiten der Stadt, eine exzellente kostenlose Stadtführung, Ausflüge nach Sintra – ein hübsches Nachbarstädtchen mit UNESCO-Weltkulturerbe – und kostenlose Sangria-Nächte jeden Freitag. Besonders beliebt ist der „Schnäuzer-Kochkurs" mit João, einem Mitarbeiter mit prächtigem Schnauzbart. Er stellt die portugiesische Küche vor und kocht traditionelle Speisen, von Feijoada to Caldo verde bis hin zu Bacalhau à Brás. Ein Glas Rotwein, Portwein oder Ginjinha (ein Sauerkirschlikör) werden zum Mahl ausgeschenkt.

Das Frühstücksbüffet dauert bis 11:30 Uhr, den ganzen Tag gibt es kostenlos Tee und Kaffee. Es gibt einen Supermarkt direkt ums Eck.

Der Aufenthalt im Goodmorning Hostel ist wie ein Besuch bei Freunden. Die exzellente Lage und die freundlichen Mitarbeiter machen es zum optimalen Ausgangspunkt für die Erkundung Lissabons.

Good to know

PREIS
€€€€€

AUSSTATTUNG
Bettwäsche; Handtücher; kostenlose Stadtpläne; 24-Stunden-Rezeption; kostenloses WLAN; Adapter; Lounge; Büchertausch; Kabelfernseher; DVDs; Föhn; Keycard; Wäscheservice; Schließfächer; Klimaanlage; gratis Gepäckaufbewahrung; Leselampen; Selbstversorgerküche; Tee und Kaffee; kostenlose Stadtspaziergänge; Kneipentouren; Fahrradverleih; Bar. Frühstück ist inbegriffen.

Tipp: Besonders beliebt ist der Kochkurs des Hostels.

Hub New Lisbon Hostel

Verspielte Lässigkeit mit Wohlfühlfaktor

Das Hub New Lisbon Hostel liegt in einem wunderschön renovierten Gebäude aus dem 18. Jahrhundert, ganz in der Nähe des Partyviertels Bairro Alto. Mit dem jungen und enthusiastischen Team unter Leitung des charmanten Nuno, einer tollen Bar, sauberen und bequemen Zimmern sowie einem fantastischen Bällebad ist dieses Hostel eine praktische Basis für die Erkundung Lissabons. Das Hostel schafft die perfekte Balance zwischen günstig und stylish, zwischen alt und neu. Charakteristika des alten Gebäudes sind die Azulejo-Kacheln, die Deckenfresken und die originalen Holzböden.

Mit seinem Mix aus Schlafsälen und Privatzimmern bietet das Hostel für jedes Budget etwas. Die gemischten Schlafsäle haben vier, sechs oder acht Betten und entweder ein eigenes oder ein Gemeinschaftsbad. Auch hier mischt sich klassisches mit verspieltem Design. Das originelle Cube-Zimmer erinnert an Rubiks Zauberwürfel, während das Cross-Zimmer schwarz und hochmodern daher kommt. Hier bilden die Etagenbetten einen schönen Kontrast zu den Azulejo-Wandfliesen aus dem 18. Jahrhundert. Alle Etagenbetten bieten ein gutes Maß an Privatsphäre und haben eine Leselampe und drei Steckdosen. Unter den Betten kann man →

Good to know

PREIS
€ € € € €
AUSSTATTUNG
Bar; Terrasse; riesiges Bällebad; Kicker; Beer Pong; PlayStation; Brettspiele; Essbereiche; Umkleideräume.

Tipp: Das Hub New Lisbon ist das einzige Hostel der Welt, das ein Bällebad aus 70.000 Plastikbällen sein eigen nennt – ein Highlight für alle, die ihr inneres Kind channeln möchten.

Im *Hub New Lisbon* mischt sich klassisches mit verspieltem Design: Das Cube-Zimmer erinnert an Rubiks Zauberwürfel, während das Cross-Zimmer schwarz und hochmodern daher kommt.

seine Wertsachen in großen Schließfächern unterbringen.

Es gibt eine eigene Frauenetage im Hostel und die Privatzimmer im vierten Stock bieten eine bezaubernde Aussicht über die Skyline von Lissabon. In diesen bequemen, lichtdurchfluteten Räumen kann der Gast zur Ruhe kommen.

Das Hub New Lisbon Hostel bietet alles, was Backpacker brauchen. Morgens gibt es kostenloses Frühstück und in der Gemeinschaftsküche kann man mit Freunden kochen oder die Snacks für den Tag vorbereiten.

UNSUPERVISED BEACH
PRAIA NÃO VIGIADA
HUB HØSTELS
HUB NEW LISBON
#hubnewlisbon
nerd monkeys
NUNO SARAIVA

EAT

Sehnsucht nach Porto

Einige Städte existieren nicht nur in der physischen Welt, sondern auch in unserer Fantasie.

Porto ist so eine Stadt, die noch lange, nachdem man sich von ihr verabschiedet hat, in einem nachklingt. Das portugiesische Wort *saudade* kommt dieser Nostalgie und Sehnsucht, die man nach ihr verspürt, sehr nahe. Denn *saudade* ist das Gefühl, das bleibt, wenn man etwas oder jemand Geliebtes verloren hat. Hier also mein *saudade* für Porto.

Kulinarisches

Zu entscheiden, wo man in Porto essen gehen möchte, fällt schwer, denn Portugal und besonders sein Norden, verfügen über eine reichhaltige Gastronomie. Ein absolutes Muss ist das Francesinha, ein mit verschiedenen Fleischsorten gefülltes und mit Käse überbackenes Sandwich, das mit einem Ei und einer Spezialsauce abgerundet wird. Dazu passt sehr gut ein kühles Bier. Das Café Santiago gilt als unbestrittener König von Portos berühmten Francesinhas, aber die in der Cervejaria Brasão und im O Golfinho sind genauso gut.

Ein weiteres berühmtes Gericht aus Porto sind Tripas à moda do Porto – Kutteln mit Bohnen und Sauce, dazu noch mehr Fleisch und Reis. Ich kann zwei Restaurants empfehlen, in denen man dieses traditionelle Gericht probieren kann, das O Rápido in der Nähe des Bahnhofs São Bento und des Passenger Hostels sowie das Tripeiro.

Portos bescheidene Tavernen, auch Tascas genannt, sind die idealen Orte, um den Aromen der Stadt nachzuspüren. Dienstagnachmittags kann man im Adega Rio Douro live Fado hören und dazu typische Snacks wie Bifana oder Kabeljau essen. Käsefans empfehle ich das Casa Guedes wegen seiner Pulled-Pork-Sandwiches mit geschmolzenem Serra-Käse. Dazu passt ein Gläschen prickelnder →

PRAIA dos INGLESES
CASA d'ouro
cervejaria Galiza
PLANO B
PLANO B
capela INCOMUM
Casa da MÚSICA
IGREJA e TORRE DOS clérigos
Sao Bento
Café SANTIAGO
Palácio da BOLSA
Ponte de D. LUÍS
Serra do PILAR

Roséwein. Aber auch das O Gazela sollte man ausprobieren, ein einfaches Café im Zentrum Portos, das berühmt für seine Cachorrinhos da Batalha ist: knuspriges Brot mit einer speziellen Wurst, geschmolzenem Käse und, wenn man will, scharfer Sauce.

Die Rua de Miguel Bombarda gehört mit ihren zahlreichen unabhängigen Kunstgalerien und dem tollen Teehaus Rota do Chá, einem sehr beliebten Treffpunkt zum Teetrinken und Plaudern, zu meinen Lieblingsstraßen. Das Teehaus hat außerdem einen schönen Garten mit einer riesigen Buddhastatue. Hier sollte man unbedingt den leckeren Champagner-Cassis-Tee und den Mango-Cheesecake kosten.

> »Da ich zwar Vegetarierin, aber kein Fan von vegetarischen Restaurants bin, gehe ich gern in Portos Pizzerias essen. Das Casa D'Oro und Il Fornaio 178 sind bekannt für ihre Qualität und besondere Atmosphäre und für gutes vegetarisches Sushi kann ich das Sumo Cais und das Kaikou empfehlen.«

HIMALI BACHU
– Tattva Design Hostel

Bars

Immer wenn ich nach Porto komme, gehe ich gern in die Cervejaria Galiza, die portugiesische Version einer Braustube. Hier gibt es gutes, kaltes Bier und leckere Meeresfrüchte. Man bestellt am besten die Garnelen und den Oktopus, die sind hier ausgezeichnet.

Wer mit den Einheimischen abhängen möchte, sollte ins nette Bonaparte gehen, einen beliebten Irish Pub im Stadtviertel Foz. Er existiert seit 1977 und hat noch dasselbe Flair wie damals. Und für alle, die es in eine anständige Sportbar mit günstigen Preisen zieht: Der Clube Porto Rugby bietet auch Livemusik und wird von Erasmus-Studenten und Einheimischen gleichermaßen frequentiert.

Wer sich durch eine schöne Palette an portugiesischen Weinen wie dem Douro oder Minho probieren möchte, geht ins Capela Incomum, das sich in einer Kapelle aus dem 16. Jahrhundert befindet.

> »An sonnigen Samstag- und Sonntagnachmittagen, geht man ins Mirajazz, hört Livemusik, trinkt ein Bier oder ein Glas Wein und genießt die tolle Aussicht auf den Douro bei Sonnenuntergang. Im Adega Leonor und in der Adega Sports Bar kann man entweder draußen trinken und sich mit seinen Freunden unterhalten, drinnen Pool oder Darts spielen oder alle möglichen Sportarten im Fernsehen verfolgen.«

TOMÁS GRAÇA
– The Passenger Hostel

Ausgehen

Die Rua da Galeria de Paris ist der Knotenpunkt von Portos Nachtleben und liegt ganz zentral in der Nähe der berühmten Livraria Lello und der Clérigos-Kirche. Fans alternativer Musik hören Techno im Gare Porto oder gehen ins Maus Hábitos, eine fünfstöckige Galerie mit Restaurant und Disco. Im Rua, einer kleinen, aber vielseitigen Tapasbar, wird von Mittwoch bis Sonntag Livemusik gespielt.

> »Das Plano B gehört zu den coolsten und originellsten Nachtclubs in Porto. Die zwei Floors sind Kunstgalerie und Café bei Tag und Club und Bar bei Nacht.«

GONÇALO NUNO
– Gallery Hostel

Flanieren

Ich laufe wahnsinnig gern den ganzen Weg von Aliados, Portos Zentrum, über die Rua das Flores bis zum Fluss. Als Kunstfan sollte man unbedingt einen Blick in die tollen Kunstgalerien in der Rua de Miguel Bombarda und Rua da Madeira werfen.

Allen, die gern an Stränden und Flussufern entlangspazieren, empfehle ich, unbedingt in Foz vorbeizuschauen, wo es eine schöne Promenade zum Spazieren, Laufen und Radeln gibt.

Herumkommen

In Porto kann man sich zwar problemlos mit dem Auto fortbewegen, aber da die Stadt recht klein ist, kann man auch gut überall hin laufen. Die Costa Verde ist bisher touristisch noch wenig erschlossen, aber ein sehr lohnendes Ausflugsziel. Die beste Art, diesen malerischen Küstenstrich zu erkunden, ist die Buslinie 500 zu nehmen, die am Praça da Liberdade startet und bis nach Matosinhos fährt.

Orte zum Entspannen

Da Porto am Meer liegt, können sich Besucher wunderbar an den zahlreichen Stränden ausruhen. Ich persönlich mag besonders den Praia dos Ingleses. Hier gibt es eine nette Strandbar, in der man sich bei einem Bier entspannen und →

Zu entscheiden, wo man in Porto essen gehen möchte, fällt schwer, denn Portugal und besonders sein Norden, verfügen über eine reichhaltige Gastronomie. Ein absolutes Muss ist das *Francesinha-Sandwich.*

die Welt an sich vorüberziehen lassen kann. Überquert man die majestätische Brücke Dom Luís I, kommt man nach Gaia, wo man im Jardim do Morro relaxen kann. Die Jardins do Palácio de Cristal mit ihren wunderschönen Pfauen laden ebenfalls dazu ein, es ruhig angehen zu lassen und die herrliche Aussicht auf den Fluss zu genießen.

Aussichtspunkte

Der Jardim das Virtudes ist besonders im Sommer wunderschön und bietet eine fantastische Aussicht auf den Douro und Gaia am gegenüberliegenden Ufer. Auch vom Aussichtspunkt Miradouro da Vitoria und vom Turm der Clérigos-Kirche hat man einen tollen Blick über Stadt und Fluss.

Die schönste Aussicht auf Porto hat man jedoch von Gaia auf der anderen Seite des Flusses, wo das Kloster Serra do Pilar mit einem instagramverdächtigen Blick auf die Stadt aufwartet. Die Aussicht vom Jardim do Morro ist ebenfalls grandios, besonders abends.

»Für mich bietet eindeutig die Barterrasse des Yeatman Hotel in Gaia den schönsten Blick auf Portos Skyline.«

GONÇALO NUNO
– Gallery Hostel

Versteckte Orte

Außerhalb der Stadt fahre ich gern entweder die Küste hinauf in Richtung Norden, nach Angeiras – dem ersten Fischerdorf nach Porto – oder nach Süden, zum Strand von Miramar.

In Porto selbst mag ich besonders die Treppe, die vom Praça da Batalha zur Rua da Madeira führt und umgekehrt. Mal abgesehen von der Streetart, die man hier bewundern kann, hat man auch einen etwas anderen Blick auf den Bahnhof São Bento und die Stadt im Allgemeinen. Eine weitere tolle Location ist der Guindalense Futebol Clube an der Treppe Escada dos Guindais mit seiner unglaublichen Aussicht auf die Brücke und den Fluss.

The House of Sandeman Hostel & Suites

Luxusretreat für Portweinliebhaber

Gäste des House of Sandeman Hostel & Suites können dort – im ersten Markenhostel seiner Art weltweit – berühmte Wein- und zeitgenössische Geschichten genießen.

Die Gebäudeikone ist 227 Jahre alt; das Projekt, das sie in einen multikulturellen Ort und eine luxuriöse Unterkunft verwandelte, wurde aber erst kürzlich abgeschlossen und das Haus öffnete im April 2018. Alles begann, als sich eines der bekanntesten Weinunternehmen der iberischen Halbinsel, Sogrape, mit der Hospitality Group Independente Collective zusammenschloss, um einen Ort zu schaffen, an dem den Besuchern Portos eine ganze Reihe an Unternehmungen mit der berühmten Portweinmarke Sandeman geboten werden.

Das Gebäude selbst befindet sich über den Sandeman-Kellern, die Gäste sind also so nah wie nur möglich an über zwei Jahrhunderten Erfahrung und Geschichte des Portweins. Im House of Sandeman gibt es zwölf Suiten, vier Schlafsäle, ein Restaurant, eine Terrasse, eine Bar / Cafeteria, eine Lounge für Gäste und einen Eventsaal für bis zu 50 Personen. Außen hat sich das Gebäude nur geringfügig verändert, lediglich die Beleuchtung wurde verbessert, die Fassade und die Holzfenster (die nun doppelt verglast sind) gestrichen. Innen allerdings ist es nicht mehr wiederzuerkennen.

Die Ausstattung – von Catarina Cabral – legt den Fokus auf die originalen Teile aus dem 18. Jahrhundert, weckt aber mit →

Good to know

PREIS
€€€€€
AUSSTATTUNG
Kostenloses schnelles WLAN; Selbstversorgung möglich; große Betten im Schlafsaal; Vermietung von Vintage-Fahrrädern; Platten und Plattenspieler in den Suiten; Leselampen; Föhn; eigene Badezimmer; Restaurant; wunderbarer Blick über Porto und den Duoro; tolle Musik und Atmosphäre; Reiseführer mit Ortskenntnis; freundliche Mitarbeiter. Hausgemachtes Frühstück erhältlich.

Tipp: Genieße exklusive Abendessen vom Koch des Hostels!

» Wir wollen ein Erlebnis schaffen, das dem alternativen, geschäftlichen und unabhängigen Porto und der Vila Nova de Gaia gerecht wird. «

Chrom, Möbeldesign und Verzierungen leicht Erinnerungen an die Marke Sandeman und ihren Ursprung.

Im ersten Stock, der die Schlafräume beherbergt, befanden sich vorher Büros von Sandeman. Hier gibt es einige der besten Architekturdetails des historischen Gebäudes: hohe Decken, Steinmauern und -bögen sowie viele wunderschöne Dachfenster. Am auffälligsten sind aber die Betten in den Schlafsälen, die an Weinfässer erinnern. Ein portugiesischer Designer hat sie mit luxuriösen Kingsize-Matratzen – wie es sie in keinem anderen Hostel gibt – zwei Steckdosen, Kleiderhaken und einem Flaschenhalter gestaltet.

Ebenfalls im ersten Stock befinden sich fünf große Suiten mit Aussicht über den Duoro und Portos wunderschöne Architektur am Wasser. Diese Zimmer sind hauptsächlich in Schwarz und Weiß gehalten und mit den originalen Holzböden, Doppelbetten und einem Plattenspieler ausgestattet.

Auf der zweiten Etage wurde der Konferenz- und Speisesaal von Sandeman in die „Original Suites" umgewandelt. Hier wurden die Originaldecken und -holzböden erhalten und restauriert und mit einer gemütlichen Ausstattung ergänzt. Aus dem alten Verkostungsraum ist mit der Renovierung sowohl der Empfang als auch die Bar / Lounge entstanden, die das Epizentrum des Hostels bildet. In diesem Bereich befinden sich außerdem der private Weinkeller des Hostels und die Küche. Hier können die Gäste exklusive Abendessen vom Koch des Hostels genießen, der nur mit Produkten aus der Umgebung kocht. Für die Zukunft sind hier Livekonzerte und DJ-Auftritte geplant.

Das George Restaurant & Terrace liegt auf der anderen Seite des Gebäudes direkt am Duoro und →

SANDEMAN'S
PORT

bietet den perfekten Blick über Porto. Auch das Restaurantgebäude, das gleich neben den berühmten Weinkellern von Sandeman liegt, wurde so restauriert, dass sein rustikaler Charakter weiterhin erkennbar ist. Durch die Originalziegelsteine, die mit sanften Pastelltönen, Grünpflanzen und zeitgenössischen Stücken kombiniert werden, entsteht eine entspannte Atmosphäre.

So fühlen sich Reisende, Gäste, Besucher und Einheimische gleichermaßen wohl.

Der in Porto geborene Pedro Limão steht an der Spitze eines unglaublichen Küchenteams mit jungen portugiesischen Köchen. Alle Zutaten stammen aus der Duoro-Region und das Menü verbindet traditionelle und moderne Küche, wobei großer Wert auf den Ursprung der verwendeten Produkte und ihre Erzeuger gelegt wird. Die Terrasse überblickt den Fluss und hat eine Bar, die aus einem Schiffscontainer gefertigt wurde. Hier werden Portwein-Cocktails und leckere Snacks serviert, dazu gibt es in den heißen Sommermonaten Livemusik und DJs.

Die wahre Geschichte verbirgt sich natürlich darunter und Gäste können das Phänomen Sandeman und dieses Gebäude erst richtig begreifen, wenn sie die Weinkeller im Erdgeschoss besuchen – die von Sandeman bis heute genutzt werden. Obwohl das Unternehmen diese kürzlich für ein besseres Besuchserlebnis renoviert hat, blieben die Änderungen minimal, um die Keller authentisch zu halten – dort reift die wertvolle und leckere Flüssigkeit bis heute auf die gleiche Art wie vor über 200 Jahren und wartet nur darauf, von den Gästen genossen zu werden.

The Passenger

Auf Durchreise im ehemaligen Bahnhof

Im symbolträchtigen Bahnhof São Bento in Porto das Passenger Hostel zu schaffen, war ein riesiges Unterfangen. Der Bahnhof wurde 1896 eröffnet, ist bis heute in Betrieb und zählt zum Welterbe der UNESCO.

„Mit diesem Projekt kam eine riesige Verantwortung. Wir haben versucht zu bewahren, was da war und originale Teile zu restaurieren. Es war eine große Herausforderung, einen Lebensraum für das 21. Jahrhundert zu schaffen und gleichzeitig das Originaldesign auf nicht zu aufdringliche Art zu bewahren", so Besitzerin Rita Correa Figueira. Der einzigartige Ort in Kombination mit den Vintage-Möbeln ist ein echtes Erlebnis. Die Architektur des Bahnhofs selbst zu entdecken, mit seinen drei Etagen und dem glatten Granit, ist eine der großen Freuden, wenn man im The Passenger Hostel übernachtet. Besonders erwähnenswert sind das wunderschöne Bild aus Azulejo-Fliesen und die mit Kacheln verzierte Vorhalle.

Besonders für Zugreisende ist The Passenger Hostel eine großartige Unterkunft, da man quasi gleich aus dem Zug ins Hostel gehen kann. Dank der zentralen Lage sind einige der beliebtesten Sehenswürdigkeiten ganz in der Nähe. Die Rua de Santa Catarina, Portos Haupteinkaufsstraße, ist nur einige Minuten entfernt, genau wie die Avenida →

Good to know

PREIS
€€€€€
AUSSTATTUNG
Kostenloses WLAN; Selbstversorgung möglich; Waschküche; Lounge; Bar; Wohnbereich mit TV.

Tipp: Besonders für Zugreisende ist The Passenger Hostel eine großartige Unterkunft, da man quasi gleich aus dem Zug ins Hostel gehen kann. Die Rua de Santa Catarina, Portos Haupteinkaufsstraße, ist auch nur einige Minuten entfernt.

Die Wände zeigen zeitgenössische portugiesische Künstler: Als Gast muss man sich einfach in die Werke von Marta Wengorovius, Manuel Caeiro, Miguelangelo Veiga und Pedro Guerra verlieben.

dos Aliados, der Torre dos Clérigos, das Ufer des Douro und die Galerias de Paris – wo das Nachtleben tobt.

Die Zimmer des Hostels sind bequem und gemütlich, mit glänzenden Holzböden und großen Fenstern. Alle Zimmer sollen gleichzeitig schön und funktional sein. Bei cleveren Ideen wie Kleiderschränken oder Tischen, die zu einem Zusatzbett werden, wird praktisch mit schick kombiniert. Eine Vielzahl von Vintage-Stücken aus der ganzen Welt geben diesem Hostel ein ganz besonderes, einzigartiges Flair.

Die Wände zeigen zeitgenössische portugiesische Künstler: Die Gäste müssen sich einfach in die Werke von Marta Wengorovius, Manuel Caeiro, Miguelangelo Veiga und Pedro Guerra verlieben. Es gibt Pläne, dies auszuweiten und im Wintergarten hinter dem Glockenturm des Bahnhofs eine Kunstgalerie zu eröffnen. Trotz der gesammelten Vintage-Gegenstände (und seiner Lage in einem alten Bahnhofsgebäude) fühlt sich das Passenger Hostel sehr modern an. Außerdem ist es ein „grünes Hostel". Es verwendet smarte Energieanwendungen, LED-Beleuchtung und achtet sehr auf nachhaltige, umweltfreundliche Lösungen für einen effizienten Betrieb.

Es gibt Gemeinschafts- und Privatzimmer, wobei die Gemeinschaftszimmer häufig außer Betten auch Sitzbereiche haben. In allen Schlafsälen hat der Gast ein Schließfach, einen Vorhang, einen Stromanschluss neben dem Bett und eine Leselampe. Da in vielen Schlafsälen Sofas stehen, können es sich die Gäste dort gemütlich machen und sich mit neuen Freunden unterhalten. Die Badezimmer sind sehr sauber und elegant, mit dunklen Fliesen, modernen Armaturen, guten Duschen und Föhn. Die Küche ist geräumig und die drei langen Holztische bieten genug Platz, um beim Essen mit anderen Gästen Geschichten auszutauschen. In naher Zukunft möchte das Hostel auch Kochworkshops anbieten. Es gibt zwei Wohnbereiche, im ersten und im dritten Stock, beide sind mit einem Bose-Soundsystem ausgestattet. Vom Loungebereich auf der Mezzaninebene aus kann man die Züge ein- und ausfahren sehen. Auch eine kleine Bibliothek gibt es, in der die Gäste Bücher tauschen und so Autoren und Literatur aus der ganzen Welt kennenlernen können.

Gallery Hostel

Biohostel trifft Kunstgalerie

Im trendigsten Stadtteil von Porto, mitten im Künstlerviertel mit hippem Nachtleben gelegen, ist das umweltfreundliche Gallery Hostel ein Paradebeispiel für den erstaunlichen Wandel, der sich in Porto vollzogen hat. Im angesagten Altstadtviertel Miguel Bombarda buhlen Gourmetrestaurants, Kunstgalerien, Designboutiquen, Stylisten und Vintage-Läden um die Aufmerksamkeit des Flaneurs. Dieses Viertel mit seiner unermüdlichen Geschäftigkeit scheint nie zur Ruhe zu kommen. Was das Gallery Hostel von anderen unterscheidet, ist die außergewöhnliche Verbindung von Hostel und Kunstgalerie. Die hauseigene Galerie mit wechselnden Kunstausstellungen, Konzerten und anderen künstlerischen Initiativen trägt zu einer lebendigen Kulturszene der Stadt bei.

Untergebracht ist das Hostel in einer eindrucksvollen Villa aus dem Jahr 1906, die damals einem in Porto ansässigen Aristokraten gehörte. Bei der Renovierung bewahrte der jetzige Besitzer den Charakter des traditionellen Gebäudes und ergänzte es durch moderne Elemente. So kombinierte er zum Beispiel zurückhaltende Erdtöne mit neuen Materialien und Mobiliar. Das Ergebnis kann sich sehen lassen – ein zeitgenössisches Designhostel, das zudem als Galerie fungiert. Die öffentlichen Bereiche sind ebenfalls einladend und modern und versprechen Gemütlichkeit und Erholung.

Was im Gallery Hostel ganz besonders auffällt, ist das stets um jeden Gast bemühte Mitarbeiterteam. Gastfreundschaft zeichnet viele Hostels aus, doch hier wird sie besonders großgeschrieben; vielleicht ist dies auch der Ausbildung des Besitzers an der →

Good to know

PREIS

€€€€€

AUSSTATTUNG

Bettwäsche; kostenlose Stadtpläne; kostenloses WLAN; Adapter; Klimaanlage; kostenlose Stadtführungen; Sicherheitsschließfächer; Tresorfach; Gepäckaufbewahrung; 24-Stunden-Rezeption; 24-Stunden-Sicherheitsdienst; Parkplatz; Fahrradverleih; Wascheinrichtungen; Selbstversorgerküche; Zimmerreinigung; Föhn; kostenlose Handtücher; Zustellbetten; Spieleraum; Café. Das Frühstück ist inbegriffen.

Tipp: Die Ausstellungen wechseln alle zwei Monate.

Was das *Gallery Hostel* von anderen Hostels unterscheidet, ist die gelungene Verbindung von Hostel und Kunstgalerie.

renommierten Hotelfachschule in Lausanne zu verdanken.

Im Eingangsbereich des Hostels befindet sich rechts ein behaglicher Rezeptionsbereich mit einem langen, schmalen Flur, in dem Kunstwerke ausgestellt werden. Für die Gäste gibt es einen Computerraum, der mit großen Macs ausgestattet ist und eine gut bestückte kleine Bibliothek mit vielen Werken rund um die Geschichte Portos.

Über den Flur gelangt man in einen offenen Bereich mit Oberlicht, das eine luftige, helle Atmosphäre erzeugt. Rechts davon befindet sich ein mit Azulejos verziertes Treppenhaus, das in die Untergeschosse des Gebäudes führt. Dort wartet auf die Gäste eine gemütliche Bar mit weichen Kissen, in die es sich nach einem langen Tag auf Portos Kopfsteinpflasterstraßen herrlich sinken lässt. Ausgeschenkt werden ausgewählte portugiesische Weine aus der umfangreichen Weinkarte – eine Seltenheit für ein Hostel; Portweinproben können auf Anfrage organisiert werden. (Für alle Wein-Aficionados arrangiert das Hostel ganztägige Weinausflüge in das nahe gelegene Douro-Tal.) Gegenüber der Bar liegt ein ruhiger Wintergarten, der auch Rauchern offensteht. Außerdem gibt es ein mit riesigen bequemen Sofas ausgestattetes Wohnzimmerkino, in dem man Filme und gelegentliche Fußballübertragungen schauen kann. Und um all das noch zu toppen, verfügt das Hostel für alle Sänger unter den Gästen über eine Karaokemaschine. Am Abend bietet das Hostel seinen Gästen ein leckeres und preiswertes Abendessen: eine gute Gelegenheit, andere Reisende kennenzulernen und traditionelle portugiesische Gerichte wie Caldo verde und Arroz de Pato zu entdecken.

Die zentrale Lage des Gallery Hostel macht es leicht, Porto zu erkunden. An der Rezeption kann man sich ein Fahrrad leihen und allein ausfliegen oder sich der spannenden Hostelführung anschließen: In 90 Minuten werden alle Schlüsselmonumente und Hotspots der Stadt zu Fuß besucht.

41 Betten nennt das Hostel sein Eigen – jedes Zimmer ist nach einem lokalen Architekten, Autor oder Künstler benannt, was den Räumen ein zusätzliches Porto-Flair verleiht. Die Mehrbettzimmer haben jeweils einen Balkon, in den Doppel- oder Dreibettzimmern genießen die Gäste einen Blick auf den Garten. Besonders beliebt sind die günstigen und geräumigen Sechsbettzimmer mit eigenem Bad, das mit einer herrlich belebenden Dusche ausgestattet ist.

PORTO
A PEROLA DO BOLHÃO

KÜCHE
COCINA
KUKEN
KÖK
COZINHA
CUCINA
KITCHEN
CUISINE

The Lights Hostel

Locals treffen auf Weltenbummler

The Lights Hostel wurde von vier Freunden gegründet: Zwei davon stammen selbst aus Malaga und die anderen beiden sind erfahrene Reisende. Dank dieser Kombination aus beidem ist im Hostel dafür gesorgt, dass allen Bedürfnissen und Wünschen der Gäste Rechnung getragen wird.

Das historische Gebäude im Herzen Malagas teilt sich in zwei Bereiche: das eigentliche Hostel und einen weiteren Block mit Hotelzimmern. Die Zimmer und das Hostel sind mit Schlüsselkarten gesichert.

Für knappe Budgets haben die fantastischen Schlafsäle maßgefertigte Betten mit Vorhängen für Privatsphäre, persönlichen Leselampen und Schließfächern unter den Betten. Alle Schlafsäle und Doppelzimmer verfügen über Balkone. Für den Sommer gibt es Klimaanlagen, im Winter ist für zusätzliche Decken gesorgt. Die Gemeinschaftsbäder sind sauber und haben eigens angefertigte Doppel-Duschköpfe.

Das Highlight des The Lights Hostels ist aber die Dachterrasse. Hier versammeln sich die Gäste mit einem Sundowner und genießen den Sonnenuntergang. Außerdem bereiten die Mitarbeiter des Hostels jeden Abend ein günstiges, wohlschmeckendes Abendessen zu.

Sie wollen, dass man sich hier wie zu Hause fühlt und wissen immer, was in der Stadt los ist. Für die Gäste werden viele Events veranstaltet: von Sangria-Abenden auf der Terrasse bis zum Beachvolleyball am Nachmittag. Auf einer Local-Bar-Tour präsentieren die Mitarbeiter ihre Lieblingsbars. Nach einer langen Nacht in der Stadt ist das kostenlose Frühstücksbüfett genau das Richtige. Zwischen 7:30 und 11 Uhr gibt es Kaffee, Tee, Milch, Orangensaft, Fruchtsäfte, Brot, Butter, Erdbeer- und Pfirsichmarmelade, Cornflakes, Honig und Nutella.

Good to know

PREIS
€€€€€
AUSSTATTUNG
24-Stunden-Rezeption; kostenloses WLAN; Selbstversorgung möglich; Wäscheservice; Klimaanlage; Dachterrasse; Bar; tägliche Touren. Frühstücksbüfett inbegriffen.

Tipp: Die Mitarbeiter kennen sich vor Ort gut aus und sind immer bemüht, ihren Gästen die Stadt von ihrer besten Seite zu zeigen. So zum Beispiel auf einer Tour durch ihre Lieblingslokale.

Madrid für Nachtschwärmer

Das Schönste an Madrid sind die Menschen. Ihre Lebenslust ist ansteckend und lässt sich am besten zwischen *Tapas* und *Canas* erfahren.

Ich könnte eine ganze Woche hier verbringen und nichts weiter tun, als die fantastischen Tapasbars und das Nachtleben zu erkunden – denn was das betrifft, kann Madrid es mit den tollsten Städten der Welt aufnehmen. Als Kulturjunkie liebe ich es, in die lebendige Kunstszene einzutauchen, über die vielen herrlichen Märkte zu schlendern oder in einem der schönen Parks zu entspannen. Es gibt so viel zu entdecken, sodass ich Madrid jedes Mal mit Lust auf mehr wieder verlasse.

Kulinarisches

Am liebsten starte ich bei Mamá Framboise im Stadtteil Justicia in den Tag, das einen Steinwurf vom Hostel Room007 Chueca entfernt liegt. Dies ist, ganz ohne Übertreibung, wohl eine der besten Bäckereien, die ich je besucht habe. Die heiße Schokolade ist ein Gedicht, die Macarons sind die delikatesten, die ich außerhalb von Paris genossen habe und die Mandelcroissants, eine Spezialität des Hauses, ein absoluter Knaller.

Madrid hat einige der besten Tapasbars zu bieten. Die schönste Art, in diese Welt einzutauchen, ist (nach einem Besuch des El-Rastro--Flohmarkts), durch die malerischen Straßen von La Latina zu schlendern und sich wie die Einheimischen dem sonntäglichen Barhopping hinzugeben. Die Qualität der Speisen in diesem *barrio* ist fantastisch, man kann also gar nichts groß falsch machen. Ich empfehle jedoch besonders das liebevoll restaurierte Posada de la Villa und das heimelige, farbenfrohe La Perejila, wo es exzellenten Wermut und Pulpo a la Gallega gibt: Oktopus auf galizische Art (auf cremig →

TORRES KIO
PURTA de ALCALA
PLAZA cibeles
la Catrina
mamá framboise
la Ardosa
SAPOREM
IMPERFECTO
el imperfecto
PLAZA MAYOR
EL OSO EL MADRONO
palacio deCRISTAL

Als Kulturjunkie liebe ich es, in die lebendige Kunstszene einzutauchen.

pürierten Kartoffeln mit Brot). Der Himmel auf Erden! Ob zum Frühstück, Lunch, Dinner oder morgens um vier nach dem Feiern – man sollte Madrid nicht den Rücken kehren, ohne in der Chocolatería San Ginés vorbeigeschaut zu haben, wo es die besten Churros und Porras mit Schokolade gibt.

Das Zeug haut einen um (und schont dabei auch noch den Geldbeutel). Auf der Calle de Ventura de la Vega, gleich neben dem Hostel Room007 Chueca, befindet sich das wunderbare Restaurant Saporem. Hier kann man sich, bei Bedarf, eine Auszeit vom spanischen Essen nehmen und sich einen der ausgezeichneten Mojitos genehmigen, gefolgt von einer Steinofenpizza oder einem leckeren Pastagericht. Kurz: guter Service, tolle Preise und ein wunderschönes postindustrielles Interieur. Es gibt bekanntlich nichts Besseres, als eine Stadt und ihre Viertel wie ein Einheimischer zu erleben, daher kann ich die Food-Touren von Devour Madrid nur empfehlen. Auf meinem sehr unterhaltsamen dreieinhalbstündigen Spaziergang kreuz und quer durch das verwinkelte Stadtviertel Huertas habe ich jede Menge erfahren. Das Viertel hat ein reiches literarisches Erbe, aber es gibt hier auch einige der besten und ältesten Restaurants der Stadt. Die Reise führt direkt ins Herz der spanischen Küche: Man bekommt den köstlichsten Wermut, kann den feinsten Jamón Ibérico probieren, sich dem Genuss von Porras con Chocolate hingeben und mehr.

Bars

Wer es relaxt und leicht schräg mag, wird das El Imperfecto im Barrio de Las Letras lieben. Die supergünstigen Mojitos hier sind mit die besten von ganz Madrid. Die spanische Hauptstadt verfügt über eine ausgeprägte Wermutkultur und eine der besten Locations, um diesen mit Gewürzen und Kräutern angereicherten Wein zu kosten, ist die Bodega de la Ardosa in Malasaña. Schon seit 1892 erfreuen sich hier die Einheimischen an dem Getränk, dazu gibt es großartige Tortillas und Artischocken *a la Plancha*.

Ausgehen

Das Nachtleben Spaniens ist nichts für schwache Nerven. In Madrid ist es üblich, spät loszuziehen und erst gegen 7 Uhr morgens nach Hause zu kommen.

Eine nette Gegend für alle, die nicht so viel ausgeben wollen, ist Malasaña, ein Viertel voller kleiner, einzigartiger Bars, das von Studenten und all jenen frequentiert wird, die ihr Geld zusammenhalten müssen. Ich mag besonders das Café La Palma. Der Evergreen unter den Stammcafés der Einheimischen hat nicht nur sehr freundliches Personal, sondern auch Livemusik und alles von Cocktails über Tee bis hin zu Kuchen im Angebot. Auch sehr schön: das Ojalá, dessen Neonbeleuchtung einen an Kunst von Andy Warhol denken lässt und in dem man ein Glas Wein für wenige Euro bekommt. Für eine Erfahrung der etwas anderen Art empfehle ich die La Catrina Cantina, eine mexikanische Bar mit einem faszinierenden Sortiment an Statuen. Das Cuevas Sésamo ist eine Pianobar, die sich in einem Keller versteckt. Hier sitzen die Stammkunden plaudernd um kleine rote Tische, während die Kellner in altmodischen Uniformen zwischen der Bar und den Gästen hin und her pendeln. Zu Francos Zeiten versammelten sich hier linke Intellektuelle und seitdem hat sich, zumindest was die Preise angeht, nicht viel verändert. Für gute Livemusik sollte man ins Café Jazz Populart gehen, wo ich das ungewohnte Vergnügen hatte, der virtuosen Jazzperformance eines →

Mundharmonikaspielers zu lauschen. Jeder, der es wagte, ihn zu stören, wurde vom Personal zischend zum Schweigen gebracht. Der Eintritt ist frei, die Getränke dafür recht teuer.

Flanieren

Besonders gern gehe ich in den Parque de El Retiro, in dem auch die Einheimischen Entspannung suchen. Sein Herzstück ist der prächtige Palacio de Cristal, ein 1887 aus Glas und Gusseisen errichtetes Gebäude, durch das man wunderbar bei Sonnenuntergang spazieren kann. Und zwar kostenlos! Nicht entgehen lassen sollte man sich auch den Palacio de Velázquez gleich nebenan – ein ebenso schöner Bau, in dem häufig Kunstausstellungen stattfinden. Auch hier ist der Eintritt frei. Zum Park gehört außerdem ein herrlicher See, an man Ruderboote mieten kann.

Orte zum Entspannen

Die großzügigen Anlagen um die Museen herum eignen sich perfekt dafür, ein wenig zu meditieren und dem Trubel der Stadt zu entfliehen. Madrid ist mit einigen großartigen Kunstmuseen gesegnet, unter denen das Museo Thyssen-Bornemisza wohl mein Favorit ist. Ich bin ein großer Fan seiner vielseitigen Sammlung, zu der Werke von Munch, Van Gogh, Monet, Picasso, Dalí, Tintoretto, Hopper und Liechtenstein zählen. Untergebracht ist sie im schönen Palacio de Villahermosa, der exemplarisch für Madrids neoklassizistische Architektur des 18. Jahrhunderts ist.

Aussichtspunkte

Der Palacio de Cibeles – gleich hinter dem berühmten Brunnen der Plaza de Cibeles, an dem Real Madrid seine Triumphe feiert – bietet eine der schönsten Aussichten über die Stadt.

An sonnigen Tagen gehe ich auch sehr gern auf die Dachterrasse des Círculo de Bellas Artes, einer privaten Kultureinrichtung, die so ziemlich alles, von Kursen über Vorträge bis hin zu Ausstellungen und Konzerten, anbietet. Der herrliche Blick über die Stadt entschädigt für die eher teuren Getränke.

Versteckte Orte

Einer meiner größten Geheimtipps ist das Städtchen Segovia, das mit dem Zug schnell zu erreichen ist und mit seinem römischen Aquädukt, seiner Kathedrale aus dem 16. Jahrhundert und einem Schloss, das Walt Disney als Inspiration gedient haben könnte, wie ein Freilichtmuseum wirkt. Bei gutem Wetter gibt es nichts Schöneres, als den ganzen Tag durch die engen, mittelalterlichen Sträßchen zu bummeln. Der Bus vom Bahnhof hält direkt zu Füßen des Aquädukts. Zur Plaza Mayor kommt man, indem man dem Aquädukt folgt, dann rechts abbiegt und den Hügel hinaufwandert.
Die Kathedrale ist hier kaum zu verfehlen. Weitere Sehenswürdigkeiten sind das alte jüdische Viertel und das bereits erwähnte Schloss Alcázar.

TOC Hostels Madrid

Good to know

PREIS
€€€€€

AUSSTATTUNG
Selbstversorgerküche; Waschmaschinen; Gepäckaufbewahrung; Bar; Events (Ausstellungen; DJ-Sets); Billardtisch; Frühstücksbüfett. Frühstück ist nicht inbegriffen.

Tipp: Die Plaza Mayor ist nur 250 Meter vom TOC entfernt. Hier wimmelt es von Tapasbars und Restaurants und man kann bestens in die spanische Lebensart eintauchen.

Nahe der Puerta del Sol gelegen, findet sich das TOC Madrid in einem gut erhaltenen, denkmalgeschützten Gebäude aus dem 19. Jahrhundert. Der Mix aus klassischem und modernem Design lässt dieses Hostel hervorstechen. Die Bar und Lounge mit originalen Freskenmalereien an der Decke verleihen dem Ort etwas Majestätisches. Tagsüber kann man dort gut einen Kaffee trinken, ein Buch lesen oder mit Freunden plaudern. Am Abend wird es lebendiger; neben Bier, Wein und Softdrinks wird eine hübsche Auswahl an Cocktails angeboten. Ein Billardtisch steht im angrenzenden Spieleraum, wo man abhängen und Kontakte knüpfen kann. Gäste können die Küche nutzen, zudem gibt es einen Minimarkt und einen gemütlichen Gemeinschaftsraum mit Fernseher. Das Sechsbettzimmer ist besonders schick und gemütlich, jedes Etagenbett ist mit Steckdose und Leselampe ausgestattet und jeder Gast bekommt ein großes Schließfach für sein Gepäck.

La Banda Rooftop Hostel

Good to know

PREIS
€€€€€
AUSSTATTUNG
Selbstversorgerküche; Sonnenterrasse; Dachterrassengarten; Lounge; Bar. Frühstück ist inbegriffen.

Tipp: Auf keinen Fall sollte man die hervorragenden Stadtführungen verpassen. Historische Sehenswürdigkeiten und das jüdische Viertel stehen auf dem Programm.

Mit Aussicht auf die Kathedrale von Sevilla werden im La Banda Musik und Kunst zelebriert. Das Herzstück des Hostels ist die fantastische Dachterrasse, auf der sich allabendlich die Gäste versammeln und gemeinsam den Sonnenuntergang über der Kathedrale anschauen, an ihrem Mojito nippen und die Konzerte der lokalen Bands genießen. Nach einem ausgezeichneten, preiswerten Abendessen laden die Hostelmitarbeiterinnen und -mitarbeiter zu einer Tour ein. Und die ist keine mittelmäßige Kneipentour, sondern führt zu ihren Lieblingsorten in Sevilla: alte Sherry-Bars und verrauchte Lokale, die sich seit Jahrzehnten nicht verändert haben. Auch Flamenconächte werden angeboten.

La Banda ist ein echtes Backpacker-Hostel, es gibt nur Mehrbettzimmer: sieben gemischte Schlafräume mit vier bis acht Betten. Falls du gehobene Qualität suchst, buche auf alle Fälle eins der Boutique-Mehrbettzimmer mit eigenem Bad und schönen, handgemachten Holzbetten. Reist du in Begleitung oder mit Familie, kannst du auch eins der Luxusapartments wählen, sie liegen nur wenige hundert Meter entfernt.

Morgens gibt es ein kostenloses Frühstück: Müsli, Brot, Marmelade, Nutella, Erdnussbutter, Saft, Tee und Kaffee stehen bereit. Es gibt auch eine tolle Gemeinschaftsküche. Auf keinen Fall sollte man die Stadtführungen verpassen.

Mountain Hostel Tarter

Ruhiges Bergresort ohne Busanschluss

Diese schöne Unterkunft liegt in einer der malerischsten Umgebungen der Welt, in den Bergen Andorras. Beim Mountain Hostel Tarter handelt es sich um ein spektakuläres Bergresort, nur einen Steinwurf von Grandvalira entfernt.

Beim Aufbau des Hostels achteten die Besitzer sehr darauf, die natürliche Umgebung des Gebäudes ebenso zu respektieren wie sein kulturelles Erbe. Das traditionelle Berghaus, in dem sich das Mountain Hostel Tarter befindet, ist über 200 Jahre alt. Solche Gebäude nennt man in Andorra „bordas". Seit seiner Errichtung im 18. Jahrhundert wurde es viele Male renoviert. Einst ein Stall für Maultiere und Kühe, zu einer anderen Zeit ein Getreidelager, dient es nun als Basis für Abenteuer in Andorra.

Soweit möglich, wurde die Originalstruktur beibehalten: Steinmauern, Holzbalken und Schieferdächer sind intakt. Daher fügt es sich nahtlos in die Umgebung ein. Sein Alter merkt man dem Hostel nicht an, denn es verfügt über viele Bequemlichkeiten des 21. Jahrhunderts.

Bei der Renovierung wurde umweltbewusst gedacht: Das heiße Wasser im Hostel wird, ebenso wie das Wasser im Außenpool und Jacuzzi, mit Solarenergie erzeugt. Die energiesparenden Heizkörper, hauptsächlich aus Silikon und Aluminiumoxid, optimieren →

Good to know

PREIS
€ € € € €
AUSSTATTUNG
Bettwäsche kostenlos; kostenloses WLAN; Selbstversorgung möglich; beheizter Swimmingpool und Hot Tub außen; Laden; entspannter Innenbereich mit Kamin; TV; Brettspiele; Außenterrasse; Grill; Kaffee und Tee gratis.

Tipp: Das Mountain Hostel Tarter ist der perfekte Ort für Aktivitäten im Freien. Egal, ob man lieber wandert, Ski oder Snowboard, Fahrrad oder Mountainbike fährt.

»Für uns reicht es nicht, ein perfektes Hostel in Andorra zu schaffen, wo man Bergsport betreiben und andere Reisende treffen kann. All das ist für uns sinnlos, solange wir uns nicht unserer Kultur und unseres Naturerbes bewusst sind.«

die Heizleistung und halten die Wärme ohne höheren Verbrauch über längere Zeit. Zudem wurde die Anlage so aufgerüstet, dass Wärmeverlust nach außen und damit Energieverschwendung ausgeschlossen ist.

Das Mountain Hostel Tarter ist die perfekte Unterkunft, wenn man Aktivitäten im Freien liebt. Zu jeder Jahreszeit ist die Schönheit der Berge Andorras überwältigend – von den weiß bedeckten Bergspitzen im Winter zur grünen Schönheit der sommerlichen Berglandschaft. Egal, ob man lieber Ski oder Snowboard, Fahrrad oder Mountainbike fährt oder wandert, bei der Rückkehr wartet im Hostel der wohlverdiente Komfort.

Das Mountain Hostel Tarter bietet viele Aktivitäten. Nach einem langen Tag im Freien gibt es nichts Besseres, als sich im Pool oder dem Hot Tub zu aalen. Mit den majestätischen Bergen am Horizont und dem warmen Wasser, das die Muskeln löst, wird der Abend luxuriös.

Es gibt auch einen Innenbereich mit knisterndem Kamin, hier kann man auf Sitzsäcken lümmeln, fernsehen, in den Büchern stöbern oder ein Brettspiel anfangen. An warmen Tagen wartet die Außenterrasse mit Hängematten und Grill. In der voll ausgestatteten Gemeinschaftsküche kann man eigene Mahlzeiten zubereiten.

Das Hostel hat auch einen kleinen Laden mit einer guten Auswahl an Snacks, Getränken und Saft, Sandwichzutaten, Pastasauce und Pizza. Bei Bestellung am Vortag bekommt man hier sogar frisches Brot und Croissants. Aus dem hosteleigenen Weinkeller kann man Wein kaufen.

Das Mountain Hostel Tarter ist ein Fünf-Sterne-Erlebnis von Reisenden für Reisende. Hier, in der Schönheit der Natur, erlebt man die Berge Andorras von ihrer Schokoladenseite. „Für uns reicht es nicht, ein perfektes Hostel in Andorra zu schaffen, von dem aus man Bergsport betreiben und in dem man andere Reisende treffen kann. All das ist für uns sinnlos, wenn wir uns nicht unserer Umwelt, Kultur und unseres Naturerbes bewusst sind", sagt Gründerin Mar Bayona.

WC

Städte für Feinschmecker

Treffen des Geschmacksnervs

Ostello Bello, Mailand

Ein Schlückchen Sauerkirsch-Likör Ginjinha in Lissabon, Portugal, und ein Aufenthalt im Independente Hostel & Suites (Seite 8), oder die Entdeckung des herzhaften Francesinha Sandwichs, das in Porto erfunden wurde, mit Unterkunft im Gallery Hostel (Seite 32) oder The House of Sandeman Hostel & Suites (Seite 22). Salmorejo schmeckt perfekt an einem heißen Tag in Córdoba, Spanien, im Option Be Hostel (Seite 54) wird diese Suppe köstlich serviert. Aperol Spritz und Aperitivo Snacks verschaffen Abkühlung in Mailand, Italien, im Ostello Bello (Seite 140). Im TOC Hostel (Seite 65) in Sevilla kann man die vielen verschiedenen Tapas probieren oder in Bangkok, Thailand, im Yim Yam Hostel & Garden (Seite 284) das frische Phat Thai genießen. Das beste Barbecue mit allem, was man sich wünschen kann (inklusive Strand), gibt es in Kapstadt, Südafrika, im Once in Cape Town (Seite 214). Eis-Liebhaber zieht es nach Rom, Italien, ins The Beehive Hostel (Seite 143).

TOC Hostel Seville, Sevilla

» Essen ist für viele Menschen der erste Grund zu reisen. «

Egal ob Schlemmen mit Einheimischen am Aperitivo Buffet in Mailand, Nippen am Portwein zum portugiesischen Dreigänge-Menu oder Frühstücken der typischen Reissuppe mit Hühnchen und frischem Gemüse in Bangkok. Wer dem Bauchgefühl folgen und so die Welt erkunden mag, der und dem seien diese Hostels wärmstens empfohlen.

Yim Yam Hostel & Garden, Bangkok

Independente Hostel & Suites, Lissabon

Amistat Island Hostel

Trendige Bude im Partyzentrum

Das Partyzentrum Europas hat nun mit dem bunten und schicken Amistat Island Hostel sein erstes eigenes Designhostel. Es liegt im Zentrum von Sant Antoni, 200 Meter vom Strand Caló des Moro und in der Nähe der berühmten Clubs wie Café del Mar, Golden Buddha, Kasbah und Ibiza Rocks – perfekt, um Ibiza zu erkunden.

Das Amistat hat eine lockere Atmosphäre, es hat eine Mischung aus Schlafsälen mit gutem Design und schicken Doppelzimmern sowie coole Gemeinschaftsbereiche wie die Lounge oder Dachterrasse, die beliebte Treffpunkte der Gäste sind. Das Highlight aber ist der Swimmingpool und die dazugehörige Bar im Außenbereich.

Jede der fünf Etagen im Amistat hat ein bestimmtes Thema, inspiriert von Himmel und Hölle. Das Hostel verfügt über einen voll ausgestatteten Raum für Workshops mit Projektor, Leinwand und Soundsystem, eine kleine Bibliothek, ein Restaurant und eine Gemeinschaftsküche für Gäste.

Hier sind Gruppen gut aufgehoben und es werden viele Aktivitäten angeboten: Sprachaustausch, Pilates- und Fitnessstunden, Workshops zum gesunden Kochen, kostenlose Walking Tours, Yoga und Bootstouren zum Sonnenuntergang.

Wer ein günstiges aber luxuriöses Erlebnis auf Ibiza sucht, ist im Amistat Island Hostel genau richtig.

Good to know

PREIS
€€€€€

AUSSTATTUNG
Selbstversorgung möglich; Waschküche; Fahrradvermietung; Bar; Pool; Restaurant; Kinozimmer; Workshopraum; Rezeption; Privatzimmer; Schlafsäle.

Tipp: Hier bleiben keine Wünsche offen: Sprachaustausch, Pilates- und Fitnessstunden, Kochkurse, kostenlose Walking Tours, Yoga und Bootstouren zum Sonnenuntergang.

Option Be Hostel

Fühl' dich auf Reisen wie zu Hause

Option Be, das zweite Hostel von José Fabra Garrido in Córdoba, vereint das Heimelige und Moderne, das Minimalistische und Skandinavische des Schwester-hostels Córdoba Bed and Be, bietet aber dazu noch eine Dachterrasse mit einem kleinen Tauchbecken zur Erfrischung. Bei beiden Hostels liegt die Betonung weniger auf dem Design als darauf, dass sich die Gäste wie zu Hause fühlen sollen. Der Gastgeber Garrido verzichtet auf alle Flausen: keine Samtsofas, Designerlampen oder riesige Suiten. Dafür gibt es viele Möbel im Retrodesign, bequeme Sitzsäcke und andere Besonderheiten wie Holzschalen und Schlüsselringe mit dem per Hand geprägten Motto „Be at Home". Diese Details sind das Ergebnis der Zusammenarbeit mit Miolos Design aus Pontevedra. Elemente der ursprünglichen Gestaltung des Hauses wie die von Putz freigelegten Backsteinbögen und einige antike Steinplatten, die die Gäste unter Glasboden noch bewundern können, blieben erhalten. Vor der stechenden Hitze Córdobas kann man in der schönen Hoflounge, bestückt mit gemusterten Stühlen, Sitzsäcken und Honesty Bar, Schutz suchen. Dort finden sich außerdem eine nette Auswahl an Büchern und Zeitschriften sowie viele Topfpflanzen. „Dies ist so ein Ort, den du liebend gern zu Hause hättest", so Garrido.

Da das Hostel zentral in einem historischen Bezirk liegt, können dic Hostelgäste auf der wunderschönen Dachterrasse entspannen und die Panoramasicht auf die Stadt und die Mezquita-Kathedrale genießen. →

Good to know

PREIS
€€€€€
AUSSTATTUNG
Bettwäsche; kostenloses WLAN; Sicherheitsschließfächer; 24-Stunden-Rezeption; Aufzug; Zimmerreinigung; Gemeinschaftsraum; Konferenzraum; Dampfsauna; Klimaanlage; Selbstversorgerküche; Kühlschrank / Gefrierschrank. Frühstück ist inbegriffen.

Tipp: Mit einem Mietfahrrad lässt sich die Stadt wunderbar erkunden, von der römischen Brücke hat man nachts eine unvergessliche Aussicht auf die Stadt.

Die Betonung liegt weniger auf dem Design als darauf, dass sich die Gäste wie zu Hause fühlen sollen.

Der perfekte Platz, um es sich mit einem Buch gemütlich zu machen und mit einem Drink aus der Minibar ein Sonnenbad zu genießen. Wenn man eine Abkühlung braucht, kann man in das Tauchbecken hüpfen. Jeden Abend um 20:30 Uhr treffen sich Gäste aus dem Bed and Be und Option Be mit den Mitarbeitern beider Hostels auf Getränke und Tapas. Hier bekommt man nicht nur einen authentischen Córdoba-Moment geboten – diese Treffen bringen Menschen zusammen, die eine Liebe zu gutem Essen und Reisen verbindet.

Das familiäre Option Be hat nur zehn Zimmer: Doppelzimmer mit Bad und Mehrbettzimmer für vier oder acht Personen. Jeder Schlafplatz hat ein individuelles Schließfach, Leselampe und Steckdose. Die Matratzen sind sehr bequem und die Waschräume blitzblank.

Morgens herrscht keine Eile. Das kostenlose typisch spanische Frühstück mit Brot, Kaffee, Marmelade, Nutella und frisch gepresstem Orangensaft kann man zu jeder Zeit genießen.

Die hervorragende Lage im Zentrum von Córdoba, die Topausstattung und nicht zuletzt das freundliche und hilfsbereite Team machen Option Be zu einem großartigen Hostel, in dem man sich sofort wie zu Hause fühlt.

Barcelona ist ein Fest

Diese Stadt hat einfach alles: Meer, inspirierende Architektur, Flohmärkte und Straßenfeste.

Hier ein paar Tipps, wie man das Beste aus einem Trip in die avantgardistische Hauptstadt Kataloniens macht.

Kulinarisches

Wer wie ich ein Foodie ist, sollte ins Jai-Ca gehen, eine authentische Meeresfrüchtebar mit fangfrischen Produkten, die nur wenige Straßen vom Meer entfernt etwas versteckt in einer Seitenstraße liegt. Sie bietet eine exzellente Auswahl an spanischen Tapas und ist bei Einheimischen sehr beliebt. Zu den Highlights zählen Pulpo (Oktopus), Patatas bravas („wilde" Kartoffeln), Schwertmuscheln und Schnecken nach Art des Hauses. Teuer – aber lohnenswert – ist ein Besuch des El Nacional auf dem glamourösen Passeig de Gràcia. Das Restaurant vereint vier unterschiedliche Küchen, so dass man dort das gesamte Spektrum spanischer Cuisine genießen und sich nebenbei unter das trendige Volk mischen kann. Das Teresa Carles gehört zu den bekanntesten vegetarischen Restaurants der Stadt und das aus gutem Grund. Hier hat man die Wahl zwischen vielen gesunden Gerichten zu vernünftigen Preisen: Lotus-Chips, knusprige, mit Artischocken gefüllte Crêpes und Seitan-Burger. Für die Teilzeitvegetarier unter uns haben die Besitzer nur wenige Meter entfernt ein Schwesterrestaurant eröffnet, das Flax & Kale. Barcelona hat einige wundervolle Markthallen, jedoch empfehle ich, den sehr touristischen Mercat de la Boqueria zu meiden. Eine schöne Alternative ist der benachbarte Mercat de Santa Caterina. Nach Möglichkeit sollte man auch einen Blick auf das einzigartige Dach des Gebäudes werfen. Ich selbst bin auch ein großer Fan des Mercat de l'Abaceria, auf dem sich selten Touristen blicken lassen.

»Unsere bevorzugte Tapasbar heißt Canete. Die noble Bar bietet eine Mischung aus traditionellen Tapas und exklusiven Speisen an, ist jedoch noch bezahlbar und absolut jeden Cent wert.«

LEIGHTON SHUEY
– Sant Jordi Hostels

→

TIBIDABO
Parc Güell
NOU CAN CODINA
Sagrada Família
Barceloneta
TORRE GLÒRIES
TERESA CARLES
APOLO
Sala apolo
BAR JAICA
ABSENTA BAR
monument Colom
Torres

Bars

Die Barcelonesen treffen sich vor dem Lunch gern zum Aperitivo, ein perfekter Vorwand für einen Happen zwischendurch und ein Gläschen Wermut. Die Bar Calders gehört zu den Lieblingslokalen der Einheimischen, aber Achtung, die leckeren Gin Tonic del Diputat sind so günstig, dass man schnell vor 12 Uhr betrunken ist. Am besten, man bestellt ein paar Nachos, um nicht auf leeren Magen zu trinken.

Wer von der milden Seeluft im Stadtviertel La Barceloneta durstig geworden ist, wird gern hören, dass es in den Gassen zum Hafen von kuriosen Lokalen nur so wimmelt. Ich bin ein großer Fan der schrägen Absenta Bar – coole Vibes und viele sonderbare und wundersame Memorabilien rund um die „grüne Fee". Die Bar ist ganz sicher das ungewöhnlichste Lokal der Stadt.

Eine der bekanntesten Biersorten der Stadt heißt Moritz und wird vor Ort gebraut. Die Fàbrica Moritz wurde vor einigen Jahren saniert und ist heute ein vielseitig genutzter Ort, an dem man Events besuchen, Bücher kaufen, gutes Essen genießen und sich natürlich ein Bier genehmigen kann.

Mein letzter Tipp geht an alle Fußballfans: Wer nicht das Glück hat, ein Ticket für das Camp Nou zu ergattern, sich das Spiel aber gemeinsam mit den Einheimischen ansehen möchte, sollte ins Nou Can Codina gehen, wo Barça-Spiele auf dem großen Bildschirm übertragen werden und ein exzellenter Wermut serviert wird.

Ausgehen

Am stilvollsten startet man auf der Plaça Reial in die Nacht. Der belebte, weltberühmte Platz mit seinen Palmen und verschnörkelten Straßenlaternen ist der perfekte Treffpunkt für Reisende. Hier findet man auch großartige Bars wie das Sidecar, den Pipa Club und meinen Favoriten, das Jamboree, eine erstklassige Blues- und Jazz-Bar, die sich nach Mitternacht in eine Disco mit zwei Dancefloors verwandelt.

In der Sala Apolo, einem weiteren Highlight des barcelonischen Nachtlebens, findet an jedem Abend der Woche eine andere Party statt. Die Location, ein altes Theater, ist für sich schon etwas ganz Besonderes.

Möchte man lieber draußen bleiben, sollte man sich nach den diversen *festes de barri* (Straßenfesten) umsehen. Diese Art des Feierns hat Tradition, denn die Barcelonesen treffen sich liebend gern auf Plätzen, plaudern mit alten Freunden und neuen Bekanntschaften, hören Rumba und essen gemeinsam. Jedes Wochenende veranstaltet ein anderes Viertel seine eigene Party, sodass über das Jahr verteilt bis zu 70 Feste stattfinden. Wer Barcelona von seiner ungewöhnlichen Seite kennenlernen möchte, sollte ins O'Barquiño gehen. Auf den ersten Blick ist es eine Kneipe wie jede andere, aber am Wochenende treffen sich hier im zweiten Stock die Stammgäste und tanzen, singen und performen. Wer die Sprache nicht spricht, wird wahrscheinlich nicht viel verstehen, aber die Atmosphäre und die Show als solche machen das wett.

Flanieren

Barcelona hat über viereinhalb Kilometer Küste – Reisende können sich also wunderbar an einem der vielen tollen Strände eine Auszeit von der Stadt gönnen. Ich muss zugeben, dass ich kein großer Strandmensch bin, aber in La Barceloneta gehe ich gern spazieren. Es ist unschlagbar schön hier: Die Palmen wiegen sich verführerisch in der sanften Meeresbrise und das alte Fischerviertel verströmt einen ausgelassenen, feuchtfröhlichen Charme, dem man sich nur schwer entziehen kann.

Die Rambla ist eine weitere Sehenswürdigkeit der Stadt. Die Promenade abzulaufen war für mich ein regelrechtes Fest der Sinne, als ich 2004 zum ersten Mal nach Barcelona kam. Sie ist eine großartige Einführung in die Stadt, aber Vorsicht – sie ist auch Heimat der Taschendiebe, Trickkünstler und der kitschigen Souvenirs.

Ruhiger geht es auf dem Montjuïc zu, der viel zu bieten hat. Geht man an der Plaça d'Espanya los und folgt der Avinguda de la Reina Maria Cristina, kommt man an zwei großen Museen (dem Museu Nacional d'Art de Catalunya und dem CaixaForum Barcelona), am Olympiastadion, an den Gärten des Griechischen Theaters, am Schloss Montjuïc sowie an einigen der schönsten Aussichtspunkte der Stadt vorbei. Hier kann man sich eine Pause von der hektischen Großstadt gönnen, bevor man nach dem Aufstieg wieder den Weg zum Hafen hinunterspaziert.

Herumkommen

In Barcelona ist man besten per U-Bahn unterwegs. Auf diese Weise ist alles in der Stadt nur 30 Minuten entfernt. Die Fahrkarten sind günstig und die Züge kommen alle drei Minuten.

Der Hafen lässt sich an Bord einer der Golondrinas erkunden. Die Ausflugsboote gehören zu den ältesten Attraktionen der Stadt. Eine Rundfahrt dauert etwa 40 Minuten, zeigt den Hafen aus einer anderen Perspektive und erfrischt an heißen Tagen mit einer kühlen Meeresbrise. →

Wie ihr großartiger Architekt Antoni Gaudí überschreiten die Barcelonesen gern Grenzen und genießen das Leben in vollen Zügen.

Orte zum Entspannen

Die versteckt auf dem Montjuïc gelegene Fundació Joan Miró ist ein architektonisch ansprechendes, modernes Kunstmuseum mit einer wundervollen, ruhigen Gartenanlage und einer beeindruckenden Sammlung von Werken Joan Mirós. Vor allem unter der Woche sind hier kaum Touristen, sodass man herrlich entspannen kann.

»Wer an warmen Tagen den überfüllten Strand vermeiden will, geht in den Parc de la Ciutadella. Hier kann man sich in die Sonne legen oder sich ein schönes Plätzchen im Schatten suchen. Im Park ist zwar immer etwas los – Jongleure, Slackliner, Familien, Einheimische, Touristen, von allem ein bisschen – aber es ist nie zu voll und es geht immer entspannt zu.«

LEIGHTON SHUEY
– Sant Jordi Hostels

Aussichtspunkte

Nicht verpassen sollte man den Tibidado, einen der ältesten Vergnügungsparks Europas. Zwischen seinen Fahrgeschäften wie dem hängenden Flugzeug, dem Karussell und der charmanten Kathedrale taucht man ein in eine Welt zwischen Fantasie und Realität. Eine Fahrt mit der über hundert Jahre alten Seilbahn den Hügel hinauf bietet Ausblicke über die gesamte, sich unter den eigenen Füßen ausbreitende Stadt – ein unvergessliches Erlebnis.

Wer es etwas cooler mag, geht wie die Einheimischen zu den Bunkers del Carmel. Man nehme einfach etwas Bier mit, eine Flasche Wein, Snacks – und Freunde. Hier lässt es sich gut unter freiem Himmel chillen und man kann die tolle Atmosphäre inklusive Rundblick über die Stadt genießen.

Versteckte Orte

Die Plaça de Sant Felip Neri ist ein ruhiger, romantischer Platz im geschäftigen Barri Gòtic (Gotisches Viertel). Der Platz ist nicht nur sehr hübsch, er erzählt auch eine Geschichte: Bei genauer Betrachtung der Wände lassen sich noch Kampfspuren aus dem Bürgerkrieg erkennen. Gràcia, ursprünglich ein Dorf am Rand von Barcelona, hat sich mit seinen engen Gassen und begrünten Plätzen seinen Charme bewahrt. Hier befindet sich das schöne Casa Gràcia Hostel und ich schlemme mich am liebsten quer über die Plaça de la Vila de Gràcia, die für ihren Glockenturm und ihr historisches Rathaus berühmt ist.

Casa Gracia

Zuhause zwischen Kultur und Luxus

Am Nordende von Barcelonas historischem Passeig de Gràcia gelegen – einem Boulevard, der für seine schöne Architektur, und die reich verzierten Bänke und Straßenlaternen bekannt ist – ist Casa Gracia ein Zuhause in der Ferne.

Dieses Viertel in Laufnähe zum Stadtzentrum schmücken Modernisme-Gebäude – die berühmtesten unter ihnen sind La Pedrera und die Casa Batlló von Gaudí.

In angemessener Entfernung zum Chaos auf Las Ramblas bietet das Hostel erschöpften Reisenden Ruhe und Erholung.

Die Casa Gracia findet sich in einem Gebäude, das an die Art-déco-Wolkenkratzer von Manhattan erinnert. Sobald die Gäste durch das hübsche schmiedeeiserne Tor gehen und den schicken Modernisme-Fahrstuhl betreten, fühlen sie sich in die Vergangenheit versetzt. Die hohen Decken und weißen Wände schaffen ein tolles Raumgefühl und kannelierte korinthische Säulen schmücken zusätzlich – ansonsten ist es bemerkenswert modern. Die Gäste können zwischen verschiedenen Räumen wählen: Mehrbettzimmern, Einzel- oder Doppelzimmern und Apartments. Alle Zimmer sind mit einem eigenen großen, luxuriösen Bad ausgestattet. Die besten Zimmer haben einen Balkon hinaus auf den brummenden, breiten Boulevard.

Was die Casa Gracia besonders auszeichnet, ist das Selbstverständnis als Gastrokultur-Hostel. Den Gästen muss bei den angebotenen Speisen einfach das Wasser im Mund zusammenfließen – insbesondere beim Samstags-„Vrunch" (Brunch mit Vermouth).

Die Terrasse ist an den Abenden von Kerzen erleuchtet. Hier kann man den Tag bei einem Glas Wein ausklingen lassen, den neusten Hostelklatsch aufschnappen und den Blick über das Viertel und die sanft geschwungenen, grünen Hügel in der Ferne schweifen lassen.

Good to know

PREIS
€€€€€
AUSSTATTUNG
Terrasse; Restaurant; Tanzbar; Lounge.

Tipp: Mit einem großartigen Kulturprogramm – von Fotoausstellungen bis hin zu Theaterstücken und Jazzkonzerten in der Kellerbar – steht die Casa Gracia für das Beste, was Barcelona zu bieten hat.

TOC Hostels Barcelona

Good to know

PREIS
€ € € € €
AUSSTATTUNG
Bettwäsche (10 € Pfand); Handtücher; 24-Stunden-Rezeption; Selbstversorgerküche; Gepäckaufbewahrung; Bar; Events (Ausstellungen; Silent Partys; Kochkurse; DJ-Sets; Filmabende). Frühstück ist inbegriffen.

Tipp: Ein außergewöhnliches Merkmal ist die herrliche Terrasse mit Swimmingpool und Sonnenliegen, auf denen man lesen und entspannen kann – perfekt, um die langen Sommertage auszukosten.

TOC Barcelona und die Schwesterhostels in Madrid und Sevilla sind inspiriert von *Die Träumer* – dem Film von Bernardo Bertolucci, der während der 68er-Studentenrevolte in Paris spielt. Passend zum Filmplot lassen die drei Hostels das Gefühl einer Gruppe junger, rastloser Menschen aufleben, die einen Raum suchen, um zu interagieren und aktiv den Zeitgeist mitzugestalten. So sind die Gäste im TOC Barcelona eingeladen, hier im Hostel zusammenzukommen, Ideen zu entwickeln und in die Tat umzusetzen. Auf den Sofas kann man entspannen, auf den neuen iMacs E-Mails beantworten, auf dem großen Bildschirm einen Film anschauen oder jemanden am Billardtisch herausfordern. Die Bibliothek bietet außerdem jede Menge Lesestoff.

Ein außergewöhnliches Merkmal des TOC Barcelona ist die herrliche Terrasse mit Swimmingpool. Perfekt, um die langen Sommertage auszukosten. Für die Gäste wurden Sonnenliegen aufgestellt, auf denen man lesen und entspannen kann.

TOC Hostels Sevilla

Das innovative Hostel liegt ganz zentral in einem vormals verlassenen Gebäude aus den 1970er-Jahren, direkt gegenüber der Kathedrale von Sevilla. TOC Sevilla ist eine fantastische Wahl für Reisende, die nach einer Kombination aus großartigem Design, freundlichen Mitarbeitern und ... Tapas suchen.

Für sparsame Reisende sind die Sechs- bis Achtbettzimmer eine ausgezeichnete Wahl ohne jegliche Qualitätseinschränkung, dafür mit eigenem Bad, Klimaanlage, Steckdosen neben dem Bett, Leselampen und Zugang per Fingerabdruck. Für mehr Privatsphäre empfehlen sich die hotelähnlichen Zimmer mit Schreibtisch und Flachbildfernseher mit Satellitenempfang.

Einige Zimmer haben eine eigene Terrasse mit Ausblick auf die Kathedrale. In den Zimmern gibt es zudem gratis duftende Handseife, Kosmetikkit, Zahnbürste und Zahnpasta. Die Gästeküche ist gemütlich – klein, aber ausreichend; hier findet auch das Frühstücksbüfett statt. Für leichte Mahlzeiten und Getränke gibt es einen 24-Stunden-Laden im Hostel, außerdem eine entspannte Bar.

Weitere Vorzüge sind ein fabelhaftes Minikino und eine schöne Terrasse für einen netten Drink.

Good to know

PREIS
€€€€€

AUSSTATTUNG
24-Stunden-Rezeption; Waschmaschinen; Gepäckaufbewahrung; Selbstversorgerküche; Sicherheitsschließfächer in den Zimmern; kostenlose geführte Stadtspaziergänge; Bar; Events; Billardtisch; Terrasse; Miniladen.

Tipp: Allein die Tapasbar ist Grund genug, im TOC Hostel Sevilla einzukehren. Auf der Karte stehen traditionelle Tapas wie Patatas bravas oder Jamón Serrano.

Amsterdam: Pommes, Waffeln & mehr

Diese Stadt mit ihren vielen Grachten, schmalen, Giebelhäusern und zahlreichen Museen verzaubert und inspiriert.

Großstadtmenschen, die auf Fahrrädern herumkurven, Schnee, der auf zugefrorene Grachten fällt und Blätter, die verwehen und rostrote Muster bilden. Leuchtreklame im Rotlichtviertel und berauschende Schwaden, die aus Coffeeshops dringen. Das alles verkörpert Amsterdam für mich. Das Herz der Altstadt mag entlang der mittelalterlichen, kolonialen Grachten, im alten jüdischen Viertel am Waterlooplein und im beliebten Stadtteil De Wallen schlagen, doch natürlich hält Amsterdam noch viele weitere Überraschungen bereit.

Kulinarisches

Die niederländische Küche besteht nicht nur aus Stroopwafels und Bitterballen, obwohl ich zugeben muss, dass ich sie immer wieder gern esse, wenn ich in der Stadt bin. Besonders Tapfere probieren die rohen Heringe, die es überall in Amsterdam an Heringständen (*haringhandels*) zu kaufen gibt. Mein Favorit ist das Vishuisje an der Herengracht, wo man Hering mit sauren Gurken und Zwiebeln für nur 3 € bekommt. Wer deren Geruch nicht erträgt, bestellt einfach Kibbeling – köstlich panierte und frittierte Fischhappen, ebenfalls eine Spezialität der *haringhandels*.

Ein Trip nach Amsterdam ist aber erst nach ein paar leckeren Frites komplett. Meine Suche nach den besten der Stadt führte mich zu Frietsteeg. Diese Pommes sind knusprig von außen und zart von innen und werden direkt vor Ort hergestellt. Eine beeindruckende Auswahl an Saucen gibt es auch: Meine Favoriten sind Senfmayo und Curryketchup.

Amsterdam ist eine extrem vielfältige Stadt, man darf sich also auf ein breites Angebot an internationalen Speisen freuen. Das Bazar ist eine umgebaute Kirche →

PILEK
Hotel de Goudfazant
STRAND BLIJBURG
Westerpark
de Gooyer
Anne Frank HUIS
DAM Square
VISHUISJE HERENGRACHT
Marktkantine
Graceland
Magere BRUG
RIJKSMUSEUM
VONDELPARK

und serviert leckere orientalische Küche, für gute spanische Tapas geht es weiter ins Pata Negra und wer Lust auf Nudeln hat, schaut bei Fou Fow Ramen vorbei. Indonesisch esse ich immer im Soenda Kelapa und im Taco Cartel gibt es, wie unschwer zu erraten, Tacos.

» Weit vom überfüllten Zentrum entfernt, zwischen den alten Industriehallen am Ufer des IJ in Amsterdam Noord, befindet sich das Hotel de Goudfazant. Die saisonalen Gerichte sind nicht einmal teuer, wenn man die Qualität bedenkt, die die Küche bietet. «

ANNA HAFSTEINSSON
– Clink Hostels

Wer jedoch der Landesküche wegen nach Amsterdam gekommen ist, sollte sich unbedingt ins Geflipt begeben und die niederländische Version eines Burgers bestellen. Und um sich mit der Kneipenszene bekannt zu machen, geht man ins Café Slijterij Oosterling oder in die Bar Fisk.

Bars & Ausgehen

Die Niederländer sind berühmt für ihre liberale Einstellung zu einigen Rauschmitteln, die in anderen Ländern verboten sind. Es ist daher nicht überraschend, dass die Coffeeshops jährlich Millionen von Besuchern aus aller Welt anlocken. Amsterdam ist die ideale Spielwiese für alle, die sich eine schöne Zeit machen wollen und es gibt Bars und Partys für jeden Geschmack. Einige Klassiker sind die Marktkantine und das Paradiso sowie die Clubs, Cafés und Bars am Leidseplein und Rembrandtplein.

Das Pllek ist ein trendiger Industriebau aus gebrauchten Schiffscontainern und befindet sich auf einem aufgeschütteten Strand am Ufer des IJ – der perfekte Ort, um bei Sonnenschein einen

Cocktail oder ein Bier im Freien zu trinken und Livemusik oder anderen Events beizuwohnen.

Eine weitere Empfehlung ist das Pacific Parc, eine großartige Partylocation, die praktisch Tag und Nacht geöffnet ist. Man sollte sich schon mittags einen Platz auf der großzügigen Sonnenterrasse sichern, um dann bei Einbruch der Nacht nach drinnen zu gehen und bis in die Morgenstunden zu einem Mix aus DJ-Sets und Livemusik zu tanzen.

Flanieren

Amsterdam hat Grünflächen in Hülle und Fülle. Der Vondelpark ist zweifellos die größte und bekannteste, aber es gibt noch viele weitere, kleinere Parks, in denen Großstädter die Seele baumeln lassen können – Beatrixpark, Sarphatipark, Oosterpark, Frankendael Park, Rembrandtpark, Westerpark, Flevopark, Amstelpark, Wertheimpark und Sloterpark, um nur ein paar zu nennen.

Der Westerpark ist, wie der Name schon sagt, ein Stadtpark im Westen der Stadt und bietet die perfekte Mischung aus Natur und beeindruckender Architektur. Die umgebaute Westergasfabriek richtet eine Reihe von Veranstaltungen wie Ausstellungen, Märkte und Festivals aus und beherbergt einige Shops, ein Arthouse-Kino, eine Brauerei und einen Club. Der Norderpark ist eine grüne Oase im Herzen von Amsterdam Noord. Mit seinen vielen Wald- und Grünflächen ist er das perfekte Ziel, um dem hektischen Treiben der Innenstadt zu entkommen.

Herumkommen

Durch Amsterdam kommt man am besten mit der Tram, zu Fuß oder, noch besser, wie die Einheimischen mit dem Rad. Radfahren geht schnell, ist bequem und hilft außerdem dabei, die ganzen Stroopwafels wieder loszuwerden!

Amsterdam und der Rest der Niederlande verfügen über ein hervorragendes Nahverkehrssystem. Wer herumkommen will, investiert in eine OV-chipkaart, mit der man alle Trams, Busse, U-Bahnen und Züge nutzen kann. Es gibt auch eine Version, die nicht personalisiert ist und die man jederzeit und überall neu aufladen kann.

Orte zum Entspannen

Amsterdam ist die Stadt der beschaulichen Kanäle – von wo könnte man also besser die architektonische Pracht der Stadt genießen, als entspannt vom Wasser aus. Das Cocomama bietet seinen Gästen im Sommer auch private Bootstouren an.

» Auf einem Kanalboot durch die Stadt zu schippern, hat →

Das Herz der Altstadt schlägt entlang der mittelalterlichen Grachten.

etwas sehr Beruhigendes. Wir mögen die gemütlichen Boote von Pure Boats am liebsten – eine willkommene Abwechslung zu den großen Tourischiffen.«

ANNA HAFSTEINSSON
– Clink Hostels

Wie wäre es mit einer Tulpentherapie für die innere Ruhe? Ein Trip nach Amsterdam im Frühling wäre nicht dasselbe, ohne einen Besuch des Keukenhofs in der Nähe von Lisse, wenn dort die Tulpenfelder blühen. Die bunten Blumenreihen, die alle Farben des Regenbogen in sich vereinen, sind überwältigend. Wer nicht im Stau stehen will, sollte allerdings an einem Wochentag hinfahren.

Der Vondelpark ist zu jeder Jahreszeit schön. Wenn möglich, sollte man sich eines der Gratiskonzerte auf der Open-Air-Bühne anhören, die jeweils von Mai bis Anfang September stattfinden. Musik in dieser Naturkulisse zu erleben, ist Entspannung pur.

Aussichtspunkte

Eine der besten Aussichten in Amsterdam hat man vom A'DAM Lookout auf dem A'DAM Tower, direkt um die Ecke vom ClinkNOORD. Der Tower hat eine tolle Bar, an der man Cocktails schlürfen und dabei sowohl die Wahrzeichen der Stadt bestaunen als auch ihren Sound in sich aufnehmen kann. Nichts für schwache Nerven ist Europas höchste Schaukel, Over the Edge, die einem mehr als nur einen Adrenalinschub beschert.

Das Noorderlicht Café in einem alten Gewächshaus ist ein weiterer beeindruckender Aussichtspunkt. Hier kann man stundenlang verweilen, über das IJ schauen und die Welt an sich vorüberziehen lassen.

Auch die SkyLounge im Doubletree und die die Panoramaterrasse des NEMO Science Museum sind sehr zu empfehlen, ebenso die Westerkerk, die den höchsten Kirchturm von Amsterdam hat.

Versteckte Orte

Blijburg ist ein Stadtstrand gleich vor den Toren Amsterdams, an dem sich die Einheimischen zu Spiel und Spaß, zum Schwimmen, Essen und Trinken treffen. Dank der Livemusik und Festivals, die hier das ganze Jahr über stattfinden, ist dies der ideale Ort, um sich die kühle Seeluft um die Nase wehen zu lassen und mal fünfe gerade sein zu lassen!

Mein zweites Geheimnis ist das De Hapjeshoek, ein kleines surinamesisches Takeaway mit himmlischen Gerichten, das sich in den Tiefen der U-Bahn-Haltestelle Waterlooplein verbirgt. Wann immer ich in Amsterdam bin, schaue ich hier auf ein köstliches Chicken-Curry-Sandwich a.k.a. Kipfilet Kerrie Broodjes vorbei. Für nur 3 € ein wahres Schnäppchen!

Cocomama

Ein Hostel mit pikanter Vergangenheit

Ein wunderschönes, 130 Jahre altes Gebäude mit hohen Decken und Kronleuchtern, ein Garten mit Picknicktischen und Zwergen, eine niedliche Hostelkatze namens Joop, eine Küche mit Bier für 1€, energische Leiterinnen, die ihre Stadt in- und auswendig kennen, sowie eine authentische, nicht zu touristische Lage – was bleibt da noch zu wünschen übrig?

Das Cocomama liegt nur knappe 20 Minuten vom Amsterdamer Rotlichtbezirk entfernt und war früher selbst eins der berühmtesten Bordelle der Stadt, Yab Yum. Am Eingang kann man den schillernden ehemaligen Eigentümer und seine Mädchen auf Fotos bewundern und als ironischer Hinweis auf die Vergangenheit hängt hier Spitzenwäsche.

Alle Zimmer sind nach traditionellen niederländischen Themen dekoriert: „Tulpen", „Van Gogh", „Königlich" und „Kuh und Milch". Für Preisbewusste gibt es das einzigartige Erlebnis eines Aufenthalts im Sechsbettschlafsaal „Windmühle". Jedes der dreistöckigen, maßgefertigten Etagenbetten hat Vorhänge, eine Leselampe, einen Stromanschluss und ein Geheimfach. Die Bettwäsche ist inbegriffen und die Betten werden vor der Ankunft frisch bezogen (sehr selten bei Hostels). Zudem hat das Zimmer ein eigenes Bad und große Gepäckschließfächer. Für mehr Privatsphäre gibt es die fünf Doppelzimmer, alle mit eigenem Bad, einem Queensize-Bett, Bettwäsche, Handtüchern, Hygieneprodukte von Stop The Water While Using Me!, Föhn und Zubereitungsmöglichkeiten für Kaffee und Tee.

Das Cocomama nimmt keine größeren Gruppen an – maximal vier Personen. Daher besteht das Publikum hier hauptsächlich aus Alleinreisenden, die gern mit den anderen Gästen in Kontakt kommen wollen. Man trifft sich häufig in der gemütlichen Küche. Dort findet man Grundzutaten, Pasta und Gewürze, die das Hostel seinen Gästen zur Verfügung stellt, sowie einen Bierkühlschrank.

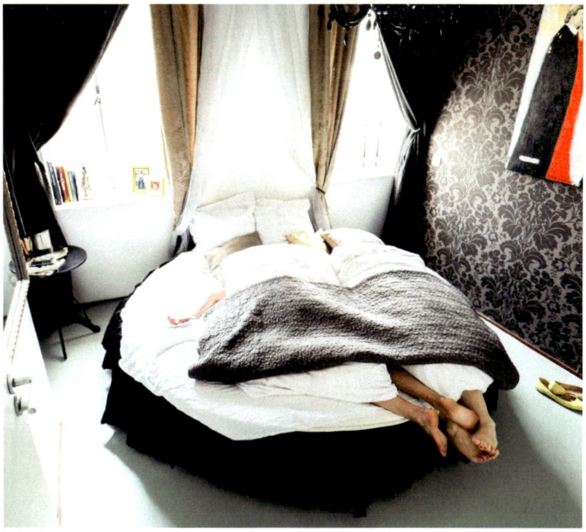

Good to know

PREIS
€€€€€
AUSSTATTUNG
Gemeinschaftsbereich; tolle Mitarbeiter; Selbstversorgung möglich; verschmuste Katze; Fahrradvermietung; Geek-Büchertausch; Garten; Themenzimmer.

Tipp: Im Cocomama lebt Joop, der Hostelkater. Er ist der heimliche Star hier. Viele Nachmittage verbringt er auf dem Rücken liegend in seinem Sitzsack und lässt sich von den Gästen mit Streicheleinheiten verwöhnen.

King Kong Hostel

Hippe Unterkunft in Rotterdams lässigem Zentrum

Das King Kong Hostel, eine hippe Mischung aus Industriedesign und zeitgenössischer Kunst, liegt mitten im Herzen des wilden Rotterdam.

Die Wurzeln des Hostels an der belebten Witte de Withstraat reichen weit zurück: 1872 erbaut, waren hier schon ein Tattoostudio, ein illegales Casino und ein berühmtes Bordell untergebracht. Das Hauptmerkmal des King Kong sind die hochmodernen wie schicken Räume. Helle Farben, Holz und Naturmaterialien sorgen für eine gemütliche und doch coole Atmosphäre. Insgesamt gibt es 23 Räume, unterschiedlich große Mehrbettzimmer – alle mit eigenem Badezimmer (und einer Regendusche!) ausgestattet – und drei hotelähnliche Zimmer.

Das Mehrbettzimmer-Loft unter dem Dach ist die Krönung. Wer jemals eine grandiose Pyjamaparty mit seinen besten Freunden aus aller Welt veranstalten wollte: Dies wäre der geeignete Ort dafür! Dass es über 48 Betten sind, klingt zwar nach Chaos, doch sie sind gut verteilt und man hat trotzdem etwas Raum für sich. Die dreieckigen Fenster lassen angenehmes Tageslicht einfallen und eröffnen eine tolle Aussicht aufs Stadtzentrum.

In den Zwischenräumen kann man auf alten Schulsportgeräten turnen oder in den bunten Hängematten und Sitzsäcken entspannen. Jedes Bett hat eine Nachtlampe, ein abschließbares Gepäckfach und eine Steckdose. →

Good to know

PREIS
€€€€€
AUSSTATTUNG
Selbstversorgerküche; Waschmaschinen; Filmlounge; Café; Restaurant; Bar mit Terrasse. Frühstück ist nicht inbegriffen.

Tipp: Zwischen 8 und 11 Uhr werden Kaffee und Tee kostenlos an Gäste ausgeschenkt. Jeden Abend um 20 Uhr beginnt die Filmnacht, samt Gratis-Popcorn. Tagsüber kann man frische Wraps, Sandwiches und Salate kaufen.

1872 erbaut, waren im *King Kong Hostel* schon ein Tattoostudio, ein illegales Casino und ein berühmtes Bordell untergebracht.

Außerdem gibt es das Zimmer Full House für vier Personen und das Kong Meis (nach einem lokalen Künstlerduo benannt) mit Plattenspieler und Netflix für zwei Personen. Das Allerbeste ist das Lovers Loft. Das Doppelhochbett erreicht man über eine Holzleiter und von dort oben hat man eine fabelhafte Aussicht auf die Skyline von Rotterdam (ein Vorhang sorgt für Privatsphäre).

In der Lobby gibt es eine ausgesprochen gute Kaffeebar: Der Kaffee und auch die hausgemachte Limonade schmecken köstlich. In einer gemütlichen Sitzecke kann man hier ausruhen, mit Leuten reden oder einfach durch die große Fensterfront die vorbeispazierenden Menschen auf der Witte de With beobachten. Es gibt einen stilvollen offenen Küchen- und Essbereich im Erdgeschoss. Die Küche steht den Gästen – außer in der Frühstückszeit von 6:30 bis 10:30 Uhr – zur Verfügung. Im Essbereich stehen sowohl Picknicktische mit langen Bänken für gesellige Reisende als auch intimere Tische für zwei.

Das Frühstücksbüfett kostet 7,50 €, aufgetischt wird frisches Brot, Croissants, Rührei, Joghurt, frischer Saft, Milch, Müsli, frisches Obst, Kaffee und Tee. Im Keller unter der Küche gibt es gemütliche Sofas und viele Kissen zum Rumlungern. Ein perfekter Ort, um nach langen Erkundungen in Rotterdam die Lieblingsserie oder Filme auf Netflix zu schauen. Stolz behauptet das Hostel, das WLAN hier sei schneller als Usain Bolt und das stimmt gewissermaßen. In der Lobby steht ein langer Lesetisch mit Computern und Steckdosen für den eigenen Laptop oder andere elektronische Geräte.

Das Team im King Kong ist supernett und hilfsbereit und ist äußerst gut darin, den Gästen großartige Ausgehtipps zu geben.

KING
KONG
RESTAURANT
Affligem
DE KONINCK

Ecomama

Reisen mit gutem Gewissen

Ecomama ist das nachhaltige und luxuriöse Update seines Schwesterhostels Cocomama. Ob man mit Freunden reist, ein romantisches Wochenende verbringen will oder den Luxus sucht, während man die Welt erkundet – Ecomama bietet alles davon.

Bei sieben verschiedenen Zimmervarianten ist für jedes Budget etwas dabei. Die Eigentümer haben lange daran gefeilt, für jedes Gästeprofil das passende Zimmer zu finden. Ein romantisches Wochenende verbringt man am besten im Double Deluxe mit eigenem Badezimmer. Backpacker mit knappem Budget können sich die fensterlosen Doppelhütten mit Gemeinschaftsbad gönnen.

Der Schlafsaal mit acht Betten für „erfahrene Reisende“ im Ecomama ist vermutlich einer der luxuriösesten überhaupt. Die Etagenbetten sind verhältnismäßig riesig, superbequem und jedes hat eine eigene Steckdose und Leselampe. In allen Schlafsälen gibt es Mehrfachsteckdosen und große Gepäckschließfächer für Wertsachen. Die Schlösser für diese sind an der Rezeption erhältlich. In allen Zimmern sind hochwertige Bettwäsche und Seife von Stop the Water While Using Me! inbegriffen, in den Doppelzimmern gibt es, genau wie in einem Hotel, außerdem die Handtücher, die man für die Hütten und Schlafsäle ausleihen kann.

Mit seiner herausragenden Öko-Philosophie hat das Ecomama die Messlatte für andere Hostels und Hotels hoch gelegt. Neben dem Wassersparsystem, dem Gründach und Baumaterial mit dem Cradle-to-Cradle-Konzept wurde bei der Inneneinrichtung so viel wie möglich an Recyclingmaterial eingesetzt. Das Hostel hat eine Natursteinheizung und die Reinigungskräfte verwenden ausschließlich umweltfreundliche Produkte.

Im Ecomama trifft man Leute, entspannt sich und erlebt Amsterdam jenseits der üblichen Touristenziele. Dafür sorgen auch die Stadtführungen mit den Mitarbeitern. Mit seiner perfekten Kombination aus preisgünstig und gemütlich ist das Ecomama eines der besten Hostels in Europa.

Good to know

PREIS

€€€€€

AUSSTATTUNG

Fahrradvermietung; Selbstversorgung möglich; große Gepäckschließfächer; Stadttouren; maßgeschneiderte Stadtpläne; Hygiene-produkte von Stop The Water While Using Me!; Skateboards; GO-OFFLINE-Bade-mäntel; Gemeinschafts-raum mit Schaukeln; Kino-Tipizelt; Plattenspieler; eigenes Café und Bar: the FIXXX.

Tipp: Im Ecomama schläft man nicht nur, das Hostel hat auch einen humanitären Aspekt. Ecomama spendet 1€ für jede Übernachtung an eine gute Sache.

Generator Amsterdam

Das Generator Hostel liegt auf der aufstrebenden Ostseite Amsterdams, mit Blick über den Oosterpark. Der imposante Ziegelbau aus dem Jahr 1917 hat elegante, große Räume und hohe Decken.

Das Gebäude war einst eine akademische Einrichtung und die Designer bewahrten den industriellen Charakter, während sie ihn mit kuriosen Details ergänzten, für die Amsterdam berühmt ist.

Das Generator hat 168 Twin- und Vierbettzimmer mit eigenem Bad und unglaublicher Aussicht. Highlight ist das exklusive Luxusapartment mit Blick über den Oosterpark (für sechs Personen).

Im ehemaligen Hörsaal gibt es nun eine beeindruckende Bar / Lounge, die alte Bibliothek wurde zu einem ruhigen Entspannungsbereich. Das Café lockt viele zum Essen und im ehemaligen Heizraum der Universität findet man nun eine der trendigsten Speakeasy-Bars der Stadt.

Good to know

PREIS
€€€€€
AUSSTATTUNG
24-Stunden-Rezeption; kostenloses WLAN; Waschküche; Fahrradvermietung; Frauenschlafsäle; Reiseladen; Bar; Café; Entspannungsbereiche; Eventraum.

Tipp: Die geräumigen Gemeinschaftsbereiche haben verglaste Aufzugfronten, ein ausgefallenes Café und eine Außenterrasse. Im ehemaligen Hörsaal gibt es nun eine beeindruckende Bar.

Cube Hostel

Good to know

PREIS
€€€€€
AUSSTATTUNG
Selbstversorgerküche; Waschmaschinen; Bar; Lounge; Bibliothek; Kinoraum (mit echten Kinosesseln!).

Tipp: Die Boutique Bar im Hostel sollte man keinesfalls verpassen. Hier kann man alles verkosten – von der pinken Limonade aus der Küche der Besitzerin Elizabeth bis zum belgischen Craft-Bier.

Das frisch renovierte Cube Hostel im Herzen von Löwen wurde bei der Eröffnung 2014 von der Presse bejubelt. Dank Retro-Chic, Gratis-Pfannkuchenfrühstück, Kino, Zimmern mit Bad (und Regenduschen!) wurde das Cube für Reisende in Belgien zu der Unterkunft schlechthin.

Das Hostel liegt zentral und die Gäste erreichen leicht die berühmtesten Sehenswürdigkeiten in Löwen von hier – darunter den alten Marktplatz, die „längste Bar in Europa", die Haupteinkaufszone, die beliebte Brauerei InBev, die historischen Universitätsgebäude und zahlreiche interessante Museen.

Der Gemeinschaftsraum des Cube versprüht einen altmodischen Charme, der alle Reiseenthusiasten in den Bann zieht: Gesammelte Globen sind im Raum verstreut, Reisezitate schmücken die Wände und in der großen Bibliothek steht ein Schreibtisch aus alten Koffern.

Bei der Vielfalt der Räume findet sich für jedes Reisebudget ein Zimmer. Mit den großzügigen Gemeinschaftsräumen ist das Cube der perfekte Ausgangsort, um flämische Gastfreundschaft zu genießen.

Rotterdam: Hafenstadt mit Wolkenkratzer

Da Rotterdam eine der ersten Städte war, die ich als Blogger besucht habe, fühle ich mich ihr sehr verbunden.

Die Stadt hat einen entspannten, unprätentiösen Vibe und bodenständige Einwohner, mit denen man leicht ins Gespräch kommt. Sie erinnert mich an Glasgow, eine weitere coole Hafenstadt. In Rotterdam gibt es eine Reihe sehr guter Hostels, das gastronomische Angebot gehört zum besten, das man in europäischen Städten finden kann und das Nachtleben hat für jeden etwas zu bieten.

Kulinarisches

Das Bertmans mit seinen vegetarischen und veganen Gerichten in Bioqualität ist ein wunderbarer Ort für Frühstück, Mittag- und Abendessen gleichermaßen. Die Pfannkuchen sind fantastisch, ebenso das pochierte Ei mit Avocado auf Toast. Im Sommer sollte man sich unbedingt auf die schöne Terrasse setzen. Apropos Terrassen: die Fenix Food Factory im Stadtteil Katendrecht ist ein absolutes Muss. Die Markthalle befindet sich in einem ehemaligen Industriewarenlager, in dem heute frische und leckere Produkte von regionalen Erzeugern angeboten werden. Foodies können hier am Craft-Bier von Kaapse Brouwers nippen, verschiedene Käsesorten bei Booij Kaasmakers probieren und sich allerhand weiteren Geschmackserlebnissen hingeben. Und das Allerbeste: Draußen stehen jede Menge Holzbänke und -tische, an denen man sein Essen und seine Getränke einnehmen und die Aussicht auf das geschichtsträchtige Hotel New York und den umliegenden Hafen genießen kann.

Einer der Gründe, weshalb ich immer wieder gern nach Rotterdam zurückkehre, ist das Bazar, das sich auf nordafrikanische und orientalische Küche spezialisiert hat. Den Tavuk Sis Kebab kann ich wärmstens empfehlen. Und das Frühstück ist so ziemlich das beste, das ich je gegessen habe.

»Wer noch nie einen Fuß ins Restaurant ›Dierhandel‹ De Pijp gesetzt hat, ist kein wahrer Rotterdamer! Hier geht es ganz unspektakulär →

DIERGAARDE Blijdorp
oude NOORDEN
Grote Sint-Laurenskerk
kubuswoningen
DE verwoeste stad
BIER HANDEL de pip
THE Reformance BAR
DE HEF
EUROMAST
SJATZI
SJATZI
fenix food FACTORY
VEERHAVEN

Ani & Haakien

Zusammen ist man weniger allein

2005 erlebten Danielle und Joyce – heute Besitzer des Ani & Haakien – das Abenteuer ihres Lebens: Sie machten eine Weltreise. Die wichtigste Eigenschaft aller ihrer Lieblingshostels war, dass sie sich dort sofort zu Hause fühlten. Als sie nach Rotterdam zurückkehrten, beschlossen sie, ihr eigenes „Zuhause in der Ferne" zu eröffnen. Das Ani & Haakien gibt einem wirklich das Gefühl, bei Freunden zu Gast zu sein. Es gibt eine große Gemeinschaftsküche, wo sich die Gäste zum Abendessen versammeln und einen schönen Garten mit Hängematten und Suzy La Cubanita, der charmanten Hauskatze.

Auf einer Tafel werden täglich Unternehmungen angeboten und es gibt Stadtführungen für jeden Geschmack – zum Beispiel eine Tour zur brandneuen „Markthal", zu den Windmühlen, einen Nachtspaziergang, eine Graffiti-Tour, Ausflüge nach Delft, Kneipentouren und eine Architekturführung.

Großartig im Ani & Haakien ist auch das kostenlose niederländische Frühstück. Von 8 bis 11 Uhr werden Brot mit Erdnussbutter, bunten und Schokostreuseln, Marmelade, Appelstroop (Apfelsirup), Eier, Beschuit (eine Art Zwieback), Cornflakes, Kaffee, Tee, Milch und Saft serviert. Manchmal gibt es auch niederländische Pfannkuchen.

Vom Ani & Haakien ist es nur ein kurzer Spaziergang zu den beliebtesten Sehenswürdigkeiten von Rotterdam, Markthalle und die berühmten Kubushäuser eingeschlossen. Es gibt keine Bars in der Nähe des Hostels – gut für einen ruhigen Schlaf. In Fußnähe findet man trotzdem gute Cafés, Designläden, Dachterrassenbars und Jazzclubs. Das Hostel bietet eine kostenlose Gepäckaufbewahrung an. Auch Fahrräder kann man kostenlos ausleihen oder sein eigenes unterstellen.

Good to know

PREIS
€€€€€

AUSSTATTUNG
24-Stunden-Zugang; kostenlose Stadtführungen; gemütlicher Gemeinschaftsbereich; Fahrradverleih; Selbstversorgerküche; Longboards; Waschmaschinen; persönliche Schließfächer; Gepäckaufbewahrung; Garagenplätze; Abendessen; süße Hostelkatze. Frühstück ist inbegriffen.

Tipp: Täglich werden unterschiedliche Aktivitäten angeboten – Yoga, Filmabende und Konzerte im Garten stehen auf dem Programm.

Hello I'm Local

Gastrohostel abseits des Amsterdamer Trubels

Haarlem ist eine nostalgische Stadt und das Hello I'm Local befindet sich mittendrin. Dieses Luxushostel ist ein Sammelalbum der Erinnerungen: Die Namen der zwölf Zimmer – für 2 bis 14 Personen – sind die von historischen Persönlichkeiten aus der Stadt.

Es lohnt sich, Haarlem oder die prächtige Landschaft der Umgebung mit dem Rad zu erkunden. So kann man zum Beispiel den nahe gelegenen Strand ansteuern oder seinen Durst in einer der feinen Landkneipen löschen.

Das Hello I'm Local gehört zu den neuen Gastrohostels, die auf die zunehmende Zahl von Foodie-Touristen reagieren und ihren Gästen das kulinarische Erbe ihrer Region zugänglich machen. Besonders stolz sind die Betreiber des Hello I'm Local darauf, dass nur lokale Erzeuger das Hostel beliefern. Das Frühstück ist fabelhaft – traditionell handgeknetetes Brot wird mit Biokäse oder mit hausgemachter Rhabarbermarmelade gereicht. Aber auch Blaubeer-Biomüsli oder Rührei und noch vieles mehr stehen zur Auswahl. Abends gibt es Fleischplatten, fantastisches lokales Jopen Craft-Bier oder leckere Bitterballen zu schnabulieren.

Noch nicht satt? Seit Kurzem bietet das Hello I'm Local Foodie-Fahrradtouren an, die lokale Kultur und Landschaft mit viel gutem Essen und Bier verbinden.

WLAN und einen Fernseher gibt es im Hostel nur im Wohnzimmer, nicht in den Schlafzimmern. Die Besitzerin Saskia Hurd gibt zu, dass sie etwas altmodisch ist und ermutigt die Gäste, sich zu unterhalten oder gemeinsam ein Brettspiel zu spielen. Neue Bekanntschaften kann man am Kamin oder im Hof schließen. Die Ruhezeit beginnt um 23 Uhr, so ist das Hello I'm Local ein ausgezeichneter Ort, um die ganze Nacht ungestört zu schlafen. ⌂

Good to know

PREIS
€ € € € €
AUSSTATTUNG
Fahrradverleih; Gästeküche; Mikrowelle; Kühlschrank; Wasserkocher; Tee und Kaffee (inklusive); Föhn; Bügeleisen; Waschmaschine und Trockner. Das Frühstück wird vor Ort angeboten; ist jedoch nicht inbegriffen.

Tipp: Die Zugfahrt nach Amsterdam dauert nur 15 Minuten. Amsterdam von Haarlem aus zu bereisen, kann eine günstigere und entspanntere Alternative sein.

ClinkNOORD

Good to know

PREIS
€€€€€

AUSSTATTUNG
24-Stunden-Rezeption; kostenloses WLAN; Handtücher; Waschmaschinen; Geldautomat; Gepäckaufbewahrung; Schließfächer; Selbstversorgerküche; Föhn; Reiseshop; Bar; kostenlose geführte Stadtrundgänge; Innenhof. Frühstück ist inbegriffen.

Tipp: Künstler sind eingeladen zum »Stay & Play«: Sie geben im Hostel ein Konzert oder machen eine Ausstellung und dürfen dafür kostenlos übernachten.

Das stylishe ClinkNOORD Hostel befindet sich in einem ehemaligen Labor der 1920er-Jahre. Es liegt am anderen Ufer des Ij in Amsterdam Noord. Bei der Renovierung wurden Elemente der originalen Architektur bewahrt, so auch die beeindruckende Fensterfront des Gebäudes. Innen finden sich deshalb viele helle Gemeinschaftsbereiche: ein sonniger und geräumiger Innenhof mit Picknicktischen, ein Café, eine Bücherei mit gut gefüllten Bücherregalen, eine maßgefertigte Selbstversorgerküche und ebenso Meeting- und Eventräume. Es ist die ansteckende kreative Atmosphäre, die den Aufenthalt im ClinkNOORD so besonders macht. Künstler sind eingeladen zum „Stay & Play": Sie geben im Hostel ein Konzert oder machen eine Ausstellung und dürfen dafür kostenlos übernachten. Auch sonst geht es musikalisch zu: In der hauseigenen ZincBAR legen DJs auf, es gibt Karaokeabende, Talkrunden, Performances und mehr.

Hostel ROOM

Im angesagten Viertel Scheepvaartkwartier findet man das Hostel ROOM in einem schönen Jugendstilgebäude aus dem Jahr 1923.

Die 17 Themenzimmer des Hostels haben alle eine besondere Verbindung zu Rotterdam und den Niederlanden. Vom bunten, quirligen Kunstzimmer zum eleganten und zurückgenommenen Sitzungssaal sind alle Räume mit Vintage-Möbeln ausgestattet und verströmen entspannten Retrocharme. Hinsichtlich Stil und Komfort ist das luxuriöse Turmuhrzimmer die beste Wahl. Dieses Loft hat hohe, gewölbte Decken, helle Wände und riesige runde Fenster. Es ist mit einer Kochnische, eigenem Bad und eigener Dachterrasse mit Panoramasicht auf Rotterdams Skyline ausgestattet. Das Herzstück des Hostels ist das ausgesprochen freundliche Team. Das geräumige Wohnzimmer und die Bar sind supergemütlich und funky; man fühlt sich dort sofort wie zu Hause. Das Wochenprogramm kann sich sehen lassen: Livemusik lokaler und internationaler Künstler, Quizabende und leckere Abendessen – alles großartige Gelegenheiten, um neue Leute kennenzulernen.

Good to know

PREIS
€ € € € €
AUSSTATTUNG
Bettwäsche; kostenlose Stadtführungen; 24-Stunden-Rezeption; Nachtwächter; kostenloses WLAN; Schließfächer; Selbstversorgerküche; Waschmaschinen; Fahrradverleih; Themennächte; Bar mit täglicher Happy Hour. Frühstück ist inbegriffen.

Tipp: Das abwechslungsreiche Wochenprogramm bietet Livekonzerte lokaler und internationaler Bands, Quizabende und leckere Abendessen.

KingKool Hostel

Verspielte Upcycling-Bude mit Charakter

Koning + cool = Kingkool. Gemeinsam mit Freunden und Familie schuf Jan de Koning dieses coole Hostel. Alles hier, von verspielten Lampenschirmen bis zu den einzelnen Themenzimmern, ist aus hauptsächlich wiederverwerteten Materialien in Handarbeit hergestellt. Alte Weinkisten aus Bordeaux wurden zu Tischen und gebrauchte, aufeinandergestapelte Schiffscontainer ergeben fast schon japanisch anmutende Etagenbettkapseln.

Jan ist nicht nur extrem kreativ, sondern hat auch einen skurrilen Humor, der sich in den Themenzimmern zeigt. Die Wände im Bunny Room sind voller nackter Playmates; der Paard van Troje Room zollt dem berühmten Club in Den Haag Tribut und die Urban Camping Suite hat einen echten Wohnwagen und das Bad in einer Holzhütte. Die Schlafsäle gibt es in fünf Versionen mit unterschiedlicher Ausstattung. Im Deluxe-Schlafsaal hat man mit Vorhängen, eigenem Stromanschluss und Leselampe mehr Privatsphäre. Alle Schlafsäle haben Schließfächer, man braucht aber ein eigenes Vorhängeschloss. Handtücher können im Hostel geliehen werden.

Das KingKool hat viel zu bieten, darunter eine Gästeküche, ein Sonnendeck, eine Terrasse und eine Lounge mit gemütlichen Sitzsäcken. Im Kinozimmer kann man Filme ansehen oder PlayStation spielen.

Good to know

PREIS
€€€€€
AUSSTATTUNG
WLAN; Bar; Kaffee; Lounge; Billardtisch; Selbstverpflegung möglich; Raucherbereich; Kino; Kingkool-Stadtplan; DIY Walking Tour (Sneakers können im Hostel gekauft werden).

Tipp: Wenn man die fantasievolle Atmosphäre des Hostels genießt, empfiehlt sich ein Besuch im Escher-Museum, wo es zahlreiche Werke des niederländischen Grafikkünstlers zu bewundern gibt.

London: Multikulti Metropole

London – mit seiner Geschichte, die bis in römische Zeiten zurückreicht – gehört zu den kosmopolitischsten Städten der Welt.

Mich persönlich verbindet jedoch eine Art Hassliebe mit London. Ich komme wahnsinnig gern zum Arbeiten hierher, zu Konferenzen und um Freunde zu treffen, aber die hohen Preise, das Gedränge der Touristen und der chaotische Verkehr können einen auch völlig überfordern – vor allem als Neuling. Im Laufe der Zeit habe ich jedoch einige Überlebensstrategien entwickelt, um aus meiner Zeit in dieser multikulturellen Stadt das Beste herauszuholen.

Kulinarisches

London ist ein Schmelztiegel der Kulturen und beheimatet heute einige der beliebtesten Küchen der Welt. Ein guter Ausgangspunkt für einen kulinarischen Streifzug ist die Brick Lane, Londons Currymeile, in der man auch Streetart vom Feinsten von Banksy, ROA und Stik zu sehen bekommt. Dort sollte man unbedingt im Aladin vorbeischauen, wo es ausgezeichnetes Hühnchencurry und vegetarisches Biryani gibt. Das perfekte Gegenmittel nach einem scharfen Curry sind indische Süßigkeiten, also ab zu Rajmahal Sweets, um samtige Barfis und knusprige Jalebis zu kosten. In diesem Viertel befindet sich auch die stets überfüllte Ostlondoner Institution Beigel Bake, die durchgehend geöffnet hat. Die beliebtesten Bagel sind die mit Salted Beef und Senf, mit Frischkäse und Lachs und die mit Erdnussbutter. Eine ordentliche Scheibe Londoner Geschichte gibts gratis obendrauf.

Die Briten sind ganz vernarrt in ihre Sandwiches. Nach einem Ausflug ins Natural History Museum, ins Victoria and Albert Museum oder ins Science Museum in South Kensington empfehle ich daher die Sandwich-Meal-Deals von Boots oder Marks & Spencer für ein Picknick im wunderschönen Hyde Park. Auf Londons tollen Straßenmärkten lassen sich →

HAMPSTEAD heath
CAMDEN LOCK
Camden Town
BIG BEN
HYDE park
River Thames
TELEPHONE
TOWER BRIDGE
london eye
Kew Gardens

verschiedenste Cidersorten, zart schmelzender Käse, knusprige Brote, Röstkaffees, Patisserien und vieles mehr probieren. Mein Favorit ist der belebte Borough Market südlich der Themse. Die Chorizo-Brötchen von Brindisa sind ein köstliches Schnäppchen.

»Der nur am Wochenende geöffnete Maltby Street Market in der Nähe der Tower Bridge ist eine gute Alternative zum Borough Market. Hier gibt es eine große Auswahl an Streetfood mit Fokus auf die englische Küche. Die Cheese Toasties sind einfach nur göttlich.«

TITUS WILSON
– Palmers Lodge

Wer ein köstliches Abendessen in schöner Atmosphäre einnehmen möchte, dem sei unbedingt die Brasserie Zédel empfohlen. Das französische Restaurant befindet sich in einem prachtvollen Art-déco-Souterrain und bietet ein einmaliges und dennoch bezahlbares Dinner-Erlebnis. Die marmorverkleideten Wände und die extravagante Beleuchtung würden sich auch hervorragend in einem Wes-Anderson-Film machen – diese Location ist absolut instagramverdächtig.

Bars & Ausgehen

London hat alles zu bieten, was es für einen gelungenen Abend braucht. So kann man hier wunderbar einer der Lieblingsbeschäftigungen der Briten, der Kneipentour, frönen: Über gepflasterte Straßen zieht man von einem Pub zum nächsten und nimmt sein Getränk in Lokalen ein, in denen einst schon die ganz Großen der Literaturgeschichte einkehrten. Charles Dickens und William Shakespeare waren zum Beispiel Stammgäste im George Inn, das mit seiner Eichenholzdecke und dem schönen Hof noch genauso aussieht wie 1676 und der perfekte Ort für ein anständiges englisches Pale Ale, einem Bier, ist.

Maßgeschneiderte Drinks kann man sich von den Mixologen des B.Y.O.C. (Bring Your Own Cocktail), einer Bar im Stil der illegalen Etablissements während der amerikanischen Prohibition, zusammenstellen lassen. Dafür bringt man einfach seinen eigenen Schnaps mit und lässt sich seinen Lieblingsdrink (oder zwei, oder drei ...) mixen. Die Lounge Bohemia ist ein weiteres verstecktes Kleinod, vor allem wenn man seine Cocktails gern aus einer Mini-Badewanne (inklusive Quietscheentchen) trinkt. Unbedingt im Voraus reservieren und nicht vergessen: Die Bar ist krawattenfreie Zone.

Flanieren

Die berühmten Kew Gardens sind ein 132 Hektar großes botanisches Paradies, das die weltweit größte Orchideensammlung vorzuweisen hat. Unbedingt besichtigen sollte man die Pagode, das Princess of Wales Conservatory und das viktorianische Gewächshaus. Ein Spaziergang durch die Gärten gehört zum Besten, was das Leben zu bieten hat.

Eine der schönsten Routen durch die Stadt führt an der Themse entlang. Man startet am Westminster Palace, direkt vor dem Big Ben und den daneben liegenden Houses of Parliament und überquert die Brücke zur South Bank, wo einen viele weitere berühmte Sehenswürdigkeiten erwarten: County Hall, London Eye, Southbank Centre, Royal National Theatre, Oxo Tower, Gabriel's Wharf ... Nachdem man vielleicht noch die aktuelle Ausstellung in der Tate Modern oder eine Aufführung im Globe Theatre besucht hat, kann man seinen Spaziergang wunderbar abschließen, indem man über die Millennium Bridge zur St Paul's Cathedral schlendert.

»An Londons Kanälen entlangzulaufen ist immer wieder eine Freude. Der bezaubernde Jubilee Greenway führt von Little Venice nach Camden und gibt einem das Gefühl, an einem ländlichen Gewässer zu spazieren. In Camden gibt es außerdem überall Streetfood, mit dem man sich nach dem Spaziergang stärken kann.«

ANNA HAFSTEINSSON
– Clink78

Herumkommen

Beliebte öffentliche Verkehrsmittel sind die London Underground – auch The Tube genannt – und die typischen roten Doppeldeckerbusse. Das Streckennetz verläuft tief unter der Stadt und deckt eine enorme Fläche ab. Die Preise richten sich nach Zeiten, Zonen und Zahlweise. →

London hat alles zu bieten, was es für einen gelungenen Abend braucht. Über gepflasterte Straßen zieht man von einem Pub zum nächsten.

Durch die Londoner Innenstadt zu laufen ist eine wunderbare Methode, um die labyrinthischen Straßen der Stadt zu erkunden. Zum Teil ist man sogar schneller als mit der Underground, da manche Stationen gar nicht so weit voneinander entfernt liegen, wie es auf der Karte aussieht.

» Es ist zwar verlockend, in die Underground zu springen, um zügig von A nach B zu kommen, aber ich gehe trotzdem am liebsten zu Fuß und mache dabei häufig unerwartete Entdeckungen! Eine Tour auf der Themse mit dem River Bus ist eine weitere fantastische Möglichkeit, die Stadt mal aus einer anderen Perspektive zu erleben. «

ANNA HAFSTEINSSON
– Clink78

Orte zum Entspannen

Es gibt überraschend viele Grünflächen in London, auf denen man sich vom hektischen Großstadtleben erholen kann. So kann man an einem Sonntagmorgen schön durch Hampstead Heath bummeln und Bekanntschaft mit den vielen freundlichen Hundebesitzern machen, ehe es zum Lunch ins The Holly Bush Pub and Restaurant geht, wo man die schmuckvollen Blumenarrangements an der Fassade und den Fenstern bewundern kann. Ein erfrischendes Glas Cider oder, ganz gewagt, ein Gin Tonic zur Mittagszeit wird einem die Stadt noch sympathischer erscheinen lassen.

Aussichtspunkte

Man meint immer, Aussichtspunkte müssten in großer Höhe liegen und überwältigende Panoramablicke bereithalten, dabei können andere Ausblicke auf die Stadt genauso spektakulär sein. So sollte man London einmal von einer der vielen Brücken betrachten, die sich über die Themse spannen, oder eine Bootstour machen, um die Stadt aus einer anderen Perspektive zu erleben.

» Einen ungewöhnlichen Blick auf die Stadt hat man im Osten vom ArcelorMittal Orbit, einem Turm, der anlässlich der Olympischen Spiele 2012 von Anish Kapoor entworfen wurde. Besucher können erst die tolle Aussicht genießen und danach die neue Rutsche hinuntersausen, die sich der belgische Künstler Carsten Holler ausgedacht hat. «

ANNA HAFSTEINSSON
– Clink78

Die Aussicht schlechthin hat man jedoch vom London Eye. An klaren Tagen kann man über 40 Kilometer in alle Richtungen sehen. Eine volle Umdrehung dauert ganze 30 Minuten – da dürfte niemandem übel werden.

Wombat's City Hostel

Literaturgeschichte nahe der Themse

Dieses Hostel und einstige Zuhause des Autors Joseph Conrad hat eine illustre Geschichte. Früher eine Seemannsherberge, ist dieser Reisepalast ein stilvoller Unterschlupf für alle, die London auf eine besondere Weise kennenlernen möchten.

Zu viktorianischen Zeiten war das Haus als Red Ensign Club bekannt und diente als Unterkunft für Seeleute und Matrosen. Einige Seemänner nannten es Alcatraz, weil die Räume so schmal wie die Kabinen eines Gefängnisses waren und genauso spartanisch eingerichtet waren.

Davon ist heutzutage aber nichts mehr zu erkennen: Die Zimmer sind ganz geräumig und mit bequemen Holzbetten sowie persönlichen Schließfächern ausgestattet. Jedes Zimmer hat zudem ein eigenes Bad. Es gibt mehr als 20 voll ausgestattete Doppelzimmer, perfekt für Paare, und einige Sechs- und Zehnbettzimmer. Sowohl Doppel- als auch Mehrbettzimmer haben jeweils Waschbecken in den Räumen, so dass man sich auch die Zähne putzen kann, wenn alle Bäder besetzt sind. Jedes Bett hat eine eigene Leselampe, eine Steckdose (Adapter erforderlich) und eine USB-Buchse. Wie in jedem Wombat's gibt es kostenloses WLAN, Bettwäsche, flauschige Handtücher und Föhne, die man sich an der Rezeption leihen kann.

Die besten Unterkünfte dieses Hostels finden sich in der siebten und achten Etage: zwei Superior-Sechsbettzimmer, die sich ein exklusives Wohnzimmer in der neunten Etage teilen. Vom Balkon aus hat man hier eine tolle

→

Aussicht auf Tower Bridge, Shard und Canary Wharf.

Dieses Hostel bietet alle Annehmlichkeiten, die sich Backpacker wünschen: Gemeinschaftsbereiche wie die große Kellerbar, einen Innenhof und eine gemütliche Lobby. Es gibt eine gut ausgestattete Gästeküche und einen Sainbury-Supermarkt in der Straße. Das ausgezeichnete Frühstücksbüffet beinhaltet Orangensaft, Tee und Kaffee, Brot, Aufstriche, Müsli, Früchte, Käse und Fleisch. Wenn man später immer noch Hunger haben sollte, gibt es in der Bar Pizzen und Snacks.

Obwohl das Wombat's ein großes Hostel ist, verbreitet das Team eine familiäre Atmosphäre. Bei der Ankunft im Hostel wird man mit einem Willkommensgetränk begrüßt und bekommt einen Stadtplan mit Ausgehtipps. Es ist leicht, sich in die Geschichte und die Geschichten des Hostels zu verlieben, doch auch die Lage ist fantastisch: Ob man das quirlige Nachtleben von Shoreditch sucht oder die Hauptsehenswürdigkeiten besuchen mag – von hier aus ist es ein Kinderspiel, sich in London zu orientieren.

Good to know

PREIS
€ € € € €
AUSSTATTUNG
Bettwäsche; Handtücher; kostenloses WLAN; Föhn; Gemeinschaftsbereich; Selbstversorgerküche; Bar; Billardtisch; Beer Pong Tisch; Nintendo 64; Ausblick auf Canary Wharf.

Tipp: Entdecke das quirlige Nachtleben von Shoreditch oder besuche die Sehenswürdigkeiten der Stadt wie zum Beispiel die Tower Bridge oder den Tower of London, die sich in unmittelbarer Nähe befinden.

Palmers Lodge Swiss Cottage

Ein viktorianisches Kleinod mitten in London

Palmers Lodge Swiss Cottage ist ein Boutique-Hostel, das nahe der U-Bahn-Station Swiss Cottage gelegen ist.

Das Haus aus viktorianischen Zeiten gehörte früher Lord Palmer, dem ein florierendes Gebäckimperium zu einem gewissen Reichtum verhalf. Heute steht es unter Denkmalschutz. Die Nähe zur Finchley Road macht dieses Hostel zu einem ruhigen Übernachtungsort für umtriebige London-Reisende.

Der Aufenthalt an einem so gut erhaltenen, geschichtsträchtigen Gebäude im Herzen Londons ist eine Erfahrung für sich. Details aus jener Zeit blieben gut erhalten. Dazu zählt etwa der bemerkenswerte Eingang mit soliden Eichentüren, eine elegante Holztreppe und ein Kronleuchter, der majestätisch über einem rotem Samtteppich hängt.

Palmers Lodge Swiss Cottage bietet eine Vielfalt von Unterkünften, einschließlich Luxus-, Einzel-, Doppel- und Mehrbettzimmern mit eigenem Bad. Mehrbettzimmer gibt es in verschiedenen Größen, außerdem Zimmer nur für Frauen. Die glänzenden Parkettböden, robusten Eichenetagenbetten, dicken Matratzen, flauschigen Kissen, der Stauraum und die Vorhänge für mehr Privatsphäre sorgen in den Mehrbettzimmern für eine angenehme Atmosphäre. Die Bettwäsche ist gratis und die Betten sind schon bezogen, sodass man bei später Ankunft gleich ins Bett schlüpfen kann.

Die Bar und der Speiseraum sind lebendige Gemeinschaftsbereiche, die sich zu einem umschlossenen Innenhof öffnen. Die Bar ist jeden Tag von 17:30 Uhr bis in die Nacht geöffnet und ein perfekter Ort zum Ausspannen nach einem langen Tag mit vielen Sehenswürdigkeiten. Zentral und komfortabel, ist das Palmers Lodge Swiss Cottage die perfekte Wahl für alle London-Besucher.

Good to know

PREIS

€€€€€

AUSSTATTUNG

24-Stunden-Rezeption; kostenloses WLAN; Selbstversorgerküche; Waschmaschinen; Bar; Lounge. Frühstück gegen Aufpreis.

Tipp: Im Sommer finden hier regelmäßig Konzerte und Grillfeste im entspannten Außenbereich des Hostels statt. Der perfekte Ort, um den Abend bei einem oder vielleicht auch mehreren Drinks ausklingen zu lassen.

Palmers Lodge Hillspring

Schlupfwinkel mit Gemütlichkeitsfaktor

Mit ähnlichen Annehmlichkeiten wie das Schwesterhostel (Swiss Cottage) ausgestattet, befindet sich das Hillspring Lodge in einer ruhigeren Wohngegend in Nordlondon, in der Nähe der Willesden Green Station. Von hier aus kann man in wenigen Minuten zum Wembley-Stadion spazieren.

Das Hostel ist exzentrisch eingerichtet: Ein Teppich mit Rehmotiv hängt von der Decke und im Garten stehen mehr als 100 Motorräder, gesammelt vom Besitzer. Es gibt auch eine Terrasse und eine beliebte Lounge mit vielen bequemen Sofas.

Die Mehrbettzimmer im Hillspring haben verschiedene Größen: klein (bis zu 4 Personen), mittel (bis zu 12 Personen) und groß (bis zu 28 Personen). Es gibt im Mehrbettzimmer Keycard-Zugang, Leselampen, Zentralheizung und Vorhänge für die Privatsphäre. Die Betten sind schon bezogen und so können sich müde Reisende direkt aufs Ohr legen. Nach dem Aufwachen gibt es ein einfaches Frühstück mit Toast, Müsli, Kaffee. Es wird zwischen 7:30 und 10 Uhr angeboten.

Die Computer im Rezeptionsbereich kann man kostenlos nutzen und es gibt ein Restaurant, in dem vom Abend bis spät in die Nacht Pub-Essen serviert wird. Diese Bar ist ein guter Ort, um Leute kennenzulernen, ein paar internationale Biere und Drinks zu probieren oder Billard zu spielen. Außerdem gibt es einen ruhigen Leseraum.

In der ruhigen Nachbarschaft des Hillspring wird man sicherlich gut schlafen – trotzdem läuft man nur zehn Minuten bis zum nächsten 24-Stunden-Verkehrsmittel. Die Stadt zu erkunden ist von hier aus also kein Problem.

Good to know

PREIS
€€€€€
AUSSTATTUNG
24-Stunden-Rezeption; kostenloses WLAN; Selbstversorgerküche; Waschmaschinen; Restaurant; Bar; Lounge; Parkplatz. Kleines Frühstück inbegriffen.

Tipp: Von hier aus kann man in wenigen Minuten zum Wembley-Stadion spazieren – so ist das Hillspring eine perfekte Unterkunft für Gruppen, die dort ein Spiel oder ein Konzert sehen wollen.

YHA Tanners Hatch Surrey Hills

Rückzugsort im Naturparadies

Das YHA Tanners Hatch ist eines der beliebtesten Hostels der YHA. Mit seiner Lage in den Surrey Hills, die offiziell eines der Gebiete von außerordentlicher natürlicher Schönheit in Großbritannien sind, gilt das YHA Tanners Hatch als ruhiger und ländlicher Rückzugsort nicht weit von London. Es gibt weder WLAN, noch ein Café oder eine Bar. Die Gäste sind hier wirklich ein ganzes Wochenende offline und erleben die Schönheit Großbritanniens hautnah.

Das Hostel wurde 2017 komplett saniert, teilweise aus Spenden von YHA-Unterstützern. Die Renovierung wurde behutsam durchgeführt und das Haus verlor nichts von seiner Geschichte oder Tradition. Freigelegte Deckenbalken, ein Kohlefeuer in der Lounge sowie ein Holzofen im Essbereich sind nur einige Details. Das Hostel ist gemütlich und ein Aufenthalt dort sehr entspannend.

Ein Neuzugang sind die Safarizelte. In diesen Zwei-Zimmer-Zelten finden sechs Personen, eine Campingküche, eine Terrasse und ein Grill Platz. Die Campingausrüstung kann zu Hause bleiben, denn Matratzen, Bettzeug und einfache Möbel sind im Preis inbegriffen.

Good to know

PREIS
€ € € € €
AUSSTATTUNG
Glamping; Camping; Esszimmer; Trockenraum; Lounge; Selbstversorgung möglich; Grillbereich; Brettspiele; Garten; Fahrradaufbewahrung.

Tipp: Ein Highlight des Hostels sind die Safarizelte. In diesen Zwei-Zimmer-Zelten finden sechs Personen, eine Campingküche, eine Terrasse und ein Grill Platz – der ultimative Inbegriff des Glamping.

YHA Keswick

Good to know

PREIS
€€€€€

AUSSTATTUNG
Kostenloses WLAN; Selbstversorgung möglich; Grillbereich; Glamping; Camping; Fahrradaufbewahrung; Esszimmer; Trockenraum; Gelände; Lounge; Brettspiele.

Tipp: In der Nähe kann man auch Klettern oder einen abendlichen Spaziergang von Keswick zum Friars Crag unternehmen und den Blick über den See genießen.

Nachdem es bei den Überschwemmungen 2015 stark beschädigt worden war, musste das YHA Keswick umfassend renoviert werden und eröffnete 2017. Aber die Renovierung hat dem Hostel gutgetan, dabei wurden eine Bar im Industriestil und eine neue elegante Gästeküche eingebaut. Die offenen Gemeinschaftsbereiche haben wunderschöne Balkone mit einer Aussicht auf die bekanntesten Fells im Lake District und großen Fenstertüren. Im eigenen Restaurant serviert man köstliche Mahlzeiten in beinahe himmlischer Atmosphäre. In den Zimmern gibt es zwei bis sechs Betten, das Hostel verfügt also sowohl über gemütliche Privatzimmer als auch über kuschelige Schlafsäle. Für Paare gibt es außerdem Doppelzimmer für mehr Privatsphäre.

Das YHA Keswick liegt im Zentrum, es ist nicht weit zu den Northern Fells oder zu den Fernradwegen. In der Nähe kann man Klettern oder einen abendlichen Spaziergang von Keswick zum Friars Crag unternehmen und den Blick über den See genießen.

YHA South Downs

Dieses wunderbar umgebaute Bauernhaus in Sussex steht bereits seit dem Mittelalter auf dem sanften Hügel, dem Ouse zugewandt. Hier lebt die Geschichte weiter, mit den originalen Steinfenstern in einigen Zimmern und dem ehemaligen Milchhof auf dem Gelände.

In traumhafter Lage am South Downs Walkway bietet dieses Hostel eine große Zimmerauswahl: Schlafsäle mit eigenem Bad, Privat- und Familienzimmer sowie ein exklusives Familienapartment für Selbstversorger mit drei Schlafzimmern.

Außerdem gibt es die Luxus-Campingpods. In diesen genießt man den Zauber eines Campingerlebnisses, aber mit Heizung und Strom.

Im eigenen Courtyard Café kann man sich nach einem langen Tag bei hausgemachtem Kuchen und Kaffee oder einer herzhaften Mahlzeit herrlich entspannen. Das Full English ist hier ausgesprochen lecker und kostet nur £ 5.

Good to know

PREIS
€€€€€

AUSSTATTUNG
Rollstuhlgerecht; Selbstversorgung möglich; Waschküche; Parkplätze; Brettspiele; Campingpods; Rundzelte; Camping; Fahrradaufbewahrung; Esszimmer; Trockenraum; Gelände; Bibliothek; TV; Café / Bar.

Tipp: Man kann auf den Firle Beacon wandern. Er liegt nicht weit vom Hostel entfernt und bietet eine atemberaubende Aussicht über die Hügel und aufs Meer.

The Rocks at Plas Curig

Der Jackpot unter den Hostels Großbritanniens

Wunderschöne Inneneinrichtung, exzellente Ausstattung und weite Ausblicke über sattgrüne Felder und die schroffen Berge von Snowdonia machen The Rocks zu einem der besten Hostels in Europa. Ein Aufenthalt räumt mit allen Vorurteilen gegenüber Hostels für immer auf.

The Rocks at Plas Curig liegt traumhaft im Herzen des Snowdonia Nationalparks, im malerischen Dorf Capel Curig. Hier lässt man alles hinter sich. Gemütlich in der Lounge vor dem riesigen Kamin kann man in der Ferne den nebelverhangenen Moel Siabod betrachten, während Kanus auf dem Fluss Llugwy sich langsam in Richtung Betwsy-Coed bewegen. Das Hostel ist außerdem nicht weit von einem schönen Teil der Küste von Nordwales und der Insel Anglesey entfernt und eignet sich sehr gut als Ausgangspunkt, um die Natur der Umgebung zu erkunden.

Capel Curig ist ein wunderschönes Dorf in dieser Gegend. Man kann von hier aus ebenso gut die Berge erklimmen wie bei einem Waldspaziergang dem Lauf des Lluwy folgen. Für Abenteurer liegt das Plasy-Brenin Outdoor Activity Center nur einen Steinwurf entfernt und bietet reichlich Nervenkitzel. Zip World Velocity liegt nur 20 Minuten entfernt. Die schnellste Zipline der Welt (und längste Europas) liegt im majestätischen Ogwen-Tal. Surf Snowdonia ist die erste Süsswasser-Surflagune im Landesinneren und liegt im üppigen Conwy-Tal.

Das Hostelgebäude selbst ist beeindruckend, bietet aber dennoch eine wunderbar heimelige Atmosphäre. Selbst an Regentagen wirkt es durch das sanfte Licht, warme Farben und die vielen bunten Kissen gemütlich und freundlich. →

Good to know

PREIS
€€€€€
AUSSTATTUNG
Kostenloses WLAN; Küche und Essbereich für Selbstversorger; gut ausgestattete Bibliothek; Holzofen in der Lounge; großer Flachbildfernseher; Trockenraum; Parkmöglichkeiten; Craft-Biere aus Wales; eigene Feuerstelle; Mitarbeiter mit viel Wissen; hundefreundlich.

Tipp: Das Hostel ist nicht weit von einem schönen Teil der Küste von Nordwales und der Insel Anglesey entfernt und eignet sich daher ideal als Ausgangspunkt, um die Natur der Umgebung zu erkunden.

The Rocks at Plas Curig liegt traumhaft im Herzen des Snowdonia-Nationalparks.

Eine elegante Treppe führt zu den Schlafräumen. Nach einem Aufenthalt im The Rocks kann man bestätigen, dass sich die Begriffe Schlafsaal und Luxus tatsächlich in einem Atemzug verwenden lassen. Jedes eingebaute Etagenbett aus Holz – vor der Ankunft bereits fertig bezogen – hat eigene Vorhänge, einen Stromanschluss und eine Leselampe. Walisische Woll- und flauschige Bettdecken sorgen genau wie die frischen Laken und ausgezeichneten Matratzen für einen tiefen Schlaf nach einem langen Tag in der Natur. Es gibt keine eigenen Badezimmer, aber ausreichend Gemeinschaftsbäder mit heißen Duschen auf jeder Etage. Die Mitarbeiter haben einen großen Erfahrungsschatz und geben gern Tipps zu Wanderwegen in der Nähe. Das Hostel hat eine ausgezeichnete Küche für die Gäste und einen großen Essbereich: Hier kommt man leicht mit anderen Abenteurern aus der ganzen Welt ins Gespräch. Im Gemeinschaftsbereich befinden sich eine gut ausgestattete Bibliothek und Sitzgelegenheiten aus alten Gerüstbohlen. Jacken und Wanderschuhe finden im Trockenraum einen Platz und auch für Autos gibt es ausreichend Parkmöglichkeiten. Tierbesitzer aufgepasst: Im The Rocks sind Hunde willkommen.

Man kann hier einiges erleben, aber Entspannung ist auch immer eine Option, wie zum Beispiel auf der Veranda in warme Decken eingemummelt auf den Snowdon Horseshoe schauen oder die Szenerie von drinnen durch die großen Erkerfenster betrachten.

Abends kann man mit einem Craft-Bier oder einem Glas Wein vor dem Fernseher entspannen. Allerdings erst nach dem herrlichen Sonnenuntergang über dem Snowdon, der zudem der höchste Berg des Nationalparks ist. Die Farben wechseln von rot zu orange und dann zu blaugrau, bis die Sonne schließlich verschwunden ist.

Alternativ lässt man sich an der Feuerstelle hinterm Haus nieder oder besucht einen der beiden klassischen, britischen Pubs: Das Tyny-Coed und das Bryn Tyrch Inn haben beide ausgezeichnete Biere und regionale Gerichte.

The Fort Boutique Hostel

Tapas, Kirchtürme und Teekultur

Das Fort ist ein ausgezeichnetes Designhostel in Großbritanniens alter römischer Stadt York. Vom Hostel aus kann man die gotischen Kirchtürme des Yorker Münsters sehen und falls man sich nach einer wärmenden Tasse Tee sehnt: Das berühmte Betty's Tea Rooms liegt gleich um die Ecke.

Das Fort ist Yorks erstes Boutique-Hostel und wurde bis ins Detail mit allergrößter Sorgfalt designt. Insgesamt gibt es zwölf Schlafräume, einschließlich Mehrbettzimmern und Einzel- und Doppelzimmern mit Bad. Die Räume wurden individuell gestaltet – von lokalen Künstlern, die zuvor einen Wettbewerb durchliefen. Das Ergebnis ist ein vielseitiger und ungewöhnlicher Mix.

Die gemeinschaftlichen Badezimmer sind sauber, zahlreich vorhanden und gut verteilt. Es gibt eine Selbstversorgerküche mit einer Grundausstattung an kostenlosem Tee, Kaffee und Saft. Den Waschraum neben der Küche können die Gäste ebenfalls gratis nutzen. Im gesamten Gebäude ist eine hervorragende WLAN-Verbindung verfügbar.

Das herzliche Team macht das Fort so besonders. Gäste erhalten beispielsweise beim Check-in eine kurze Führung durchs Hostel. Das Kennedy's Restaurant direkt im Hostel ist ein großartiger Ort, um einen Happen zu essen oder bei einem Buch und Kaffee oder Wein auszuspannen. Fetter Pluspunkt: Gäste bekommen einen Nachlass auf Speisen und ausgewählte Getränke!

Im Keller findet sich die Sotano Charcuterie & Bar, in der fabelhafte Cocktails, Craft-Bier, köstliche Weine und leckere Tapas serviert werden. Eine gemütliche und stilvolle Angelegenheit mit Kerzenlichtambiente. Unbedingt probieren sollte man die gebratene Chorizo, die mit Piquillo-Paprika serviert wird.

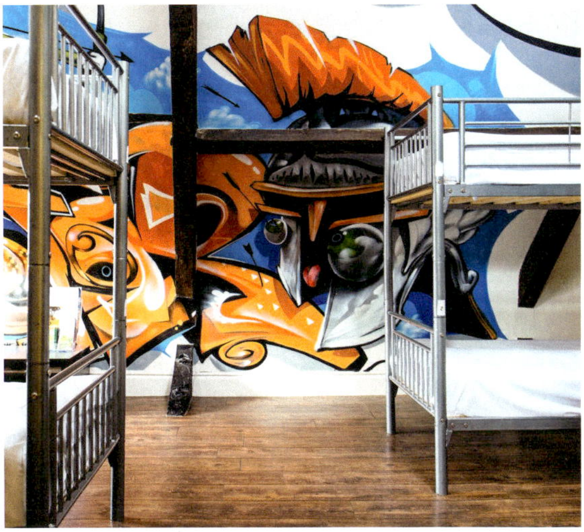

Good to know

PREIS
€€€€€
AUSSTATTUNG
Bettwäsche;
Handtücher;
kostenloses WLAN;
Selbstversorgerküche;
Waschmaschinen;
Duschräume;
Flachbildfernseher;
Tee und Kaffee gratis.

Tipp: Am Wochenende legen DJs in der Bar des Hostels auf. Bei Hip-Hop, Techno oder Latin Beats lässt sich leicht die Nacht durchtanzen.

YHA Hartington Hall

Das geschichtsträchtige Herrenhaus

Im YHA Hartington Hall ist Geschichte lebendig. Dieses vornehme Haus mit seinen großartigen Antiquitäten, viel Charakter und eigener Honeymoon-Suite stammt aus dem 17. Jahrhundert. Steinböden und massive Holzbalken zeugen vom hohen Alter des weitläufigen Herrenhauses und seine Schlafzimmer mit insgesamt 124 Betten bergen so manches Geheimnis. Man halte Ausschau nach Buntglas und Eichenpaneelen und nach dem Zimmer, in dem (vielleicht!) Bonnie Prince Charlie während des Jakobitenaufstandes verweilte. Betrachtet man die Holzbetten, bleiverglasten Fenster und verwinkelten Flure, meint man, ein Portal zur Vergangenheit durchschritten zu haben. Es gibt Schlafsäle, Familien- und Privatzimmer mit eigenem Bad sowie Duschen auf jeder Etage; zudem ein hübsches Selbstversorger-Apartment namens The Roost – für den romantischen Urlaub.

Trotz seines Alters bietet das YHA Hartington Hall alles für einen angenehmen Aufenthalt. Im Spielzimmer gibt es kostenloses WLAN und einen Billardtisch und Eliza's Restaurant ist nicht nur für Gäste geöffnet. Seinen besonderen Charme entfaltet das Hostel im Winter, wenn Feuer im Holzofen brennt und Schmuck im ganzen jakobitischen Herrenhaus verteilt ist. Kinder können sich auf dem großen Gelände richtig austoben oder mit den Riesenfiguren Schach spielen. Es gibt ein weiteres Gebäude, das für Hochzeitsfeiern genutzt werden kann.

Von dieser gemütlichen Basis aus kann man den Peak District in seinem eigenen Tempo erkunden.

Good to know

PREIS
€ € € € €

AUSSTATTUNG
Kostenloses WLAN; Selbstversorgung möglich; Waschküche; Fahrradaufbewahrung; Trockenraum; Spielzimmer; Brettspiele; TV; Bibliothek; Garten; Café; Bar mit Alkoholausschank; Privatzimmer; Zimmer mit eigenem Bad; Hochzeitslocation; Parkplätze.

Tipp: Bierliebhaber sollten sich das im Sommer stattfindende Bier- und Musikfestival in Hartington Hall nicht entgehen lassen, auf dem zahlreiche Cider- und Biersorten bei Livemusik angeboten werden.

Good to know

PREIS
€ € € € €
AUSSTATTUNG
Handtücher; 24-Stunden-Rezeption; kostenlose Stadtführungen; kostenloses WLAN; Geldautomat; Schließfächer; Gepäckaufbewahrung; Selbstversorgerküche; Föhn; Reiseshop; Waschraum; Internetraum; Fernsehraum. Frühstück ist inbegriffen.

Tipp: Im Clink78 kann man in einer originalen Gefängniszelle mit vergitterten Fenstern, Hochbetten aus Blei und einer Stahltoilette übernachten.

Zehn Gehminuten von der Kings' Cross Station entfernt findet man in einem prächtigen viktorianischen Eckhaus aus roten Klinkern und Sandstein das Clink78. Die gediegene Fassade ist heute nur noch Verkleidung: Das lebendige Hostel war früher einmal ein Gerichtsgebäude. Charles Dickens war hier Schreiber, viele Jahre später wurde hier der Punkband The Clash der Prozess gemacht. Das Hostel erinnert daran mit der ClashBAR im Keller, einem flirrenden Raum voller grüner Ledersofas, bunter Sitzpuffs und tief hängender Lampen, in dem auch heute noch Konzerte stattfinden. Im Clink78 kann man in einer der originalen Gefängniszellen übernachten, entspannen, Filme schauen, Schach spielen oder in einem der alten holzgetäfelten Gerichtssäle ein Buch lesen. Nach 200 Jahren wurde hier die Urteilsverkündung abgeschafft und das Gebäude in ein sehr eigenwilliges, verrücktes Hostel umgewandelt.

Jugendherberge

Nürnberg taucht wohl selten auf den obersten Listenplätzen der Top-Reisedestinationen auf, doch mit seinem festlichen Christkindlmarkt, der so schwierigen wie wichtigen Geschichte, großartigen Restaurants, Fußgängerzone mit Kopfsteinpflaster und einer entspannten Atmosphäre ist es die perfekte Stadt für ein langes Wochenende. Besucher können die Nacht sogar in einem 500 Jahre alten Märchenschloss verbringen. Die Jugendherberge Nürnberg ist in der Kaiserstallung der mittelalterlichen Nürnberger Burg untergebracht, hoch über der Altstadt. Die ehemaligen Burgställe haben schöne hohe Decken und es gibt gigantische Säulen, großzügige Treppenaufgänge und Holzbalken in Hülle und Fülle. Die Gemeinschaftsbereiche zwischen den roten Backsteinbögen sind mit langen, niedrigen Holzbänken, quadratischen Hockern und Tischen ausgestattet. Für die Übernachtung stehen in der Jugendherberge 93 Zimmer bereit.

Good to know

PREIS
€€€€€
AUSSTATTUNG
Selbstversorgerküche; Multimediaraum für Bildungsprojekte; viele familienfreundliche Extras einschließlich Spieleraum; Möglichkeiten zum Aufwärmen von Babynahrung und Fläschchenwärmer; Hochstühle; Kinderbetten; Töpfchen; Schemel für die Sanitärbereiche; Wickeltisch; Windeleimer. Frühstück ist inbegriffen.

Tipp: Die Gemeinschaftsbereiche zwischen den roten Backsteinbögen sind tolle Orte, um ein Gesellschaftsspiel zu spielen.

Urlaub im Grünen

Die Seele baumeln lassen

Den Rest der Welt hinter sich lassen und sich wieder mit sich selbst und der Natur verbinden – in diesem Fall empfiehlt es sich die ausgetretenen Pfade und die vollen Städte zu verlassen. Der perfekte Tag mag einladen zu einer langen Bergwanderung, zum Snowboarden, Schwimmen im See oder zu einem heißen Dad, um die müden Muskeln zu entspannen. Man könnte auch mit einem Bier am Lagerfeuer zuschauen wie die Sonne im Meer untergeht. Natürlich nicht unbedingt allein – diese Hostels bringen Freunde und Naturliebhaber zusammen.

Midgard Base Camp, Island

Skifahren im Les Trois Vallées Les Menuires, Frankreich, Aufenthalt im Ho36 Les Menuires (Seite 118), Wohlig im heißen Whirlpool in Andorra im Mountain Hostel Tarter (Seite 46), Waliser Craft Beer genießen im Snowdonia-Nationalpark, Wales, im Rocks at Plas Curig Hostel (Seite 106). Am Drehort von Star Wars lassen sich Promis wie George Clooney blicken: am Comer See in Italien im Ostello Bello Lake Como (Seite 142). Ein Besuch im Haus von Beatrix Potter und des schönsten Nationalparks von England, der Duft von Narzissen, eine Dampfbootfahrt in Ambleside im englischen Lake District: YHA Ambleside (Seite 209). Sonnenbad im malerischen Gebirge und Ausritt auf den Islandpferden durch die unglaubliche Landschaft um Hvolsvöllur, Island, Aufenthalt im Midgard Base Camp (Seite 208).

» Der perfekte Tag mag zu einer langen Bergwanderung, zum Snowboarden, Schwimmen im See oder zu einem heißen Bad, einladen. «

Ostello Bello, Lake Como, Italien

Ho36 Les Menuires, Frankreich

Rocks at Plas Curig, Großbrittanien

ho36 Les Ménuires

Ein Skiaufenthalt im Herzen der Trois Vallées

„Seit Beginn des ho36 haben wir von den Bergen geträumt", sagt Frank Delafon, Mitgründer der ho36-Hostels. Bisher gab es keine günstige Möglichkeit für Wintersportbegeisterte in den französischen Alpen eine Unterkunft kurzfristig oder für wenige Tage zu finden. Die meisten Hotels verlangen mindestens eine Wochenbuchung und diese weit im Voraus – so ist Skiurlaub für viele nicht drin. ho36 will dies nun ändern. Das ho36-Hostel hat was von einer modernen Berghütte direkt an der Piste im familienfreundlichen Les Ménuires, dem Herzen der Trois Vallées. Das ho36 passt in verschiedene Budgets, da es 35 Einzelzimmer oder Schlafsäle hat sowie vier private Loft-Apartments. Aus allen Zimmern hat man einen atemberaubenden Blick auf die Berge des Nationalparks Vanoise.

In den zwölf Schlafsälen (für vier bis sechs Gäste) finden insgesamt 74 Schneebegeisterte Platz. Bei den maßgefertigten Designeretagenbetten aus Sperrholz sorgen Vorhänge für Privatsphäre. Persönlichkeit erhalten die Zimmer sowohl durch die Materialien als auch durch die Badezimmer im Retrodesign. Platzsparende Aufbewahrung, besonders große Schubladen für Gepäck, Kleiderschrank für Allwetterjacken und Skianzüge – hier wurde alles gut durchdacht, um den Raum optimal zu nutzen, ohne dabei auf Komfort zu verzichten.

Das Sahnehäubchen ist das eigene Restaurant, wo die besten Zutaten aus Savoyen serviert werden. Für Freunde des Après-Ski gibt es zwei quirlige Bars mit Livemusik.

Good to know

PREIS
€€€€€
AUSSTATTUNG
Restaurant; Bar; Außenterrasse; Skikeller.

Tipp: Das Sahnehäubchen ist das eigene Restaurant, in dem mit den besten Zutaten aus Savoyen gekocht wird. Für Freunde des Après-Ski gibt es zwei quirlige Bars mit Livemusik und DJ-Auftritten.

Les Piaules

Bezaubernde Aussichten in Belleville

Das neue Designhostel Les Piaules ist in einem renovierten Art-déco-Haus im aufstrebenden Pariser Viertel Belleville untergebracht. Mit der hippen Bar, maßgefertigten Etagenbetten und der Dachterrasse mit unvergleichlicher Aussicht auf Paris spiegelt das Hostel den Geist von Belleville, diesem ausgelassenen, sprudelnden Künstlerviertel, wider. Die Gründer, drei junge Pariser Unternehmer, testeten mehr als ein Jahr lang die besten und schrecklichsten Hostels der Welt, um aus dieser Erfahrung ihre Zimmer zu designen. Das Resultat: Ihre maßgefertigten Etagenbetten haben Vorhänge für die Privatsphäre, eine Leselampe, Steckdosen, Schließfächer und am wichtigsten: bequeme Matratzen.

Der Blick von der Dachterrasse auf Sacré-Cœur und den Eiffelturm setzt diesem Traum von einem Hostel die Krone auf. Vier Schlafzimmer teilen diese brillante Aussicht, eines davon ist ein Mehrbettzimmer. Die Einzelzimmer sind mit Parkettboden, Espressomaschine und weißer Leinenbettwäsche luxuriös ausgestattet. Wenn man modernes und minimalistisches Design mag, wird man diese Räume lieben.

Die Hostelbar ist dank der sorgfältig ausgewählten lokalen Biersorten, des Kaffees und der Spezialdrinks des Hauses die coolste Bar vor Ort. Je nach Lust und Laune kann man ein gezapftes Bier der Brasserie de Saint-Omer – einer der größten Brauereien Nordfrankreichs – genießen, neue Freunde finden, ein Selfie in der hosteleigenen Fotokabine schießen, am Boxsack Dampf ablassen oder jemanden am Tischkicker herausfordern.

Die Bar macht um 7 Uhr morgens wieder auf und die Gäste können aus zahlreichen Frühstücksvariationen wählen, um gut in den Tag zu starten. Auf der Karte stehen handgerösteter Kaffee, Croissants, Eier und Speck, 24 Monate gereifter Comté und andere französische Käsesorten von lokalen Erzeugern oder auch Müsli und Biojoghurt.

Good to know

PREIS
€€€€€
AUSSTATTUNG
Kostenloses WLAN;
24-Stunden-Rezeption;
Touristeninformation;
mehrsprachiges Team;
Dachterrasse;
Das Frühstück ist nicht inbegriffen.

Tipp: Das Hostel bietet einen eigenen Pariser Stadtplan mit Ausgehtipps und Restaurantempfehlungen. Die Hostelbar ist dank ausgewählten lokalen Biersorten und Spezialdrinks die coolste Bar vor Ort.

Generator Paris

Das Beste von Paris an einem Ort

Das Generator Paris liegt in Belleville, nur ein paar Schritte vom Canal Saint-Martin und dem Parc des Buttes-Chaumont und 15 Minuten vom Bahnhof Gare du Nord entfernt in einem alten Bürogebäude.

Im Hostel finden sich wiederverwendete Elemente wie Kacheln im Bad, die aus der Pariser Métro stammen. Die Gemeinschaftsräume sind voller Möbel von Pariser Antikmärkten, die sich mit Werken lokaler Künstler mischen.

Da dieses Hostel so groß ist, haben die Gäste eine große Auswahl an Zimmern. In allen gibt es ein eigenes Bad, kuschelige Handtücher, einen Föhn und kostenlose Hygieneprodukte. An den maßgefertigten Etagenbetten in den Schlafsälen findet man einen eingebauten USB-Port, eine persönliche Ladestation und abschließbare Gepäckaufbewahrung. Für ein etwas größeres Budget gibt es die schicken Terrace Rooms mit privatem Balkon, Hängematte und tiefer Badewanne – der ultimative Luxus.

Die Gäste lieben die ausgefallene Lounge mit ihrem spielerischen Flair, den maurisch anmutenden Sofas und Stühlen sowie Tischtennisplatte und Kicker. Der Abend beginnt mit Blick auf die Stadt und einem frischen Cocktail. Zwischen 12 Uhr mittags und 22 Uhr lässt es sich in der Bar auf dem Dach, Khyama, wunderbar aushalten. Hier gibt es das ganze Jahr über eine unglaubliche Aussicht über Sacré-Cœur und Montmartre. Wer danach weiterfeiern möchte, kann dies im Kellergewölbe von Le Club tun, dem eigenen Club, der ebenfalls von der Métro inspiriert ist.

Entlang des Canal Saint-Martin gibt es unzählige Möglichkeiten, gut zu essen. Aber im hosteleigenen Café Fabien kann man auch eine gute Auswahl neuer und klassischer französischer Küche genießen: Wie wäre es mit Foie-Gras-Burgern, Rindercarpaccio oder dem Klassiker Schnecken?

Good to know

PREIS
€ € € € €
AUSSTATTUNG
24-Stunden-Rezeption; kostenloses WLAN; Waschküche; Gepäcklagerung; kostenlose Hygieneartikel; Föhn; Frauenschlafsäle; Reiseladen; Entspannungsbereiche; Dachterrasse; Bar im Erdgeschoss; Eventraum; Café.

Tipp: Entlang des Canal Saint-Martin gibt es unzählige Möglichkeiten, gut zu essen – oder man holt sich Baguette und Käse und setzt sich an den Kanal.

Gastama Hostel

Good to know

PREIS
€€€€€

AUSSTATTUNG
150 Betten; Bar; Restaurant The Shack; Terrasse; 24-Stunden-Rezeption (und ein engagiertes Team); Küche; Gepäckaufbewahrung; Arbeitsplätze.

Tipp: Das Gastama ist ein Hostel für Bierfreunde – über 40 regionale und internationale Biersorten vom Fass und das eigene Biobier Gastama, das in einem Vorort von Lille gebraut wird, stehen zur Auswahl.

Seit 2012 versammelt sich die Welt in Lille in einem alten, charmanten Haus im, für die Stadt typischen, flämisch-französischen Architekturstil. Das offene Backsteinmauerwerk und dunkle Holzbalken verleihen dem Hostel coolen Industrieschick. Mit über 150 Betten und einem Mix aus Mehrbett-, Einzel- und Doppelzimmern findet sich für jeden Geldbeutel das Richtige. Gastama bedeutet „Gastfreundschaft“ auf Esperanto und man fühlt sich in der Tat vom ersten Augenblick an willkommen. Das Team besteht aus richtigen Foodies, die einem großartige Tipps zum Essengehen geben. Dank ihrer Connections zur lokalen Musikszene können die Gäste außerdem ermäßigte Tickets für kleine Live-Gigs bekommen, zum Beispiel im berühmten Le Peniche, einem Konzertboot auf dem Kanal.

Die hippe Kneipenbar lässt Einheimische und Touristen bei Musik zusammenkommen. Das Hostel ist auch stolz auf seine Nachhaltigkeit: Das Brot kommt von einer lokalen französischen Bäckerei und Tee, Kaffee und Säfte sind Bio.

Hostel Fish

Das Hostel Fish im historischen Airedale Building in Denver ist ein vielseitiges Basislager für alle, die die Mile High City erkunden wollen.

Das Gebäude war früher ein Bordell und Saloon und das Hostel ist in einem Stil möbliert, der diese pikante Geschichte aufgreift. Die Gäste können sich im Gemeinschaftsbereich und der Bar auf Vintage-Sofas zurücklehnen oder auf dem Klavier spielen. Das ganze Hotel steckt voller spannender Dinge wie dem Balkon und der skurrilen „Donutwand". Im Untergeschoss findet man Ophelia's Electric Soapbox, eine Bar mit Burlesque-Thema, leckeren Cocktails und kleinen Snacks. Die Bar im Hostel Fish kann man mit ihren Events wie Open-Mic-Nights und Kunstausstellungen fast schon als eigenständiges Etablissement betrachten. Hier mischen sich Einheimische und Touristen und probieren eines der vielen Craft-Biere aus Denver. Für Freunde der wilden Zwanziger serviert die Bar auch Absinth. Natürlich darf bei einem Aufenthalt hier auch Wandern, Radfahren, Klettern oder Rafting in den Rockies nicht fehlen. Die Mitarbeiter des Hostel Fish helfen gern mit der Organisation von Ausflügen.

In Denver kann man viel unternehmen, aber auch im Hostel Fish lässt sich vieles erleben. Die Mischung aus Einheimischen und Gästen schafft hier die perfekte Kombination von Stil, Exzentrik und Abenteuerlust.

Good to know

PREIS
€€€€€

AUSSTATTUNG
Kostenlose Handtücher; kostenloses WLAN; Ladestation an allen Betten; Schließfächer; Kaffee gratis.

Tipp: Im Untergeschoss findet man Ophelia's Electric Soapbox, eine Bar mit Burlesque-Thema, leckeren Cocktails und kleinen Snacks. Die Bar im Hostel Fish bietet zudem Events wie Open-Mic-Nights und spannende Kunstausstellungen.

Away Hostel

Nordisches Design und Architektur des 19. Jahrhunderts

In Lyons hippem Künstlerstadtteil Croix-Rousse liegt das Away Hostel & Coffee Shop. Das Hostel ist eine perfekte Mischung aus kühlem nordischem Design und Architektur des 19. Jahrhunderts. Die Lyoner Innenarchitektin Charlotte Bollard setzte bei der Gestaltung des Hauses ganz auf Weiß und Holz und so umfängt einen schon beim Betreten des Hostels eine gemütliche, *hyggelige* Atmosphäre. Die offene Küche und der Speisesaal, die bequemen Fatboy-Sitzsäcke, der Tischkicker, Leseraum und der Coffeeshop mit einer Theke im Holzhüttendesign vermitteln dem Gast das wohlige Gefühl von Zuhause.

Das Hostel liegt im ehemaligen Viertel der Seidenweber an einer von Bäumen gesäumten Straße direkt gegenüber der Metrostation Croix-Paquet. Der Fußweg in die Innenstadt dauert nur fünf Minuten. Hier, am Fuß des Hügels Croix-Rousse, findet man großartige Boutiquen, zahlreiche internationale Restaurants und stylishc Bars.

Wie das Schwesterhostel Slo Living zählt das Away Hostel zu den Gastrohostels, bestens geeignet für Foodie-Reisende. Die täglich wechselnde Speisekarte bietet traditionelle französische Gerichte und alles bis hin zu Müsli und Keksen ist hausgemacht. Der Kaffee stammt von zwei lokalen Röstereien: Extrait und Mokxa. Für 3 € kann man den Tag mit dem Away-Frühstück, bestehend aus Baguette, Butter, Marmelade und einem Heißgetränk oder Fruchtsaft, beginnen; am Ende des Tages warten für 10 € ein Drei-Gänge-Menü und ein Glas Wein auf den Gast – eines der preiswertesten Menüs in Lyon. Der Sonntagsbrunch ist ebenfalls sehr beliebt. Abends treffen sich Gäste wie Einheimische in der Away-Kellerbar Groom (frz. für Hoteljunge), ein beliebter Ort für Livekonzerte und DJ-Sets in Lyon. Lust auf einen Ausflug? Das Hostel organisiert exzellente Gourmetspaziergänge und Weinproben.

Es stehen Einzel-, Doppel- und Mehrbettzimmer zur Verfügung. Die Mehrbettzimmer sind mit Schlafkabinen inklusive Leselampe, Steckdose und Nachttisch ausgestattet. Durch die hohen Decken, großen Fenster und dem original französischen Parkett wirken die Zimmer sauber und heiter, sogar an bewölkten Tagen.

Highspeed-WLAN-Empfang gibt es sowohl innerhalb als auch außerhalb des Gebäudes, was sehr bequem ist, wenn man vor dem Haus arbeiten möchte (und viele Einheimische sehen das ebenso). Die Badezimmer sind genauso sauber und geräumig wie die Schlafräume. In jeder Dusche liegen Seife und Shampoo bereit. Eine Gepäckaufbewahrung mit Selbstbedienung findet sich im Keller.

Good to know

PREIS
€€€€€
AUSSTATTUNG
Bettwäsche; Leselampen; kostenloses Highspeed-WLAN; Sicherheitsschließfächer; Selbstversorgerküche: Spülmaschine; Mikrowelle; Föhn; Waschmaschine; Bügeleisen / Bügelbrett; Dampfbad. Das Frühstück ist nicht inbegriffen.

Tipp: Da es nachts bei offenem Fenster etwas lauter werden kann, bietet das Hostel für Gäste mit einem leichten Schlaf kostenlose Ohrstöpsel an.

Hôtel OZZ

Minimalistischer Küstentraum

Hôtel OZZ, ein neuartiges Konzept aus Hostel und Hotel, das im Oktober 2016 von HappyCulture™ eröffnet wurde, liegt in der Nähe des Bahnhofs Nice-Ville und der Haupteinkaufsstraße Avenue Jean-Médecin.

Hinter dem Hostel stecken die jungen Franzosen Antoine und Thomas. Nachdem sie selbst um die Welt gereist waren, wollten sie ihre persönlichen Lieblingsunterkünfte in einem eigenen Hostel in Nizza zusammenführen. Eines ihrer Hauptziele war, dass man sich im Hôtel OZZ wie zu Hause fühlen sollte. Das Design des Hostels verbreitet daher eine heimelige und moderne skandinavische Atmosphäre. Details wie die weiß gekachelten Wände, außen liegende Rohre, massive Holztische sowie Treppen aus Marmor und Stahl tragen dazu bei.
In den Gemeinschaftsbereichen gibt es viele Brettspiele sowie eine Tischtennisplatte und einen Kicker. Retromöbel, bequeme Ledersofas, Holzböden und ein schicker Außenpatio laden dazu ein, es sich gemütlich zu machen.

In den Schlafsälen herrschen das luftige Weiß und Blau des Mittelmeers vor und bringen angenehme Abwechslung. Die Etagenbetten aus Metall und Holz haben eigene Vorhänge, persönliche Schließfächer, Leselampen und einen Stromanschluss.

Für nur 5 € bekommt man ein typisch französisches Frühstück, das aus Croissants, Gebäck, Marmelade, Nutella, Kaffee und frischem Orangensaft besteht. Kaffee und Tee stehen rund um die Uhr kostenlos zur Verfügung. Dieses Hostel ist gesellig, aber ruhig, deshalb sollte man nicht zu viele Aktivitäten erwarten. Das Hôtel OZZ ist als schicke, günstige Basis für die Côte d'Azur einfach perfekt!

Good to know

PREIS
€ € € € €
AUSSTATTUNG
24-Stunden-Rezeption; WLAN; Gepäckraum; Kaffee und Tee kostenlos; Concierge-Service; Frühstück; Bar während der Sommermonate; Bad und Schließfächer in jedem Zimmer; Handtücher und Vorhängeschlösser können an der Rezeption gekauft werden; Organisation von Touren; Verkaufsautomat; tägliche Reinigung.

Tipp: In den Gemeinschaftsbereichen gibt es viele Brettspiele sowie eine Tischtennisplatte und einen Kicker.

Das süße Leben in Rom

Ungeachtet seiner knapp 2800-jährigen Geschichte konnte sich Rom viele Geheimnisse bewahren.

Sich in Rom zu verlieben ist wie der Genuss einer Flasche guten, alten Weins: Je älter man wird, desto mehr weiß man sein kräftiges Aroma zu schätzen. Ich zum Beispiel habe Rom während meiner zahlreichen Spaziergänge bei Sonnenaufgang lieben gelernt – beim ersten Tageslicht, das durch die leeren Straßen flutet, ist die Stadt fast schon verboten schön. Und ungeachtet seiner knapp 2800-jährigen Geschichte konnte sich Rom viele Geheimnisse bewahren. Ein paar davon werden hier verraten.

Kulinarisches

Es wird so viel darüber geschrieben, wo man die beste Carbonara oder das leckerste hausgemachte Eis in Rom bekommt, dass man darüber weniger bekannte Spezialitäten leicht vergisst – zum Beispiel den römischen Klassiker Pasta Cacio e Pepe (Pasta mit Pecorino-Käse und Pfeffer). Wunderbar probieren kann man ihn in der gleichnamigen Trattoria Cacio e Pepe im Stadtteil Prati. Eine weitere römische Spezialität sind Trapizzini, Pizzataschen, die mit Köstlichkeiten wie Parmigiana di Melanzane (Auberginen-Tomaten-Auflauf) gefüllt werden. Ähnliche Leckerbissen gibt es im Flavio al Velavevodetto, das man auch sehr gut als Gruppe besuchen kann. Und für leckere Suppli (frittierte Reisbällchen) und Pizza alla Romana – eine dünnere, knusprigere Variante der klassischen Pizza – besucht man am besten das Restaurant Emma.

»Das Il Buchetto, mit seinem schlichten, authentischen Ambiente, entführt einen geradewegs in die Vergangenheit. Es ist familiengeführt und der →

PRATI DISTRICT
VILLA Borghese
CACIO e pepe
CASTEL saint Angelo
CHIOSTRO del Bramante
fontana DI TREVI
DA EMILLIO
THE SANCTUARY
spanish STEPS
AL VINO, AL VINO
colosseo
PANTHEON
ST. Peters
freni e FRIZIONI
VILLA DORJA PAMPHILJ

YellowSquare

Ein wildes Abenteuer in Rom

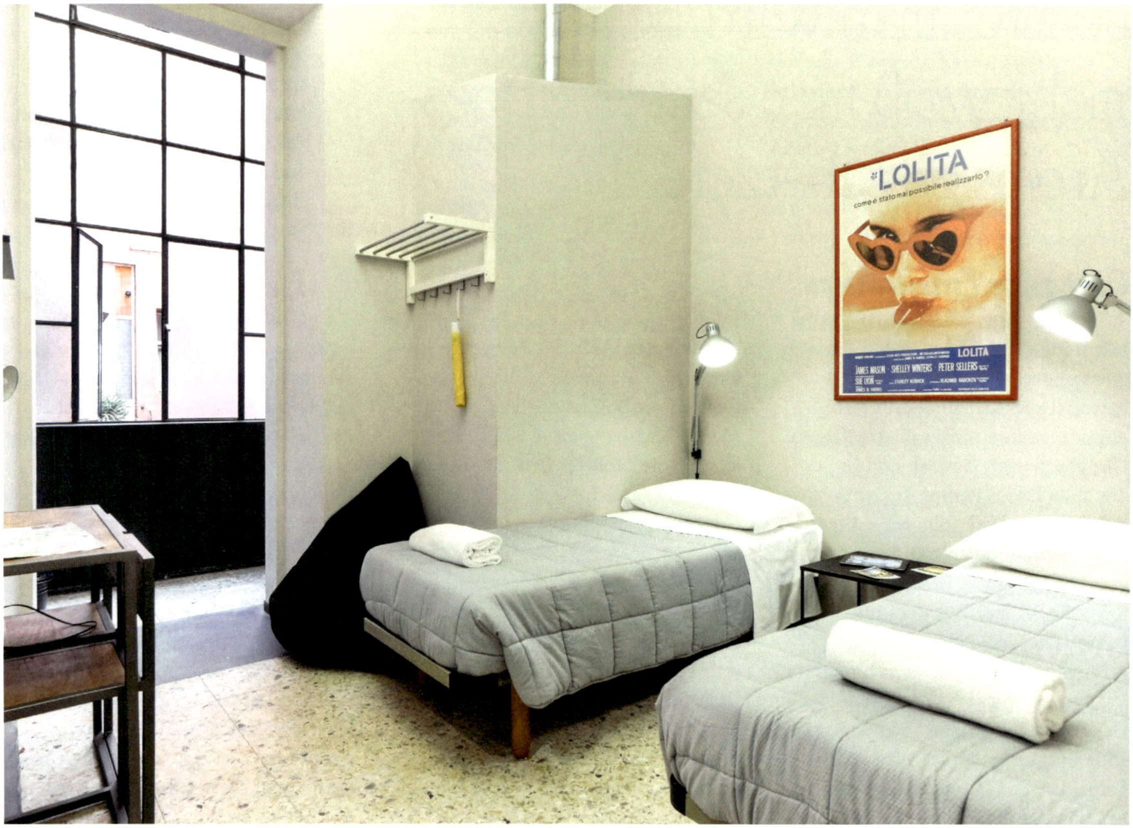

Das YellowSquare ist womöglich das beste Partyhostel der Welt. Es ist so gestaltet, dass die Gäste hier die wildeste Nacht ihres Lebens verbringen können. Ein aufregender Ort voller guter Laune und mit vielen coolen Räumen – im Square ist alles möglich.

Dennoch wäre es ein grober Fehler, das YellowSquare als bloßes Partyhostel abzustempeln. Es verfolgt ein kühnes Konzept der Gastfreundschaft: Gäste können an einem Ort essen, feiern, schlafen und arbeiten. Damit spricht es alle Reisenden an (wenn auch besonders die geselligeren).

Das YellowSquare als Unterkunft hat unter anderem folgendes zu bieten: Konzerte lokaler Bands, Gourmettouren durch Rom, Kochkurse für typisch römische Gerichte wie Pasta Guanciale oder einen Haarschnitt im hosteleigenen Salon. Es gibt sogar einen Escape Room in der Distille. Für Businessreisende hat das Hostel einen brandneuen Arbeitsraum eingerichtet. Für Alleinreisende, die Leute kennenlernen und in Rom feiern gehen wollen, sind die Mehrbettzimmer perfekt (man kann zwischen einem eigenen oder geteilten Bad wählen). Die Zimmer sind gemütlich und sauber, die Betten mit Leselampe, Steckdose und Schließfächern ausgestattet. Besonders wichtig: Für die heißen Sommer gibt es in den Mehrbettzimmern mit eigenem Bad eine Klimaanlage.

→

Good to know

PREIS
€€€€€
AUSSTATTUNG
Bar; Selbstversorgerküche; Waschmöglichkeit; Arcade Nachtclub; Escape Room; Friseursalon.

Tipp: Wenigstens einmal sollte man in der nahe gelegenen Mamma Angela's Trattoria speisen. Es gibt eine köstliche Auswahl an Antipasti, Bruschetta und vielem mehr. Der römische Klassiker Cacio e Pepe schmeckt hier fantastisch.

Für Alleinreisende, die in Rom nicht allein bleiben und feiern wollen, ist das *YellowSquare* perfekt.

Wenn man etwas Friedlicheres und Entspanntes sucht – das neu eröffnete Yellow Hotel auf der anderen Straßenseite bietet Einzel- und Doppelzimmer an. Sie sind mit eigenem Bad, Telefon, Klimaanlage, Heizung, Sicherheitsschließfach, Föhn, Minikühlschrank und WLAN ausgestattet.

Die Partys steigen in der Yellow Bar gegenüber vom Hostel. Hier gibt es günstige Getränke und ein regelmäßiges Veranstaltungsprogramm: Im Keller-Nachtclub Arcade geben lokale Bands Konzerte und DJs legen auf. Das i-Tüpfelchen ist die so bizarre wie unterhaltsame Tonika-Party. Wem das den Puls noch nicht in die Höhe treibt, der kann einen Sitz in der Rollin Bar buchen und sich auf eine verrückte Tour durchs nächtliche Rom begeben. In diesem Bus mit Stroboskoplicht voller halb verrückter Backpacker, die einen freien Drink nach dem anderen weghauen, sitzt man in der ersten Reihe mit Blick auf ein surreales, schönes Rom bei Nacht.

Im Hostel wird Frühstück zu verschiedenen Preisen angeboten. Außerdem kann man den ganzen Tag über Burger und Salate bestellen.

Wenigstens einmal sollte man in der nahe gelegenen Mamma Angela's Trattoria speisen. Es gibt eine köstliche Auswahl an Antipasti, Bruschetta und vielem mehr.

Das YellowSquare bietet diverse geführte Stadtspaziergänge sowie Kochkurse in der neuen Küche im Keller des Hostels an. Dort kann man auch selbst kochen. Wenn man mal nicht ausgehen mag, empfiehlt sich ein Besuch im Kinogarten im neuen Hotelgebäude. In diesem versteckten Innenhof kann man Filmklassiker schauen oder tagsüber einfach mit einem Buch entspannen.

the yellow
the yellow
HOTEL CORALLO

VINI ALLA MESCITA
DETOX

The RomeHello

Ein gesellschaftsbewusstes Künstleratelier

Das RomeHello ist das erste Hostel in Rom – und vermutlich auf der Welt –, das auf Streetart und soziales Unternehmertum setzt. Berühmte Streetart-Künstler aus der ganzen Welt wie Alice Pasquini, Facte und Victoriano durften die Wände hier verschönern und das Ergebnis ist bunt und inspirierend.

Diese Idee stammt vom Besitzer Lorenzo Busi. Er ist selbst ein ehemaliger Graffitikünstler und weiß um die Kraft, die Künstler und ihre Werke haben, Veränderungen herbeizuführen. Veränderungen zu inspirieren ist nämlich das große Thema im The RomeHello, da es sich nicht nur als Hostel, sondern auch als ein soziales Unternehmen sieht. Lorenzo Busi stellt zum Beispiel vor allem Jugendlichen und Menschen aus benachteiligten Verhältnissen ein, da die Arbeitslosenquote in Rom sehr hoch ist.

Die Zimmer im The RomeHello sind großartig. Man findet eine Mischung aus geräumigen Schlafsälen und Privatzimmern, alle mit sehr bequemen Betten und eigenen Bädern. In den Schlafsälen gibt es eigene Leselampen, USB-Ladestationen sowie große Schließfächer unter den Betten (eigenes Schloss mitbringen!).

Im Erdgeschoss befindet sich die Gästeküche und die gemütliche Lounge mit Nintendo Switch und Sofas, in denen man mit einem Reiseführer aus dem Bücherregal versinken kann. Lieber ein Bier? Das gibt es in der Bar, The Barrel Bar, die im amerikanischen postindustriellen Stil gehalten ist und tolle Livemusik aus der römischen und internationalen Szene bietet. Am großzügigen Frühstücksbüfett kann man sich für den Tag stärken.

Good to know

PREIS
€ € € € €
AUSSTATTUNG
Selbstversorgung möglich; Induktionsherd; Nintendo Switch; Kicker; Tischtennisplatte; Innenhof; Computer und Drucker für Gäste; Bar; Frühstücksbüfett buchbar; Schlafsäle mit eigenem Bad.

Tipp: Lust auf einen guten Drink oder ein Bier? The Barrel Bar ist im amerikanischen postindustriellen Stil gehalten und bietet tolle Livemusik aus der römischen und internationalen Musikszene.

Ostello Bello

Aperitivo mit Einheimischen

Das Ostello Bello ist ein sehr italienisches Hostel. Es bietet entspannte Nachmittage auf der hellen Terrasse und am Abend einen Aperitivo mit Einheimischen in der traditionellen Bar. Schon bei ihrer Ankunft können die Gäste an einem Peroni oder Aperol Spritz nippen, während sie im gemütlichen Gemeinschaftsraum ihre Passdaten ausfüllen. Das ausgezeichnete mediterrane Frühstück ist im Preis inbegriffen und auf Wunsch erhältlich. Der Gemeinschaftsraum ist gleichzeitig eine traditionelle italienische Bar und ein Restaurant. Hierher kommen die Einheimischen nach der Arbeit, um mit den internationalen Gästen des Hostels die beliebte Aperitivo Hour zu genießen. Gäste können etwas essen und sich ein Glas Wein oder Bier von der Bar holen (ca. 4–5 €), die fast rund um die Uhr geöffnet hat.

Die Zimmer sind hell und geräumig. In den Schlafsälen gibt es reichlich Abstand zwischen den Betten und Schubladen für Wertsachen. Alle Zimmer haben ein eigenes Bad und überall gibt es Klimaanlagen. Ein weiteres Highlight des Ostello Bello ist die große und helle Terrasse mit Hängematten und Grillmöglichkeiten. Für Gäste gibt es auch eine Küche im zweiten Stock, in der sie sich an der frischen Pasta bedienen können, die der Koch zubereitet hat. Kaffee und Tee gibt es immer kostenlos. Auch die Mitarbeiter im Ostello Bello sind ausgesprochen freundlich. Sie machen das Ostello Bello zu einem Zuhause, in der Reisende entspannen und Mailand genießen können.

Good to know

PREIS

€€€€€

AUSSTATTUNG

24-Stunden-Rezeption; kostenloses WLAN; Selbstversorgung möglich; Gratis-Touren und Infos; USB-Anschluss an allen Betten; Lounge mit TV (inkl. DVD; Wii; PS3); Brettspiele; Tischtennisplatte; Kicker; Spielautomaten; Musikinstrumente; Bookcrossing; jederzeit kostenloses Frühstück; Abendessen gratis in der Happy Hour (19 bis 21 Uhr); Bar; Kaffee und Tee gratis.

Tipp: Das Hostel bietet kostenlose kulturelle Aktivitäten, wie z. B. Livemusik, Ausstellungen und Verkostungen.

Ostello Bello

Good to know

PREIS
€€€€€
AUSSTATTUNG
Klimaanlage; Büchertausch; heiße Duschen; Zustellbetten erhältlich; Spülmaschine; Kühl- und Gefrierschrank; Terrasse; Leselampe; Fön, Bügeleisen und -brett, Safe.

Tipp: Am Abend gibt es hier klassisch italienische Aperitivo gratis: Pasta, Couscous oder Risotto so viel wie man möchte. Lecker!

Luxus am Comer See ist nicht länger berühmten Gästen wie George Clooney und seinesgleichen vorbehalten. Ostello Bello bietet hier eine stilvolle Unterkunft mit funky Möbeln zum Backpacker-Preis.

In einem Stadthaus aus den zwanziger Jahren untergebracht, weht im Hostel ein Wind von Vintage-Industrie-Chic: gut erhaltene, gemusterte Bodenfliesen stehen im Kontrast zu bunten Stühlen, unverputzten Wänden und freigelegten Rohren. Hängematten im Innenhof und ein geheimer Garten verleihen dem Hostel eine gewisse Eleganz. Die Zimmer – ein Mix aus gemütlichen Einzel- wie Doppelzimmern und Mehrbettzimmern mit gelben Metalletagenbetten – sind alle mit eigenem Bad und Klimaanlage ausgestattet. In den Mehrbettzimmern gibt es Leselampen, Schließfächer und USB-Aufladestellen. Weitere Annehmlichkeiten sind wie in jedem Ostello Bello Hostel das ganztägige Frühstücksbüffet, der kostenlose Willkommensdrink (Wein oder Bier) und das Beste: Aperitivo am Abend (Pasta, Couscous oder Risotto) gratis.

The Beehive

Als Hybrid aus Hostel und ganzheitlichem Retreat ist das Beehive nach einem Erkundungstag in Italiens lebendiger Hauptstadt der optimale Ort zum Entspannen. Hier kann man sich bei einem Glas Biowein aus Umbrien unter die anderen Gäste mischen. Zwischen zeitgenössischem Design, einer Einrichtung in warmen Farben und schönen Familienporträts der Besitzer Steve und Linda Brenner fühlt man sich in diesem Hostel sofort wie zu Hause. Die Brenners sind Riesenfans ihrer Heimatstadt und können einem viele gute Tipps geben, zum Beispiel die beste Gelateria empfehlen (ein Thema, über das die Römer leidenschaftlich und lang debattieren können).

Frühstück ist nicht inbegriffen, aber man sollte es sich trotzdem nicht entgehen lassen! Die enorme Auswahl reicht von Rührtofu mit Gemüse über *juk* (ein koreanischer Reispudding) bis hin zu Armem Ritter mit Früchten und Honig. Es gibt Unterkünfte für alle Vorlieben und jedes Reisebudget: ein Achtbettzimmer, stylishe Einzel- und Doppelzimmer sowie Gästeräume mit Selbstversorgerküche. Besonders empfehlenswert sind die farbenfrohen Einzel- und Doppelzimmer. Diese sind dank großer Fenster lichtdurchflutet und mit großen Kleiderschränken ausgestattet. In jedem Zimmer liegt außerdem eine regional hergestellte Seife bereit.

Good to know

PREIS
€ € € € €

AUSSTATTUNG
Vegetarisches Bio-Café mit regionalen und hausgemachten Speisen; Lounge; herrlicher Garten. Frühstück ist nicht inbegriffen.

Tipp: Die Besitzer sind wahre Foodies – sie veranstalten Pop-up-Dinner und Kochkurse und wöchentlich gibt es ein köstliches veganes Vorspeisenbüfett.

Dopa Hostel

Ein Treffpunkt für Gutgelaunte

Zentral im historischen Univiertel von Bologna gelegen, findet sich das Dopa Hostel in einem bezaubernden Haus aus dem 19. Jahrhundert, in das sich der Besitzer verliebt hat. Nach drei Backpacker-Jahren träumte er davon, in dieser Stadt, die nicht unbedingt für ihre großartigen Hostels bekannt ist, einen Ort zu schaffen, an dem sich das italienische Bologna und der Rest der Welt begegnen können. Der Name Dopa leitet sich von Dopamin ab, der chemischen Substanz, die unser Körper in Momenten der Aufregung und des Glücks produziert. Dank des freundlichen, mehrsprachigen Teams und der unglaublichen Liebe fürs Detail strömt positive Energie geradezu in Wogen durch die Räume diese Hostels. 99 Prozent dessen, was man im Dopa sehen und anfassen kann, wurde von Einheimischen handgefertigt. Ein Mix aus Bildern von der Provinz Reggio Emilia und Objekten aus Materialien wie Holz und Stahl schaffen in dem Hostel eine warme und gemütliche Atmosphäre. Neben ein paar Zimmern für Alleinreisende, Paare und Familien bietet das Hostel gemischte Mehrbettzimmer für vier, sechs und acht Personen an. Vor den stylishen Kabinenhochbetten hängen Vorhänge für maximale Privatsphäre und es gibt Leselampen an jedem Bett sowie Schränke mit Kleiderbügeln. Die Küche im Dopa ist geräumig und gut ausgestattet, jeden Morgen wird den Gästen ein großzügiges kostenloses Frühstücksbüfett serviert mit leckerem Kaffee, Tee, Keksen, Müsli, Brot, Marmelade, frischem Käse und allerhand lokalen italienischen Köstlichkeiten.

Good to know

PREIS
€€€€€
AUSSTATTUNG
Kostenloses WLAN; kostenlose Ausdrucke; Waschmaschinen; Selbstversorgerküche; Fahrradverleih; gratis Kaffee und Tee. Frühstück ist inbegriffen.

Tipp: Das Hostel organisiert zweimal in der Woche ein Abendessen, das von einem lokalen Koch zubereitet wird. Für wenig Geld bekommt man ein leckeres Essen und kann sich mit anderen Reisenden austauschen.

We_Crociferi

Good to know

PREIS
€€€€€
AUSSTATTUNG
Waschmaschinen; Bibliothek; Gemeinschaftsraum; Bar; Kreuzgang.

Tipp: Die Lage des We_Crociferi ist extrem vorteilhaft. Es liegt direkt um die Ecke vom Bootterminal (Vaporetto), was das Rumkommen und Sightseeing zum Kinderspiel macht.

In einem alten Kloster aus dem 12. Jahrhundert in Venedigs Stadtteil Sestiere Cannaregio übernachtet man einmal ganz anders: Die Gäste reisen hier durch die Zeit.

Das frisch renovierte We_Crociferi führt ein Doppelleben: Während des Semesters ein Studentenwohnheim, verwandelt es sich im Sommer in ein Hostel für Kulturliebhaber. Außen wurden die architektonischen Details des alten Klosters bewahrt, innen ist das We_Crociferi aber ein modernes Hostel mit allen gebotenen Annehmlichkeiten. Der Kreuzgang ist nun ein offener Gemeinschaftsraum, in dem die Gäste an der belebten Hostelbar Drinks genießen können. Der große Speisesaal ist mit farbenfrohen Weltkarten dekoriert und Bibliothek, Lese- und Hörsaal sind allesamt tolle Versammlungsorte. Im We_Crociferi gibt es Zweibettzimmer, Apartments für zwei Personen und Mehrbettzimmer. Alte Fresken schmücken die Decken, Backsteinmauerwerk wurde freigelegt und es gibt hohe kannelierte Säulen. Aber zur praktischen Seite: Jede Unterkunft hat ein eigenes Bad mit Dusche, einige Räume haben eine Kochnische mit Induktionsherd.

Dock Inn Hostel

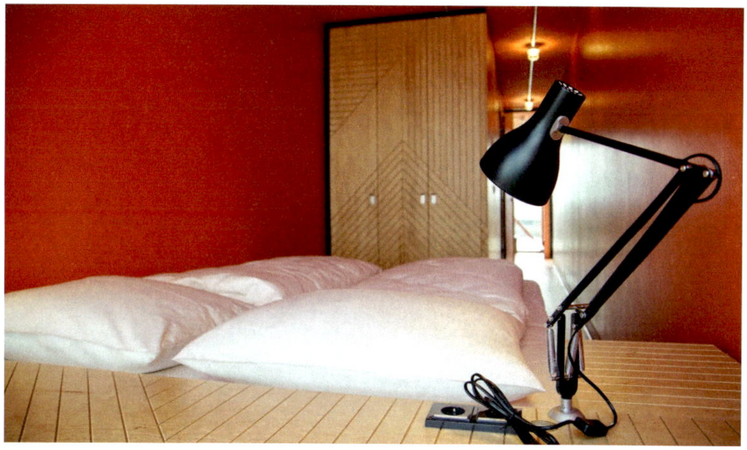

Das Dock Inn Hostel wurde aus alten Überseecontainern zusammengeschweißt, in denen 64 Zimmer mit vier oder acht Betten Platz finden. Backpacker, die die Ostsee besuchen, werden das lässige und maritime Ambiente hier lieben.

Abgesehen von ihrer länglichen Form verraten die Container kaum noch ihren früheren Zweck. In jeder Einheit gibt es einen Schlafbereich, ein Badezimmer und eine gemütliche Wohnzimmerecke. Die Innenräume wurden mit bequemen Möbeln ausgestattet, die Polster sind aus Naturmaterialien und die Deko ist in gedeckten Farben gehalten. Der Industriecharme wurde mit Betonwänden und freigelegten Rohrleitungen bewahrt. Insgesamt betrachtet, gleicht die Ausstattung eher einem Hotel als einem Hostel. Jeden zweiten Donnerstag im Monat findet im Hostel eine „Sushi Session" statt: Die Gäste sind zu einem professionellen Sushi-Workshop eingeladen.

Im Hostel kann man Fahrräder leihen, um die schöne Küste mit ihren Stränden auf zwei Rädern zu erkunden. Und dank der steifen Brise ist hier ein idealer Ort für Kite- und Windsurfer. Zurück im Hostel kann man sich bei einem Drink im fritz-Vinylcontainer die besten Platten norddeutscher Bands anhören.

Wer Entspannung sucht, ist im Spa-Container auf dem Hosteldach willkommen – hier gibt es sogar eine Sauna. Im Kinocontainer (in dem auch ein Konferenzzimmer untergebracht ist) kann man Netflix mit Popcorn und Drinks von der Bar genießen.

Good to know

PREIS
€€€€€

AUSSTATTUNG
24-Stunden-Rezeption; Selbstversorgerküche; Waschmaschinen; Lobby; Restaurant; Boulderhalle; Sauna; Kino; Konferenzraum; Tischkicker; Flipper und vieles mehr.

Tipp: Alle, die bei schlechtem Wetter trotzdem Energie verbrennen wollen, sollten die Boulderhalle nebenan besuchen und dort die Kletterwände bezwingen.

Städte im Kommen

Urlaub ohne Touristen

Hektor Design Hostel, Tartu

Olmütz ist eine optimale Alternative zum Prag-Besuch. Die sechst größte Stadt in Tschechien zeichnet sich durch ihre bemerkenswert gut erhaltenen Fassaden in Pastelltönen und der umwerfenden Architektur aus. Restaurantbesuche sind hier weit günstiger – das liegt auch an den zahlreichen Studenten. Das in der Altstadt gelegene, historische wie moderne Designhostel Long Story Short Hostel (Seite 258) ist sehr zu empfehlen. Anstatt Amsterdam könnte man die verschlafene historische Stadt Haarlem besuchen. Sie liegt nur 20 Minuten von der Hauptstadt entfernt und nah am Strand. Reich an gut erhaltenen, denkmalgeschützten Gebäuden, gibt es außerdem eine fantastische lokale Brauerei: Jopen, die in einer alten Kirche untergebracht ist. Hello I'm Local (Seite 86) ist ein Boutique Hostel in Haarlem mit zwölf schönen Zimmern, Innenhof und freundlichem Team. Wenn einen in Paris die Massen an Touristen überwältigen, kann man den Zug ins nahgelegene, entspanntere Lille nehmen. Dank der vielen Studenten gibt es dort eine großartige Musik-Szene, auch die hübschen Fachwerkhäuser aus dem 17. Jahrhundert und die Pflasterstraßen machen den Aufenthalt sehr lohnenswert. In Lille findet man eins der herzlichsten und lustigsten Hostels. In der Bar des super zentral gelegenen Gastama (Seite 124) werden 14 durstlöschende Bieren gezapft. Foodies sollten unbedingt nach Bologna reisen, eine der ältesten Universitätsstädte in Europa. Neben Gerichten wie Tagliatelle al ragù (immer ohne Tomatensoße) und der italienischen Aperitivo-Tradition, bietet diese Stadt schöne Backsteinarchitektur und eine lebendige, erschwingliche Bar-Szene. Das zentral gelegene Dopa Hostel (Seite 144) ist eine großartige Unterkunft. Die Estnische Stadt Tartu ist für einen Wochenendausflug oder für einen Zwischenstopp im Baltikum perfekt. Dort gibt es Museen, Kultur, ein großartiges Nachtleben und das kürzlich eröffnete Hektor Design Hostel (Seite 192).

Jedes Jahr zur Hochsaison überfluten mehr und mehr Touristen Europas beliebte Urlaubsorte. Die Preise für Hostelzimmer steigen, die Innenstädte sind überfüllt, es gibt lange Schlangen vor den Sehenswürdigkeiten und viele andere Probleme, die der Massentourismus mit sich bringt. Auf Reisen kann man selbst für Veränderung sorgen und die Orte besuchen, an denen man positiv auf die lokale Ökonomie einwirkt. Es gibt viele Orte, die vom Tourismus profitieren würden: So könnte man kleinere Städte und Dörfer ansteuern, um Europa abseits vom touristischen Mainstream zu erleben. Man ist dort herzlich willkommen und findet viel leichter preiswerte Unterkünfte. Essen und Getränke sind günstiger und oft wird gute Live-Musik gespielt. All dies im Sinn, habe ich eine Liste von Unterkünften zusammengestellt, die im Kommen sind, abseits der vielbereisten Pfade liegen und vom Massentourismus relativ unberührt sind.

Hello I'm Local, Haarlem

Hello I'm Local, Holland → S.258
Dopa Hostel, Italien → S.86
Gastama, Frankreich → S.124
Hektor Design Hostel, Estland → S.144
Long Story Short Hostel, Tschechien → S.192

Long Story Short Hostel, Olomouc

Steuere kleinere Städte und Dörfer an, um Europa *abseits vom touristischen Mainstream* zu erleben.

Superbude St. Pauli

Laisser-faire und viel Individualität im Herzen von Hamburg

Die Superbude ist in einem schönen Backsteinhaus im Herzen von Hamburg untergebracht und sticht mit einem aufregenden Designkonzept unter den preiswerten Unterkünften der Stadt heraus.

Vergangenheit und Gegenwart der Stadt spiegeln sich im Design, das dem maritimen Erbe Hamburgs Respekt zollt. Ein Schiffstau taucht als Motiv überall auf, von den Holzvertäfelungen in den Bädern und Fluren bis zu den Teppichen. Die Corporate-Farbe Gelb geht zurück auf den Vormieter des Gebäudes: die Deutsche Post.

Armin Fischer von Dreimeta hat einige außergewöhnliche Objekte für das Hostel entworfen. Alte Wasserrohre schraubte er zu Zeitungsständern zusammen, aus ausgedienten Schubkarren entstanden Stühle, Astra-Bierkästen wurden mit zurückgelassenen Jeans aufgepolstert und die Hostel-Schlüsselanhänger sind aus alten Skateboards gemacht. Vom Pümpel als Mantelhaken, kleinen Anker-Handtuchhaltern im Badezimmer bis zu den Mausefallen als Klemmbrett – die Liebe zum Detail ist in der Superbude schier unglaublich. Die Innenausstattung verbindet Verrücktes mit Modernem: Die Tapete ist eine Collage aus Artikeln über Hamburgs Vergangenheit und Gegenwart; Konstantin Grcics Mayday-Lampen hängen vom Fußballtornetz am Kopfende der Betten – ein Augenzwinkern in Richtung des kultigen Fußballklubs St. Pauli; und ein Drittel der 89 Zimmer sind mit Rolf Heides Stapelliegen ausgestattet. In allen Zimmern gibt es einen Fernseher, WLAN und ein Badezimmer mit Föhn.

→

Good to know

PREIS
€ € € € €
AUSSTATTUNG
24-Stunden-Rezeption; kostenloses WLAN; kostenloses Ausdrucken; Gemeinschaftsraum; Kitchenclub; Bar. Das Frühstück ist nicht inbegriffen.

Tipp: Dank der engen Verbindung des Hostels zu den Liveclubs der Gegend gibt es Gästelistenkarten für die besten Konzerte der Stadt und lokale Bands spielen häufig in der Hostellounge. Nicht verpassen!

Konzerte, Clubs, Bars, Cafés, Kultur: Alles, was Hamburg zu bieten hat, ist zum Greifen nah.

Das beste Zimmer im Haus ist ohne Zweifel die legendäre Astra Rockstarsuite, die auch für private Partys gemietet werden kann. Der Raum hat eine Bühne nebst Schlafbereich.

Musikalisch geht es auch in der Hostellounge zu: Lokale Bands geben hier kostenlos Minikonzerte. Dank der engen Verbindung des Hostels zu den Liveclubs der Gegend gibt es Gästekarten für die besten Konzerte.

Im öffentlichen Bereich des Hostels fühlt man sich schnell wie im eigenen Wohnzimmer. Es gibt einige gemütliche Sofas und gepolsterte Lederstühle zur Entspannung, dazu die neuesten Zeitschriften. In der Lobby stehen Kühlschränke zur Selbstbedienung bereit und der gut ausgestattete Kitchenclub gibt einem das Gefühl, zu Hause zu sein. Im gesamten Hostel gibt es WLAN und in der Lobby stehen iMacs, beides kostenlos und 24/7 verfügbar.

Das Frühstück ist nicht inbegriffen, es gibt jedoch ein reichhaltiges Büffet von 7 bis 12 Uhr (am Wochenende bis 13 Uhr) für 9,90 € mit Cappuccino, Espresso, Milchkaffee oder fair gehandeltem Biotee, einer Vielzahl an Müslis, frisch gepresstem Saft, gekochten Eiern, Schinken und Käse, Waffeln (am besten mit einem ordentlichen Klecks Nutella).

Die Superbude ist fantastisch gelegen, in unmittelbarer Nähe zur Reeperbahn, zum Schanzen- und Karolinenviertel. Konzerte, Clubs, Bars, Cafés, Kultur, Street-Art und Lifestyle: Alles, was Hamburg zu bieten hat, ist zum Greifen nah.

Der lässige, einzigartige Charme, die schöne Lobby, das funktionale Design und der Fokus auf die lokale Musikszene – hier muss man hin, wenn man nach Hamburg kommt.

WELCOME
HOTEL
HOSTEL

SUPER

Superbude St. Georg

Kunterbunte Nostalgie von kreativen Köpfen

Superbude Hamburg St. Georg ist eine tolle Basis, um die Stadt mit allen Sinnen zu erleben. Sie liegt in der Nähe des Hauptbahnhofs; auch die berühmte Einkaufsmeile Mönckebergstraße, das zauberhafte Miniatur Wunderland und das frühere Hafengebiet der HafenCity sind nicht weit entfernt.

Armin Fischer von Dreimeta unterstützte die Umgestaltung des Gebäudes, nachdem er bereits am Design der Superbude Hamburg St. Pauli gearbeitet hatte. Auch das Design in St. Georg setzt auf das maritime Flair und klassische Reisethemen wie die Sehnsucht nach Freiheit, Heimweh und ewiges Fernweh. Die einzelnen Etagen haben unterschiedliche Farben – blau, rot, beige, grün, pink und grau – und der geräuschdämpfende Teppich zeigt Containerschiffe mit Fracht, Nummer und Herkunft. An den Wänden dienen Longboards von Madrid Skateboards als Regale.

Es gibt verschiedene Unterkunftsmöglichkeiten, von Einzel- und Doppelzimmern mit eigenem Bad bis hin zu Vier- und Sechsbettschlafsälen für Preisbewusste. In allen Zimmern gibt es einen großen Flachbildfernseher und kostenloses WLAN. Wie früher als Kind, als man bei Freunden übernachtete – nur diesmal mit einem Astra-Bier in der Hand. Die Hamburger Marke fritz-kola hat einen der Sechsbettschlafsäle in die fritz-bude verwandelt. Die Bettgestelle sind aus Gerüstteilen und es gibt einen Vinyl-Raum mit Plattensammlung und -spieler.

Das Hostel verfügt über ein Fitnessstudio mit Kicker, Tischtennis und Skateboard-Andenken. Für weniger Energiegeladene gibt es Filme im Privatkino, man kann die nordische Kunst der Seemannsknoten erlernen, Konzerte und Grillabende genießen oder einfach im Hof auf den Möbeln aus Europaletten und Astra-Kästen entspannen. Außerhalb des Hostels dürfen eine Hafenrundfahrt und Ausgehen auf der Reeperbahn nicht fehlen.

Good to know

PREIS
€€€€€
AUSSTATTUNG
St. Georg Kitchenclub; Bar; Kaffee; WLAN; Drucker; Familienzimmer; Nichtraucherzimmer; behindertengerecht; 24-Stunden-Rezeption; Safe; Lift; Waschküche; Fahrradvermietung.

Tipp: In Zusammenarbeit mit Paloma Lemonade, ist eine Suite in knalligem Pink und Gelb mit gemütlichen Ecken entstanden. Ideal für erholsamen Schlaf nach einer wilden Nacht auf der Reeperbahn.

Wombat's City Hostel

Good to know

PREIS
€ € € € €
AUSSTATTUNG
Kostenloses WLAN; Selbstversorgerküche; Waschmaschinen; Billardtisch; Holzstamm für Nagelwettbewerb; Bar; Föhn; Reiseführer und Regenschirme zum Ausleihen.

Tipp: Es gibt eine kleine Kochnische für die Gäste und viele Supermärkte in der Nähe – perfekt, falls man selbst kochen und Geld sparen will. Am nahe gelegenen Naschmarkt kann man samstags auch auf dem Bauernmarkt günstig einkaufen und auf dem Flohmarkt echte Schnäppchen machen.

In einem ehemaligen Wohnhaus gelegen, bietet das Wombats City Hostel eine Aussicht auf Wiens berühmtesten Marktplatz: den Naschmarkt.

Um eine gesellige Atmosphäre zu schaffen, wurden die Hostelräume so gestaltet, dass sich die Gäste leicht begegnen und Kontakt knüpfen können. In der offenen Lobby sind verschiedene Möbelstücke verstreut, sodass sie eher wie eine Lounge anmutet als ein Rezeptionsbereich. Zahlreiche Reiseführer, Broschüren und Stadtkarten liegen parat und man kann hier gemütlich lesen, ausspannen oder sich mit alten und neuen Freunden austauschen.

Die Räume – zur Auswahl stehen Doppelzimmer mit Bad bis hin zu Vier- oder Sechsbettzimmern – sind stilvoll in modernem, minimalistischem Design eingerichtet und erinnern an IKEA-Musterräume, die man zu Hause einfach nie perfekt nachstellen kann. Alle Zimmer sind mit komfortablen Holzbetten und eigenen Bädern ausgestattet. In den Frauen-Mehrbettzimmern gibt es im Bad Spiegelwände und Föhns. Sauberkeit ist für das Hostelteam Ehrensache – sie haben schon zweimal den Hostel-World Award für das sauberste Hostel gewonnen.

Das Wombats ist gut gesichert: Mit der Keycard hat man Zutritt zur Haustür des Hostels, zu den Fluren, Räumen und dem persönlichen Schließfach.

Das kostenlose WLAN in den Gemeinschaftsbereichen ist ausgezeichnet und seit Neustem auch auf den Zimmern verfügbar. Bettwäsche und Gepäckaufbewahrung sind inklusive.

Das Frühstück hier ist eins der besten, die man in einem Hostel finden wird. Es kostet 4,50 € extra, doch man kann so viel essen, wie man möchte. Es gibt Brot, Käse, Aufschnitt, hart gekochte Eier, Joghurt, Früchte, Honig, Müsli, viel Nutella und – natürlich! – Kaffee.

Eine nette Willkommensgeste ist der kostenlose Begrüßungsdrink, den man in der ausgezeichneten WomBar genießen kann. Sie bietet einige vergünstigte Drinks an, täglich drei verschiedene Happy Hours und viele Events. Die kostenlosen Stadtspaziergänge durch Wien sollte man ebenfalls nicht verpassen. Sie gehen direkt in der Lobby los.

Grand Hostel Berlin

Das Grand Hostel in Berlin verbindet den Charme vergangener Zeiten mit moderner Gastfreundschaft. In einem ehemaligen Bischofspalast aus dem Jahr 1874 und im hippen Friedrichshain-Kreuzberg gelegen, sorgt das Hostel neben seiner Lage mit vielen Besonderheiten wie der fantastischen Büchereibar, dem freundlichen Team, geräumigen Mehrbettzimmern ohne Etagenbetten für einen tollen Berlin-Aufenthalt.

Die breiten Fenster gehen auf den ruhigen Landwehrkanal hinaus, an den Decken ist der schöne Originalstuck erhalten und verströmt einen Hauch von Palastleben. Die Doppelzimmer sind geschmackvoll und mit altmodischem Charme möbliert: Topfpflanzen, Frisierkommode, begehbarer Kleiderschrank. Waschräume sind auf jeder Etage reichlich vorhanden.

Direkt um die Ecke liegt der berühmteste Dönerladen Berlin's: Mustafa's Gemüse Kebap. Achtung: Die Schlange ist meist lang, also am besten ein Bier einpacken, um die Wartezeit zu verkürzen – aber es lohnt sich!

Good to know

PREIS
€ € € € €

AUSSTATTUNG
Events für die Gäste; Bar; Terrasse; Fahrradverleih; Stadtführer; Deutschunterricht; gratis WLAN; ermäßigte Nahverkehrstickets; Bierproben; Kneipentouren. Frühstück für 6,50 €.

Tipp: Ein Hingucker ist die Büchereibar im 20er-Jahre-Look: Alte Bücher stapeln sich vom Boden bis zur Decke und gemütliche Lederstühle laden zum Lesen bei einer Tasse Kaffee ein.

Du bist verrückt, du musst nach Berlin!

Berlin ist die *Hauptstadt* von Deutschland und man könnte meinen, ein Urlaub werde teuer, aber das muss überhaupt nicht sein.

Es gibt eine Menge schöner Dinge, die man unternehmen kann und die rein gar nichts kosten – vor allem, wenn man im Sommer kommt, was ich nur empfehlen kann. Hier einige meiner Lieblingstipps für einen gelungenen Aufenthalt.

Kulinarisches

Berlin beheimatet Menschen aus über 190 Nationen und bietet eine kulinarische Vielfalt, mit der es keine andere deutsche Stadt aufnehmen kann. So gibt es hier eine der weltweit größten vietnamesischen Communitys – ein perfekter Ort also, um der asiatischen Küche zu frönen. Ich persönlich bin ein großer Fan der vietnamesischen Spezialität Bánh Mì, einem Sandwich, das französische und vietnamesische Zutaten in sich vereint. Am liebsten esse ich es im wunderbar schlichten Cô Cô Bánh Mì Deli. In Berlin findet man aber auch die größte türkische Gemeinschaft außerhalb der Türkei, die auch den Döner Kebab erfunden →

Cô Cô Bánh mì deli
Brandenburg GATE
Berliner FERNSEHTURM
Siegessäule
Museumsinsel
Michelberger BAR
Maybachufer STREET MARKET
EAST SIDE gallery
Tempelhofer FELD
CLUB der Visionäre

haben soll. Ich persönlich bin kein großer Fan davon, kann aber die Variante mit Köfte von Izmir Köftecisi in der Nähe des schmuddeligen Kottbusser Tors empfehlen. Dienstags und freitags kann man auf dem türkischen Markt am Maybachufer frisches Gemüse kaufen, türkische Spezialitäten wie Gözleme probieren oder sich durch eine große Auswahl an bunten Stoffen wühlen. Hier beginnt Neukölln, das multikulturellste Viertel Berlins und Hochburg cooler Restaurants. Bei Azzam gibt es günstiges, authentisch-arabisches Essen und um die Ecke befindet sich ein kleines Stückchen Schottland: In der Bar Das Gift, die vom schottischen Musiker Barry Burns von der Band Mogwai betrieben wird, kann man sich ein Irn-Bru genehmigen und Tunnock's Caramel Wafer Biscuits probieren.

Bars

Bei gutem Wetter holen sich die Einheimischen gern ihr Bierchen in einem der Spätis, die bis weit in die Nacht geöffnet haben und setzen sich in den Park. Berlin ist zwar nicht gerade für seine Biergärten berühmt, aber wenn es etwas gediegener sein soll, kann man ruhig eines der bayerischen Brauhäuser aufsuchen, zum Beispiel das österreichisch-bayerische Weihenstephaner Berlin. Und am westlichen Ende von Berlins grüner Lunge, dem Tiergarten, befindet sich der Schleusenkrug – der perfekte Ort für ein frühes Feierabendbier. Schon mal versucht, ein wohlschmeckendes Craft-Bier in einem Hostel zu bekommen? Nein? Ich auch nicht. Das heißt, bis ich den Keller des Circus Hostels betrat, in dem sich eine Mikrobrauerei befindet. Und wenn man schon einmal vor Ort ist, kann man auch gleich noch nebenan im David Hasselhoff Museum vorbeischauen.

Viele Bars sind eingerichtet, als würde man jemandes Wohnung betreten, zum Beispiel das unprätentiöse Bohnengold, in dessen beiden Räumen sich nur schöne Menschen aufhalten. Ich bin auch ein Riesenfan des stylishen Michelberger Hotels. Nachdem man sich ein Getränk seiner Wahl aus dem Book of Booze bestellt hat (die Gin Tonics sind hier besonders gut), kann man entspannt das coole Dekor genießen: Lampenschirme, die aus Buchumschlägen gemacht sind, Vintage-Stühle und fette Sofas, um die sich Bücher stapeln.

Ausgehen

Berlin lässt sich, was das Nachtleben angeht, mit keiner anderen Stadt vergleichen, vor allem, weil die Clubs keine offiziellen Schließzeiten haben. Oft feiert man am Freitagabend los und geht erst am Montagmorgen wieder …

Dienstags liebe ich die Jamsessions im Edelweiss, einem Backsteinmonstrum im Görlitzer Park. Die Atmosphäre ist elektrisierend: Wenn man die Treppe hinaufgeht, riecht man schon den Schweiß, den Zigarettenrauch, ja sogar die Erwartungshaltung in der Luft. Wer musikalisch ist, kann auch auf die Bühne und mitjammen.

Berlins Technoszene ist legendär. Das Berghain, der Tresor und das Watergate gehören zu den besten Clubs der Welt. Man sollte sich aber auf lange Schlangen und eine notorisch launische Türpolitik gefasst machen, besonders im Berghain. Im Sommer kann ich den Club der Visionäre sehr empfehlen, eine Bar direkt am Landwehrkanal. Die Atmosphäre ist entspannt, man kann draußen auf dem Holzdeck tanzen oder gemütlich mit Freunden zusammensitzen.

Flanieren

Mein liebster Spaziergang dauert ein paar Stunden und ist perfekt für jeden, der zum ersten Mal in Berlin ist, da man an allen großen Sehenswürdigkeiten vorbeikommt. Er beginnt an der Museumsinsel und führt am Pergamonmuseum vorbei, wo man sich den berühmten Pergamonaltar und das wunderschöne Ischtar-Tor ansehen kann. Bevor es weiter zum Prachtboulevard Unter den Linden geht, sollte man unbedingt noch ein Foto von der bezaubernden Friedrichsbrücke machen. Zur Rechten erwartet einen dann die Neue Wache mit Käthe Kollwitz' Skulptur *Mutter mit totem Sohn*, eines meiner Lieblingsdenkmäler. Vor dort geht es weiter nach links zum Lustgarten mit dem majestätischen Berliner Dom im Hintergrund. Diese grüne Oase ist der perfekte Ort, um sich mit einem schönen Buch zu entspannen. Gegenüber befindet sich der Bebelplatz, auf dem die Nazis die Bücher jüdischer und progressiver Autoren verbrannten. Geht man an der Neuen Wache vorbei in Richtung Westen, erreicht man das →

Berlin lässt sich, was das Nachtleben angeht, mit keiner anderen Stadt vergleichen.

historische Brandenburger Tor. Einst das Symbol der geteilten Stadt, gilt es heute als das Wahrzeichen Berlins und des wiedervereinigten Deutschlands. Es lohnt sich, am eleganten Pariser Platz zu verweilen, die Touristenströme an sich vorbeiziehen zu lassen und das bunte Volk zu beobachten, das sich hier tummelt. Dahinter taucht schon der Reichstag mit seiner schönen Glaskuppel auf, die eine fantastische Aussicht bietet. Nach links geht es weiter zum Holocaust-Mahnmal, noch einem bewegenden, architektonischen Denkmals Berlins mit Symbolcharakter. Im unterirdischen Museum kann man mehr über die Opfer des Holocaust erfahren. Von da aus geht es direkt weiter zum wuseligen Potsdamer Platz, wo man zum Abschluss im fabelhaften Curtain Club des Ritz Carlton einen der besten Cocktails der Stadt schlürfen kann.

Herumkommen

Berlins flächendeckendes Verkehrsnetz ist benutzerfreundlich und relativ zuverlässig. Angesichts seiner Größe – und vor allem im Vergleich zu dem anderer europäischer Städte – ist es auch gar nicht teuer. Wenn ich Zeit habe, nehme ich am liebsten den Bus. Mit dem sieht man im Vorbeifahren alle wichtigen Sehenswürdigkeiten, vor allem wenn man oben im Doppeldecker einen der vorderen Plätze ergattern kann. Die Linien 100 und 200 führen an vielen Wahrzeichen Berlins vorbei, vom Alexanderplatz über den Reichstag bis hin zum Schloss Bellevue.

Orte zum Entspannen

Ich gehe unglaublich gern auf das Tempelhofer Feld, das ehemalige Flughafengelände mitten in der Stadt, das 2008 zu einem öffentlichen Park umfunktioniert wurde. Schatten findet sich hier kaum, aber dafür kann man Radfahren, Rollerbladen und sogar Windsurfen.

Ein anderer Klassiker ist der Landwehrkanal bei Sonnenuntergang. In warmen Nächten sitzen hier jede Menge Leute, relaxen, trinken Bier und erfreuen sich an der Gesellschaft der anderen. Sich einfach ein schönes Plätzchen suchen und die Atmosphäre genießen – das ist die perfekte Art, den Tag in Berlin ausklingen zu lassen.

Aussichtspunkte

Einer meiner liebsten Aussichtspunkte ist die Siegessäule mit ihrer Bronzeskulptur, die auch Goldelse genannt wird. Hat man es die 285 Stufen hinauf geschafft, wird man mit einem tollen Blick auf den Tiergarten, das Sowjetische Ehrenmal und das Brandenburger Tor belohnt.

Deutschlands höchstes Gebäude und Berlins berühmtestes Wahrzeichen, der Fernsehturm, ist ein absolutes Muss. Seine Aussichtsetage

inklusive Drehrestaurant bietet einen atemberaubenden Rundblick über die Stadt.

Versteckte Orte

Der Teufelsberg ist ein ganz besonderer Ort, aufgrund seiner versteckten Lage im Grunewald finden jedoch nicht viele Besucher hierher. Die ehemalige Abhöranlage wurde während des Kalten Krieges vom britischen und amerikanischen Geheimdienst betrieben. Da sie seither geplündert und flächendeckend mit Graffitis überzogen wurde, verbreitet sie eine leicht apokalyptische Stimmung. Vom Search Tower aus eröffnet sich ein surrealer Blick auf die großen Radarkuppeln. Das Gelände wurde erst vor Kurzem der Öffentlichkeit zugänglich gemacht, doch auch vorher schon haben sich Interessierte nicht vom einem Besuch abhalten lassen. Dank des Einsatzes zahlreicher Freiwilliger ist dieser Ort aber jetzt vor Eindringlingen geschützt und ein absolut lohnenswertes Ausflugsziel.

The Circus

In die Geschichte eintauchen und feiern

Ein Museum für David Hasselhoff (ja, genau, Baywatch-Memorabilia), eine Mikrobrauerei im Keller, Touren zu verlassenen Spionagestützpunkten und Frühstück bis 13 Uhr (und das mit den leckersten Currywurst-Quiches!) – das Circus Hostel ist wirklich einmalig auf der ganzen Welt.

„Als wir das Circus Hostel 1997 eröffneten", erinnert sich Tilman Hierath, einer der Gründer, „gab es in Deutschland kaum Hostels. Wir wussten nur eins: Wir wollten Reisende so empfangen und aufnehmen, wie es uns selbst auf unseren Reisen gefiel." Diese erfrischende Sicht steht in einem willkommenen Gegensatz zu den undurchsichtigen und überholten Konzepten traditioneller Gastfreundschaft. Die Gründer des Hostels sind viel gereist, hatten jedoch keine formalen Qualifikationen im Bereich Tourismus. Ihr Ansatz ist simpel, aber dennoch effektiv: „Wir glauben, unsere Gäste wollen eine sichere Unterkunft während ihres Aufenthalts in der Stadt. Und außerdem eine gute Tasse Kaffee. Das ist es, was wir unseren Gästen im Circus bieten wollen."

Da das Circus Hostel am Rosenthaler Platz in Berlin-Mitte liegt, sind die Gäste direkt im Herzen der Stadt. Das Circus ist stolz auf seine Lage und in den Fluren sind Bilder zu sehen, die die Geschichte des Rosenthaler Platzes lebendig werden lassen. Einmal im Monat gibt es die sehr interessanten „Circus Talks", bei denen Einheimische über verschiedene Alltagsthemen reden. So zum Beispiel ehemalige Angestellte der US Air Force, die sich an das Leben in der geteilten Stadt erinnern. Eine andere Besonderheit des Hostels ist die Mikrobrauerei im Keller. Ein wirklich netter Ort, um andere Gäste auf ein schnelles Bier zu treffen. →

Good to know

PREIS
€ € € € €
AUSSTATTUNG
Bar / Brauerei; Café; kostenloses WLAN; Fahrradverleih; exklusive Tour „Hinter dem Eisernen Vorhang"; später Check-out; keine Sperrstunde; Föhn; Ladegeräte zum Ausleihen; organisierte Events (kostenlose Stadtspaziergänge; Karaoke in der Bar; Quizabende etc.). Frühstück ist nicht inbegriffen.

Tipp: Einmal im Monat gibt es die sehr interessanten »Circus Talks«, bei denen Einheimische über den Alltag in Berlin berichten.

Das *Circus Hostel* liegt am Rosenthaler Platz in Berlin-Mitte, direkt im Herzen der Stadt, und bietet eine tolle Atmosphäre.

Fantastisch, wenn auch ungewöhnlich ist das Hostelmuseum, das David Hasselhoff gewidmet ist. Dank seines Hits „Looking for Freedom", den er bei der Silvesterparty 1989 am Brandenburger Tor gesungen hat, ist er zu einer Kultfigur geworden. In dem kleinen Museum gab es neben Hasselhoff-Memorabilien auch original Brusthaar des Idols zu bewundern, doch das ist inzwischen gestohlen worden.

Das Circus Hostel bietet eine sehr ausgewogene Mischung aus toller Atmosphäre und wirklich schönen Zimmern. Die mittelgroßen Mehrbettzimmer haben einen enormen Vorteil: Sie haben keine Stockbetten. Es gibt vier oder fünf Einzelbetten – mit genügend Platz im Raum verteilt –, zu jedem gehören eine Leselampe, ein kuscheliges Kissen und eine Decke. Die Gemeinschaftsbadezimmer sind sauber und gut in Schuss, Schließfächer für Wertgegenstände stehen bereit und natürlich gibt es auch die Möglichkeit, Privatzimmer zu beziehen. Falls man etwas Luxuriöseres sucht, bietet sich das „4-Personen Deluxe Apartment" an. Es ist mit einer kompletten Küche ausgestattet und von der Dachterrasse hat man einen herrlichen Panoramablick auf Berlin-Mitte und den Fernsehturm.

Im Circus Hostel treffen sich die unterschiedlichsten Reisenden: Backpacker, Flashpacker, Studenten und Paare sowie ältere Reisende. Es ist nicht wirklich das, was man ein „Partyhostel" nennt, aber die Atmosphäre ist freundlich, offen und gemeinschaftlich. Es macht Spaß, in der Lobby auszuspannen und in der dort reichlich ausliegenden Reiseliteratur zu schmökern. Auch iPads, iPods und Laptops kann man hier ausleihen. Die Mitarbeiterinnen und Mitarbeiter kommen wie die internationalen Gäste aus aller Welt und sind sehr hilfsbereit und freundlich. Einfallsreiche DIY-Spaziergänge, Fahrrad-, Segway- und Inlineskater-Verleih zeigen, wie im Circus an alle möglichen Bedürfnisse der Gäste gedacht wird.

Die Bar und das Café Katz & Maus bieten köstliche Speisen, ein ausgezeichnetes All-you-can-eat-Frühstücksbüfett für 5 €, das täglich bis 13 Uhr angeboten wird. Mittags und abends werden unglaublich gute Burger mit Kartoffelsalat und der leckeren Currywurst-Quiche aufgetischt. Der Kaffee aus Costa Rica schmeckt großartig und das Hostel spendet 10 Prozent der Kaffeeeinnahmen für wohltätige Zwecke.

THE CIRCUS HOSTEL

Multitude Hostel

Heimeliger Charme in historischem Gebäude

Nach ihrem Studium und ihren Reisen beschlossen Georg und Jonas, ein kleines Hostel mit Bar in einem verlassenen Gebäude im Leipziger Westend zu eröffnen: das Hostel Multitude. Die Renovierung des sehr alten Hauses dauerte mehrere Jahre, doch nun ist es ein gemütlicher Ort für Einheimische und Reisende gleichermaßen und ein guter Ausgangspunkt, um Leipzig zu entdecken.

Im Design des Hostels wurden viele traditionelle Materialien wie Holzböden, Ziegelwände und die originalen Holztüren erhalten. Viele der Möbel entstanden durch Upcycling oder als Maßanfertigung, von der Küche bis zu den Etagenbetten. Überall im Hostel hängen Drucke von lokalen Künstlern, die man als Souvenir erwerben kann.

An den Etagenbetten gibt es lichtundurchlässige Vorhänge, abschließbare Schubladen mit eingebauten Steckdosen, Leselampen und Ladestationen. Komfort steht hier ganz oben: Die Matratzenmarke wurde von Stiftung Warentest mit „Sehr Gut“ ausgezeichnet. Neben den Zimmern befinden sich voll ausgestattete Badezimmer. Die Doppelzimmer haben eigene Balkone.

Die Mitarbeiter können gute Tipps zu Ausstellungen oder den besten Partys in Leipzig geben. Das Hostel hat eine eigene Bar und einen Biergarten, der auch bei Einheimischen beliebt ist. Hier finden viele Events statt, von Partys über Quizabende bis hin zu Konzerten.

Im Sommer kann man einen entspannten Nachmittag im Biergarten verbringen und im Winter gemütlich vor dem Kamin in der Bar sitzen – das Hostel Multitude lohnt sich zu jeder Jahreszeit.

Good to know

PREIS
€ € € € €
AUSSTATTUNG
Bettwäsche; Handtuchverleih; kostenloses WLAN; Selbstversorgung möglich; Wäscheservice; Gepäckverwahrung; Bibliothek; Brettspiele; Bar; Biergarten.

Tipp: Das Hostel hat eine eigene Bar und einen Biergarten, der auch bei Einheimischen beliebt ist. Hier finden viele Events statt, von Partys über Quizabende bis hin zu Konzerten.

Eden Hostel & Garden

Gelebte Veränderung im deutschen Osten

Auf den ersten Blick scheint Leipzig das Paradies für Bohemiens zu sein, es ist jung, grün und kreativ. Aber um die Stadt wirklich zu verstehen, braucht man Hilfe von den Einheimischen, die sie zu dem kulturellen Zentrum gemacht haben, die sie heute ist. Deshalb ist Eden Hostel & Garden der Ort, um Sachsens coolste Stadt zu erkunden.

Bereits kurz nach der Jahrtausendwende kamen Künstler und Kreative aus Deutschland und von anderswo nach Leipzig, um die alten – und häufig leerstehenden – Gebäude mit neuen Ideen zu füllen. Dazu gehörten auch vier junge Frauen, die einen Flachbau, der zu DDR-Zeiten als Lehrlingswohnheim gedient hatte, in eine Sehenswürdigkeit verwandelten. Inzwischen gehört das Eden zu den herausragenden Hostels in Leipzig und wird von Reisenden genutzt, die eine der am schnellsten wachsenden Städte Deutschlands und ihr kulturelles Erbe entdecken wollen.

Im Gegensatz zu dem, was Kritiker sagen, geht es in Leipzig nicht um den Hype, sondern vielmehr um die Menschen, eine ehrgeizige Gemeinschaft und die Freiheit, kreative Projekte zu unterstützen. Ob es Pop-up-Installationen in einem der verlassenen Gebäude im Osten sind oder eine geheime Open-Air-Party im Wald, nichts in Leipzig scheint dauerhaft zu sein. Ein Aufenthalt im Eden Hostel & Garden zeigt, was aus den kreativen Möglichkeiten werden kann, die Leipzig zu bieten hat. Die vier Gastgeberinnen wissen auch genau, welche Events gerade stattfinden (bevor sie wieder eingestampft und durch etwas Neues, genauso Aufregendes ersetzt werden).

Das Eden Hostel & Garden liegt im Westen Leipzigs, einer Gegend mit viel Trubel und Kunst. Es ist nur fünf Minuten von der →

Good to know

PREIS
€€€€€
AUSSTATTUNG
Selbstversorgung möglich; Grill; Schließfächer; Gepäckaufbewahrung; Fahrradvermietung; Lounge / TV-Bereich; Garten; Sonnenterrasse; fantastischer Kaffee. Für eine Zusatzgebühr sind auch Haustiere willkommen.

Tipp: Das absolute Highlight ist der schöne Garten. Dort finden häufig Filmabende, Kunstausstellungen und Partys für alle, Einheimische ebenso wie Gäste, statt.

Im Gegensatz zu dem, was Kritiker sagen, geht es in Leipzig nicht um den Hype, sondern vielmehr um die Menschen.

Karl-Heine-Straße entfernt, wo es verschiedene Bars, spannende Läden sowie das Westwerk mit Galerie und Club gibt. Von hier wiederum sind es nur zehn Minuten zur berühmten Spinnerei, einer alten Baumwollspinnerei, die nun vielen offenen Kunstgalerien Platz bietet, in denen lokale und internationale Künstler ausstellen.

Gleich neben dem Hostel ist eine Straßenbahnhaltestelle für weiter entfernte Ziele. Man kann die Stadt alternativ auch mit einem gemieteten Kanu über die vielen Kanäle entdecken.

Das Institut für Zukunft gilt weithin als einer der besten deutschen Clubs. Eine Club Night dort darf man sich auf keinen Fall entgehen lassen!

Mit dem Fahrrad kommt man in 30 Minuten an den idyllischen Cospudener See, um zu schwimmen oder mit einem Bier am Strand zu entspannen.

Das Eden Hostel & Garden bietet lockeren und trendigen Leipziger Lifestyle zum günstigen Preis. Lokale Künstler haben die einzelnen Zimmer gestaltet, sodass man aus einer Vielzahl einzigartiger Themenzimmer wählen kann. Eines der Doppelzimmer beispielsweise hat ein Bett, das in einen alten Fiat Fiorino eingebaut wurde (komplett mit funktionierendem Radio) und die Wände zeigen den Alltag im Stadtteil Lindenau. Alternativ gibt es auch das Twin-Zimmer, das vom schottischen Designer und Architekten Charles Rennie Mackintosh inspiriert ist.

Im Frauenschlafsaal hat jedes Bett ein eigenes Design, vom japanischen Schlaf-Pod bis zum Space-Shuttle-Cockpit. Zu jedem Bett gehört ein Schließfach, eine Lampe und ein Vorhang. Der Gemeinschaftsbereich ist geräumig und bietet viel Platz, um in großen Gruppen zusammenzusitzen und zu essen. Für Regentage oder ruhige Abende gibt es Bücher und Brettspiele. Die Gästeküche ist vollständig ausgestattet; Cornflakes, Milch, Kaffee und Tee stehen den ganzen Tag über kostenlos zur Verfügung.

Der Name des Eden Hostel & Garden deutet auf das Highlight des Hostels hin: den wunderschönen Garten hinter dem Haus, inklusive Gartenhaus, Liegestühlen und Sandkasten. Auch die Einheimischen mögen ihn sehr und schauen regelmäßig auf einen Kaffee oder ein Bier vorbei.

Die Wohngemeinschaft

16 Räume für 16 unterschiedliche Abenteuer

Alles begann mit der Café-Bar Die Wohngemeinschaft mitten in Kölns kreativem Herzen – dem Belgischen Viertel. Einige Gäste wollten einfach nicht nach Hause gehen und fragten immer wieder nach WG-Übernachtungsmöglichkeiten, bis die Besitzer weich wurden und 2008 das Hostel Die Wohngemeinschaft eröffneten.

Alle 16 Räume sind sehr individuell und mit Liebe zum Detail gestaltet, jedes Zimmer hat seine eigene einzigartige Geschichte. Im „Aussteiger-Zimmer Tom" erfährt man Toms Geschichte, der nach dem Tod seiner Großtante nach Kanada zog. Er lebte in ihrem Holzhaus am Lake Tagish und segelte in ihrem Boot über den See. Als er nach Europa zurückkehrte, beschloss er, aus dem Boot ein Bett zu bauen. Im Winter wohnt er selbst im Hostel, aber sein Bootbett kann man haben, wenn man Köln besucht. Die fantastische „Compagnie de Résisdanse", frei übersetzt „der Ballettsaal der Revolution", ist ein Schlafsaal für Frauen und die Lieblingswahl weiblicher Reisender. Die Betten in dem Mehrbettzimmer sind breiter als in jedem anderen Hostel: 1,40 Meter! Jede Koje hat einen Vorhang und ist komplett abgetrennt von den Nachbarkojen, sodass man vollkommene Privatsphäre genießen kann. Außerdem haben sie Leselampe, Steckdosen und ein Regalbrett für Privatsachen. Die Räume in der Wohngemeinschaft haben zwar kein eigenes Bad, es gibt aber Etagenwaschräume. Die originale Café-Bar Die Wohngemeinschaft →

Good to know

PREIS
€ € € € €
AUSSTATTUNG
Café-Bar; Kulturveranstaltungen; kostenloses WLAN; gegen Aufpreis gibt es ein Biofrühstück (vegetarisch / vegan).

Tipp: Von hier ist es nur ein Katzensprung zu den authentischsten und besten Kölner Restaurants. Den leckersten Brunch der Stadt bekommt man im Theater am Bauturm und die saftigsten Burger bei Beef Brothers.

Die Betten in dem Mehrbettzimmer sind breiter als in jedem anderen Hostel: 1,40 Meter! Jede Koje hat einen Vorhang, sodass man vollkommene Privatsphäre genießen kann.

ist bei den Kölnern beliebt wie eh und je – ein fabelhafter Ort zum Abhängen und Leutetreffen. Tagsüber gibt es guten Kaffee und köstliches Gebäck, abends kann man sich das traditionelle Mühlen Kölsch munden lassen. Ein anderes Highlight des Hostels ist der wandlungsfähige öffentliche Theaterraum, in dem bis zu 70 Zuschauer Platz haben. Hier finden regelmäßig Konzerte, Lesungen, Theaterstücke und Filmvorführungen statt.

Eine Auswahl an DVDs und Büchern liegt bereit, Fahrräder und Skateboards kann man an der Rezeption ausleihen. Von 8 bis 11 Uhr wird in der Lounge ein Biofrühstücksbüfett für 5,50 € angeboten. Käse, Eier, Joghurt, Tee und Saft sind bio. Das Brot kommt aus einer lokalen Bäckerei und der Aufschnitt von einem Biobauernhof in der Region. Kaffee und Tee sind gratis.

Kopenhagen: Skandi-Finesse

Kopenhagen hat einfach Stil, nicht nur in Sachen Architektur: Man kann hier auch in stylishen Läden shoppen und lecker essen.

Die Allgegenwart von Grünflächen und Wasser vermitteln ein Gefühl extremer Naturverbundenheit und, last but not least, gibt es hier fantastische Hostels. Kopenhagen hat so viel zu bieten – und dank meiner eigenen Erfahrungen und der Empfehlungen meiner Freunde aus der Hostelszene habe ich jede Menge Tipps parat.

Kulinarisches

Für mich gibt es nichts Dänischeres als das bescheidene Smørrebrød, eine Scheibe gebutterten Roggenbrots mit Belag. Bei Domhusets Smørrebrød lassen sich mit die besten der Stadt probieren. Mein Favorit ist das Stjerneskud mit Ei, Shrimps, Kaviar, einer Kartoffel mit einem Klecks Mayonnaise und frittierten Zwiebeln.

Die Torvehallerne ist ein Wunderland mit über 60 Essensständen, die alles von Gourmetschokolade bis hin zu regionalem Biogemüse anbieten. Wer am „Sparkling Wednesday" hingeht, kann zu fairen Preisen gute Schwaumweine testen.

Kødbyen – oder Vesterbros „Meatpacking District" – gehört zu Kopenhagens beliebtesten Ausgehvierteln und das nicht nur wegen Tommi's Burger Joint, einem Import aus Reykjavík. Hier warten Qualitätsburger und dünn geschnittene Pommes, die in eine große Auswahl von würzigen und scharfen Saucen getunkt werden können, dazu gibt es leckere Milchshakes und Craft-Biere. Und all dies wird mit einer großzügigen Portion isländischem Flair serviert. Wer auf ein Abendessen der besonderen Art aus ist, dem lege ich das Hanzo ans Herz, das zur Madklubben-Restaurantkette gehört. Der kulinarische Fokus liegt hier auf Japan, Thailand, China und Vietnam, aber ab und zu lassen sich die Küchenchefs →

Rundetaarn
operaen på HOLMEN
ESCOBAR
Torvehallerne
NYHAVN
TIVOLI gardens
culture BOX
STRØGET
CHRISTIANSHAVN badudlejning og cafe
FREETOWN christiania
Hanzo
CHRISTIANSBORG slot

auch von der laotischen und kambodschanischen Küche inspirieren. Besonders zu empfehlen ist die Hanzo Experience: hier bekommt man 13 ausgewählte Gerichte.

Bars

Wer sich gut benimmt, darf in Dänemark auch auf der Straße trinken. Man besorgt sich einfach ein Getränk, sucht sich ein hübsches Plätzchen, zum Beispiel am Nyhavn (Neuer Hafen) und genießt die Gesellschaft seiner Freunde, während man die anderen Leute beobachtet.

In der Blågårdsgade, einer meiner Lieblingsstraßen, herrscht dank der Kellerbars und der vielen Leute, die draußen sitzen, eine gesellige Atmosphäre. Rock- und Metalfans zieht es in die Escobar, in der man günstige Whiskeys und Biere bekommt und sich an der schrulligen Einrichtung, wie zum Beispiel den Lampenschirmen aus riesigen Baked-Beans-Dosen, erfreuen kann. Das richtige *hygge*-Gefühl stellt sich im Det Ny Scala ein, einer gemütlichen Bar auf der Ravnsborggade, die bei den Einheimischen beliebt ist und preisgünstige Gin Tonics auf der Karte hat. Schön beschließen lässt sich der Abend im Bevar's bei einem Kaffee oder Bier und exzellenter Livemusik von Jazz bis Swing.

> »Ich empfehle unbedingt ein Kneipenhopping durch die alten Bodegas. Am besten, man startet in der Palæ Dar, zieht dann weiter in die Do-Di Dar und fragt dort die anderen Gäste, wo es als Nächstes hingehen soll. Von da an nimmt das Schicksal seinen Lauf …«

CHRISTOPHER ALM
– Generator Kopenhagen

Ausgehen

In den Bars Generator Copenhagen, Steel House Copenhagen und Urban House Meininger bekommt man die günstigsten Getränke der Stadt und die regelmäßig stattfindenden Veranstaltungen sind auch von den Einheimischen gut besucht.

Wer es ganz genau wissen will, kann so richtig in die Partyszene der Stadt eintauchen. Die Culture Box ist perfekt für Elektrofreunde, das Rust bietet Liveacts, R&B und poplastige Clubnächte, die Jolene Bar, mit ihrem Shabby-Chic-Style, ist ebenfalls sehr beliebt bei den Einheimischen, genauso wie der Nachtclub KB3, in dem man hauptsächlich Elektro, aber auch alle anderen Musikrichtungen zu hören bekommt. Wem nichts davon zusagt, der kann eine der zahlreichen *brown bars* aufsuchen und sich vor dem Schlafengehen ein Bier genehmigen.

Flanieren

Ich schlendere besonders gern durch die Straßen parallel zur Strøget-Einkaufsstraße. Die kleinen Pop-up-Cafés, individuellen Geschäfte und Restaurants, vermitteln einem das Gefühl, das echte Kopenhagen kennenzulernen.

> »Die Kopenhagener gehen gern morgens und abends an den zahlreichen Seen der Stadt spazieren und in lauen Nächten kann man mit den jungen Einheimischen auf der Dronning Louises Dro (Königin-Louise-Brücke) sitzen. Sehr schön ist es auch im Amager Strandpark, im Orstedsparken, im Kongens Have (Königsgarten) und im Frederiksberg Have.«

JEP FRIIS EGEFJORD
– Steel House Kopenhagen

Herumkommen

Kopenhagen ist mit seinen Radwegen, die es an fast jeder Straße gibt, eine regelrechte Fahrradstadt. Alle drei hier vorgestellten Hostels haben Leihräder im Hinterhof stehen. Trotzdem rate ich dazu, die Stadt auch zu Fuß zu erkunden. Idealerweise packt man einen kleinen Rucksack und lässt sich viel Zeit dabei, die kleinen Schätze der Stadt zu entdecken und alles aufzusaugen, was Kopenhagen zu bieten hat – schließlich ist dies eine der lebendigsten Hauptstädte Europas.

Auch eine schöne Art, die Stadt zu erkunden, ist eine Bootstour durch die idyllischen Kanäle. Die Rundfahrten dauern eine Stunde und führen an den wichtigsten Sehenswürdigkeiten vorbei: an Schloss Christiansborg, Christianshavn, der Königlichen Bibliothek, der Oper, Schloss Amalienborg und der Kleinen Meerjungfrau.

Orte zum Entspannen

Ich gehe wahnsinnig gern in die Ny Carlsberg Glyptotek und sehe mir die wunderbaren Skulpturen von Auguste Rodin an – es ist die →

Eine schöne Art, Kopenhagen zu erkunden, ist eine Bootstour durch die idyllischen Kanäle. Die Rundfahrten führen an den wichtigsten Plätzen der Stadt vorbei.

größte Sammlung außerhalb Frankreichs. Das Museum hat auch einen schönen Dachgarten mit einer fantastischen Aussicht über die Stadt sowie ein ausgezeichnetes Café im Wintergarten. Dienstags ist der Eintritt frei!

Wunderbar am Wasser entspannen kann man am Skuespilhuset, dem Königlichen Schauspielhaus. Aber auch die Promenade von Islands Brygge, der Botanische Garten, die Sauna und die Außen-Whirlpools in Refshaleøen sind im Sommer einen Besuch wert.

»Bei seinen Streifzügen durch die Stadt kann man ruhig auch mal in die höchsten Hotels spazieren und fragen, ob man für seinen Blog ein Foto von der Dachterrasse schießen darf. Wer es probiert, wird überrascht sein, wie viele ›Ja‹ sagen. Und das ganz umsonst!«

JEP FRIIS EGEFJORD
– Steel House Kopenhagen

Versteckte Orte

In Christianshavn kann man wunderbar Zeit verbringen. Das Viertel im Herzen der Stadt mit seinen zahlreichen Kanälen gehört für mich zu den interessantesten von ganz Kopenhagen. Hier befindet sich auch die alternative Wohnsiedlung Freistadt Christiania und die beliebte Markthalle Reffen – Copenhagen Street Food.

»Mein Geheimtipp ist Christianshavns Bådudlejning og Café, ein Bootsverleih und schwimmendes Café auf dem Kanal, in dem man immer ein paar Stunden Sonne tanken kann. Diese Location ist das Nonplusultra.«

CHRISTOPHER ALM
– Generator Kopenhagen

Auch sehr schön ist der Damhussøen, ein See im Westen der Stadt. Mit seinen Fußball-, Grill- und Naturspielplätzen sowie einer gut markierten Wander- und Laufstrecke ist dies der perfekte Zufluchtsort, wenn einem das hektische Großstadttreiben zu viel wird.

Aussichtspunkte

Im Sommer erklimme ich am Liebsten die Stufen zur grünen Kuppel der Ehrfurcht gebietenden Marmorkirche, um die Aussicht über die Stadt zu genießen. Ebenso empfehlen kann ich den Blick vom Rundetårn, einem Rundturm aus dem 17. Jahrhundert, in dem sich das älteste funktionsfähige Observatorium Europas befindet.

Steel House

Industriedesign trifft nordische Hygge

In Kopenhagens hippster Gegend Vesterbro gelegen, wurde im Sommer 2017 das stilvolle Designhostel – mit eigenem Fitnessstudio und Pool – in dem unverkennbaren, stahlgepanzerten Gebäude eröffnet, das früher der dänischen Metallgewerkschaft gehörte. Der englische Designer Mike Dunclaf bleibt diesen Wurzeln treu und verleiht den 253 Räumen einen Industriechic mittels rauer Bauelemente, geschmeidiger Oberflächenstruktur und rustikalem Interieur. Die schmiedeeisernen Säulen, freigelegten Rohre, Beton und Backstein erinnern an moderne Industrielofts in New York. Dank der offenen Architektur gibt es viele Gemeinschaftsräume: von der geräumigen Lounge mit Hartholzböden und ledernen Chesterfield Sofas bis hin zum Spieleraum, wo man sich im Shuffleboard probieren oder ein Bier an der Bar trinken kann.

Im Keller treten lokale Bands auf und es werden fantastische Karaoke-Nächte veranstaltet. In Fußnähe befinden sich verschiedene Bars und Clubs und die Gäste des Steel House genießen freien Eintritt im legendären Nachtclub RUST.

Dieses Hostel ist sehr stolz darauf, dass sich die Gäste behaglich fühlen und *hyggelig* – wie zu Hause. Von sechs bis elf Uhr bietet das Hostel ein Grab 'n' Go-Frühstück an, ein Paket inklusive Tee oder Fairtrade Kaffee. Die Gäste können die Hostel-App herunterladen und damit online einchecken, den Schlüssel bekommen sie direkt auf ihr Handy geschickt, so dass sie bei ihrer Ankunft geradewegs zu →

Good to know

PREIS
€€€€€
AUSSTATTUNG
WLAN; Bar; Pool; Fitnesstudio; Kino; Küche, Lounge; Spieleraum; Fernsehraum; Wascheinrichtung; Fahrradverleih. Frühstück nicht inbegriffen.

Tipp: Das Steel House liegt nur fünf Gehminuten entfernt vom Vergnügungspark Tivoli, vom Rathaus und von der berühmten Einkaufszone Stroget. Das Hostel bietet auch einen Fahrradverleih für seine Gäste an.

Steel House Copenhagen ist sehr stolz auf seine warme und freundliche Atmosphäre, und dass sich die Gäste des Hostels *byggelig* fühlen — wie zu Hause.

ihrem Zimmer gehen können. Sowohl die Mitarbeiter als auch die Einrichtung schaffen eine warme und freundliche Atmosphäre, in der sich die Gäste wohl fühlen.

Man kann die luxuriösen Sechs- oder Vierbettzimmer wählen, die Schlafkabinen sind jeweils mit Steckdose, Leselampe und persönlichem Schließfach ausgestattet. Für mehr Privatsphäre gibt es Einzel- wie Doppelzimmer mit eigenem Bad und mit oder ohne eigener Terrasse. Alle Hostelzimmer im Steel House haben Bettwäsche und Handtücher inklusive. Das Hostel liegt nur fünf Gehminuten entfernt vom Vergnügungs- und Erholungspark Tivoli, Rathaus und von der berühmten Fußgänger- und Einkaufszone Strøget. Der Fahrradverleih im Hostel bietet den Gästen die perfekte Möglichkeit die Stadt wie ein echter Kopenhagener zu erleben. Jeden Tag werden kostenlose Stadtführungen für alle Gäste angeboten, die Kopenhagen zu Fuß erkunden wollen.

Müde vom Sightseeing oder nach einer langen Nacht? Man kann einfach im Hostel bleiben und im hauseigenen Kino kostenlos einen Film schauen oder eine Netflix-Serie. Für alle Aktiven wird am Morgen gemeinsames Joggen angeboten und verschiedene kostenlose Yogakurse. Oder man kann im top ausgestatteten Fitnessstudio trainieren und ein paar Bahnen im Hostelpool schwimmen. Die geräumige Gemeinschaftsküche ist die ultimative Hostelküche, wo sich die Gäste treffen können.

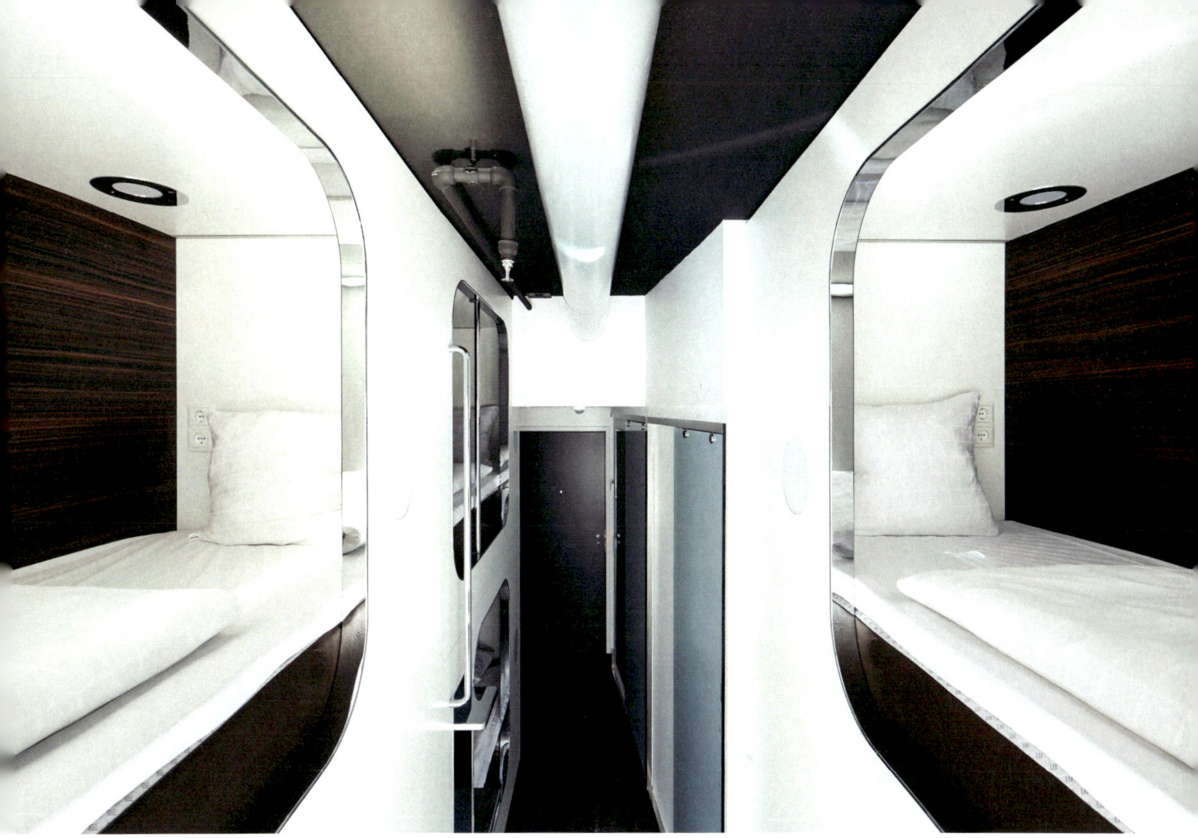

CHAMPION
CHAMPION
1
2
3
4
1
2
3
4
1
2
3

GYM

Generator Stockholm

Pop Art in industriellem Ambiente

Seit seiner Eröffnung 2016 ergänzt das Generator Stockholm elegant das Portfolio dieser europaweiten Hostelkette. In vielen Dingen wie dem preiswerten Luxus und großartigen sozialen Kontakten gleicht das Generator Stockholm seinen europäischen Geschwistern, aber dennoch hat es seinen ganz eigenen Charakter.

Das Gebäude befindet sich im Technologie-Hub der Torsgatan 10, zwischen den Stadtteilen Norrmalm und Vasastaden. Die Lage ist ideal für Shopping, Museumsbesuche oder um abends auszugehen und auch der Hauptbahnhof liegt nur fünf Fußminuten entfernt.

Im ganzen Hostel wecken Kunst und Design Interesse und Begeisterung. Die Lounge ist mit ihrem industriellen Flair minimalistisch gehalten. Ein skurriler Druck zieht, als Kontrast dazu, die Aufmerksamkeit auf die Wände und Lampen hängen vor den freigelegten Ziegeln. Die Atmosphäre ist trendy und gemütlich zugleich. Eine Lichtinstallation und ein Tisch im ersten Stock runden das Ganze ab. Ein begehbarer Safe wurde zum Tattoostudio ungewandelt und Vintage-Stücke wie altmodische Spiel- und Flipperautomaten lassen die Bar traditionell erscheinen.

Das Restaurant Hilma im Generator Stockholm ist eine aufregende Ergänzung zur kulinarischen Szene der Stadt. Hier treffen Gäste des Hostels auf Einheimische und klassisches skandinavisches Design auf zeitgenössisches. Das schwedische Architekturbüro Tengbom entwarf die Bar Hilma, die sehr stark von der schwedischen Malerin und Mystikerin Hilma af Klint inspiriert ist, einer Pionierin der abstrakten Malerei im 19. Jahrhundert. Die bunten Böden, Kunstinstallationen und Wandgemälde von Jacob Erixson sind ebenfalls sehenswert.

Good to know

PREIS
€ € € € €
AUSSTATTUNG
WLAN; 24-Stunden-Rezeption; Frauenschlafsäle; Reiseladen; Bar; Café; Entspannungsbereiche; Restaurant; Konferenzräume; Fahrradvermietung; Waschküche; Gepäcklagerung; Raum für Events.

Tipp: Küchenchef im hosteleigenen Restaurant Hilma ist der bekannte Luke Thomas, der neben internationaler Küche auch traditionelle schwedische Küche serviert.

Dream Hostel & Hotel

Natur und Gelassenheit fürs kleine Budget

Das Dream Hostel verströmt die wunderbar gelassene Atmosphäre des Nordens. Das frisch renovierte Hostel findet sich in einem alten Industriegebäude in Tamperes belebtem Viertel Tulli, etwa zehn Gehminuten vom Hauptbahnhof entfernt.

Das Univiertel ist der Mittelpunkt von Tamperes Nachtleben: hippe Bars, Restaurants, ein Freiluftmarkt, Secondhand-Läden und ein Supermarkt sind nur einen Steinwurf entfernt. Außerdem finden sich einige bekannte Sehenswürdigkeiten – darunter das berühmte Mumin-Museum – in der Nähe.

Das Dream Hostel und Hotel ist nicht so betriebsam wie die meisten Hostels, sondern eher eine ruhige, doch gesellige Unterkunft. Hier kann man entspannen und Leute treffen. Dieses Hostel-Hotel ist eine willkommene Ergänzung zu den finnischen Unterkünften, die der Backpacker-Gemeinde etwas zu verschlafen erschienen. Es gab einfach keine erstklassigen Hostels in Finnland, bis das Dream Hostel eröffnete. Jetzt setzt es unter dem Motto „mal etwas anderes" – ein Slogan, der genauso auf ganz Tampere zutrifft – die Messlatte sehr hoch und entwickelt sich ständig weiter.

Der Charakter des Gebäudes (von vielen industriellen Vorgängern geprägt) wurde bewahrt, gleichzeitig hat man es zu einem offenen, geräumigen und luftigen Hostel umgewandelt. Die Gemeinschaftsräume erhielten strahlend weiße Wände mit grauen, kühlblauen und grünen Akzenten. Die offenen Gemeinschaftsbereiche sind bequem und funktional möbliert. Natürliche Materialien fanden im ganzen Hostel Verwendung: Das Holz stammt aus der Region und die Teppichböden sind aus Sisal. Die schöne Küche – in der ein üppiges Frühstück →

Good to know

PREIS
€ € € € €
AUSSTATTUNG
Selbstversorgerküche; kostenloses WLAN; Bücher und Spiele; Airport-Shuttle-Service; Restaurant; Gastropub; öffentliche Sauna; Arbeitsplätze; Konferenzräume; Gemeinschaftsräume; Vollpension möglich; kostenloses Popcorn am Freitag oder bei Regen.

Tipp: Die echte Finnlanderfahrung ist mit dem Besuch der brandneuen öffentlichen Hostel-Hotel-Sauna komplett.

Das *Dream Hostel & Hotel* ist eine ruhige, doch gesellige Unterkunft.

serviert wird – ist das Herz des Hostels und ein toller Ort, um andere Reisende zu treffen.

Egal, welches Budget oder welchen Reisestil man hat – hier gibt es für jeden das passende Zimmer. Die geräumigen Mehrbettzimmer sind mit Klimaanlage ausgestattet und die Betten stehen in angenehmem Abstand. An den robusten Betten sind dezente Leselampen und Steckdosen angebracht. Große, schwere Türen und dicke Wände sorgen in den Räumen für entspannende Stille.

Im Hotelbereich gibt es 20 ruhige, mit viel Holz eingerichtete Zimmer und einem tollen Bad. Der vertikale Garten, die Topfpflanzen in den Fluren und der Duft von Holz erwecken den Eindruck, im Wald zu sein.

Der perfekte Mix von Designhostel und Gastropub macht das Dream Hostel zu einem wahrhaft traumhaften Ort.

The Yard

Eklektisches Design im Herzen Helsinkis

In den Wänden einer wahren Ikone im Herzen Helsinkis hat The Yard eine Heimat gefunden. Das Gebäude ist aus dem Jahr 1912, wurde mit finnischem Handwerk modernisiert und mit lokaler Kunst dekoriert.

„Obwohl The Yard nagelneu ist, setzen wir auf traditionelle Werte: Wir heißen Reisende willkommen und behandeln sie so, wie wir unterwegs behandelt werden möchten. Unser Ziel ist, dass man sich bei uns wie zu Hause fühlt!", so Eigentümerin Lina. Gastfreundschaft steht hier an allererster Stelle. Die Mitarbeiter sind enthusiastisch, voller Wissen und Liebe zur Stadt. Sie sind immer bereit ihren Enthusiasmus für die Stadt mit den Gästen zu teilen und geben wichtige Tipps, um sich pudelwohl zu fühlen.

Bei elf wunderschönen Räumen kann der Gast ein schickes Privatzimmer oder ein Bett im gemütlichen Schlafsaal buchen. Das aufregendste Feature dieses Hostels ist aber die Lounge – voller finnischer Designobjekte wie Möbel von lokalen Herstellern und einer Decke mit bunten LEDs. Gemütliche Details wie Topfpflanzen, Sitzsäcke und ein großer Flachbildfernseher (mit Playstation und Netflix) machen sie heimelig. Außerdem gibt es Bücher aus der ganzen Welt, um an einem Regentag abzutauchen. Die Küche ist voll ausgestattet zum Selberkochen und das ausgiebige Frühstück ist im Preis inbegriffen. Kaffee und Tee stehen immer kostenlos zur Verfügung. Mit The Yard als gemütlicher Basis lassen sich die besten Seiten Helsinkis ganz entspannt erkunden: von der Kneipenkultur in Kallio ins schicke Viertel Punavuori oder in der Natur und den Stadtparks.

Good to know

PREIS
€€€€€
AUSSTATTUNG
Bettwäsche; Rezeption 24 Stunden besetzt; Möglichkeit zur Selbstverpflegung; Kaffee und Tee kostenlos; Schließfächer (Schlösser kostenfrei erhältlich); Adapter erhältlich; kostenlose Lieferung für Bestellungen bei Wolt; kostenlose Walking Tours. Frühstück inbegriffen.

Tipp: Am Besten lässt sich Helsinki zu Fuß oder mit dem Fahrrad erkunden. Direkt ums Eck von The Yard gibt es einen Fahrradverleih.

Hektor Design Hostel

Wohnen im kreativen Zentrum Tartus

Durch die Kombination aus traditionellem Hostel zu günstigen Preisen für Geschäftsreisende und Backpacker gleichermaßen und minimalistischem, aber funktionalem Design ist das Hektor Design Hostel in Estland und dem ganzen Baltikum wirklich revolutionär.

Es befindet sich auf einer ehemaligen Gewerbefläche aus den 1950er-Jahren. KAMP Arhitektid verwandelte das Bürogebäude in einladenden und praktischen Wohnraum, wo so viel wie möglich von der Struktur erhalten blieb und man sich mithilfe schwarz-weißer Grafiken zurechtfindet.

Das 2016 eröffnete Hostel hat 112 Zimmer – das ist riesig für lokale Standards. Im beeindruckenden Angebot enthalten: ein sehr gutes Café in der Lobby, Bibliothek, Gästeküchen, Fitnessraum mit Jacuzzi, Wäsche- und Bügelraum sowie ein Konferenzraum, der auch als Kino für Unternehmensevents genutzt werden kann. Die Zimmer sind modern und raffiniert mit naturbelassenem Holz und unaufdringlichen Farben eingerichtet. Sie haben hochwertige und bequeme Betten, Kochnischen und eigene Badezimmer. Kreative Designbeiträge lieferten lokale Künstler, Architekten und Handwerker. Viele Grafik- und Innenelemente stammen von Martin Eelma von Tuumik Graphic Design und die maßgefertigten Möbel kommen von verschiedenen unabhängigen Herstellern.
Die Zimmer sind mit Kunst von →

Good to know

PREIS
€€€€€
AUSSTATTUNG
Café; Frühstücksbüfett; Seminarraum; Sauna; Fitnessraum; Yogaraum; Bibliothek; Lounge; Waschküche; Selbstversorgung im Gemeinschaftsraum möglich; Fahrradvermietung.

Tipp: Das Hostel liegt neben Aparaaditehas, einem ehemaligen Fabrikgelände, das nun ein kultureller Hotspot ist. Hier gibt es Design Stores, trendige Restaurants und das Estonian Print & Paper Museum.

Hektor ist ein einzigartiges Hostel, das Gastfreundlichkeit und Design zu fairen Preisen bietet.

Ahti Sepsivart dekoriert und im Keller durften sich Multistab mit ihrer Streetart verewigen.

Das Hektor Design Hostel hat eine rund um die Uhr besetzte Rezeption, kostenloses WLAN und verschiedene Angebote wie Café, Frühstücksbüfett, Zugang zu Fitnessraum und Sauna, Seminarraum, Waschküche und Fahrradvermietung. Geschäftliche Meetings können in der Bibliothek abgehalten werden und in der Lounge wird gekickert. Auf dem Hof finden im Sommer Partys und Konzerte statt.

Das Hostel liegt neben Aparaaditehas, einem ehemaligen Fabrikgelände, das nun ein kultureller und kreativer Hotspot ist: Hier gibt es Design Stores, trendige Restaurants und das Estonian Print & Paper Museum. Viele der Kreativen von Aparaaditehas waren am Design des Hostels beteiligt.

HEKTOR CAFE

Hektor

Hostel Café Koti

Ein nordischer Traum zum Traumpreis

Das Hostel Café Koti liegt an der Grenze zum wilden Norden: in Rovaniemi, der Hauptstadt Lapplands. Die wunderschöne Natur Skandinaviens schätzten die zwei Freunde Antii und Tuulia so sehr, dass sie ein Hostel und Café in ihrer Heimatstadt eröffneten. Die Vision: ein moderner Ort, an dem Menschen übernachten und essen können, mit natürlichen Materialien und gesundem Essen. Ein altes Bankgebäude verwandelten sie in ihren zeitgenössischen Traum: Hostel Café Koti. Doch auch heute sind Elemente des ursprünglichen Gebäudezwecks im Design erkennbar.

Hier ist alles unkompliziert und einladend. Alle Räume sind wunderbar gestaltet, das Design ist minimalistisch, elegant und setzt hauptsächlich auf eine schwarz-weiße Farbpalette. Angeboten werden Standard- oder Superior-Zweibettzimmer, Dreibett- und Familienzimmer (Kinderbett auf Anfrage) sowie Frauen- und gemischte Schlafsäle. Alle Zimmer haben eigene Badezimmer und weiche, bequeme Matratzen.

Es werden viele unterschiedliche Ausflugsziele und thematische Touren angeboten und zählen zu den Highlights des Aufenthalts. Das Frühstück ist einfach, aber ausreichend und alle Zutaten stammen aus der Umgebung. Die Gäste bekommen Porridge, Naturjoghurt, Brot und Marmelade aus eigener Herstellung, gekochte Eier und noch mehr. Es gibt eine wechselnde Tagessuppe, die stets mit hausgemachtem Sauerteigbrot, Salat und einer Tasse Tee oder Biokaffee serviert wird. Die Salate lassen das Wasser im Munde zusammenlaufen: Rote Bete und Ziegenkäse oder Lachs und Fenchel. Das Café bietet außerdem verschiedene Cocktails, Bioweine und lokale Biere an.

Good to know

PREIS
€€€€€

AUSSTATTUNG
Café; Bar; Restaurant; Sauna; Jacuzzi; Dachterrasse (im Sommer).

Tipp: Es gibt verschiedene Touren, die den Aufenthalt in Rovaniemi zu einem unvergesslichen Erlebnis werden lassen. Zu den Highlights zählen Mountainbike-Touren im finnischen Teil Lapplands.

7 Fells Hostel

Good to know

PREIS
€€€€€
AUSSTATTUNG
Bettwäsche; voll ausgestattete Gemeinschaftsküche; gemütliche Lounge mit Kamin; Sauna; Studioapartments; Berghütte.

Tipp: Nach einem langen Tag in der schönen Natur kann man in der Gemeinschaftssauna schwitzen oder in der Lounge gemeinsam am Kamin ausruhen.

Dieses neue Biohostel im schönen Ylläs eröffnet Backpackern das finnische Lappland. Von einem Reisenden im Ruhestand geführt, ist das *7 Fells* der perfekte Ort, eine Pause zu machen und in die Natur einzutauchen. Sumpfbrombeeren pflücken, mit dem Fahrrad in der Mitternachtssonne um den nahe gelegenen Äkäslompolosee fahren, im Winter direkt aus dem Hostelbett die Nordlichter bewundern – dieses Hostel bietet Erfahrungen der besonderen Art.

Dank der unmittelbaren Nachbarschaft zum Skigebiet Ylläs kann man im Winter direkt am Hostel mit Skiern starten und im Sommer hier eine Wanderung beginnen. Nach einem langen Tag in der schönen Natur können sich die Gäste in einer Gemeinschaftssauna verjüngen oder in der Lounge gemeinsam am Kamin ausruhen. Gäste können zwischen sehr preiswerten Vier- oder Sechsbettzimmern, Doppelzimmern mit Bad oder Studioapartments wählen. Die Secondhandmöbel und wiederverwerteten Stücke geben jedem Zimmer eine persönliche Note.

Wombat's City Hostel

Dieses Hostel bringt Geselligkeit mit Ruhe und Entspannung in Einklang. Die Gäste profitieren von der exzellenten Lage des Hostels: genau neben dem Hauptbahnhof und in Fußnähe zur Altstadt und Theresienwiese (falls man im Herbst anreist und das Oktoberfest besuchen mag).

Das Highlight des Hostels ist der klimatisierte Innenhof unter einem Glasdach. Er ist übersät mit Topfpflanzen, es gibt viele Sitzsäcke und Liegestühle, das macht das Rumhängen mit den anderen Gästen sehr gemütlich. Die Gäste erhalten ein Willkommensgetränk und Bettwäsche und Stadtpläne sind ebenfalls kostenlos. Für 3,90 Euro bekommt man ein leckeres Frühstück. Die Mehrbettzimmer sind in leuchtenden Farben gestrichen und geräumig. Alle Räume sind mit eigenem Bad ausgestattet und die Doppelzimmer haben eine eigene Terrasse. Der ideale Ort, um andere Gäste zu treffen und den Abend in München zu beginnen, ist die Bar im Hostel, Happy Hour ist hier gewöhnlich von 18 bis 20 Uhr. Für alle Tagesaktivitäten ist die Lage ebenfalls sehr gut: Eine Vielzahl von Sehenswürdigkeiten können zu Fuß oder mit der Bahn erreicht werden. Die dreistündige Stadtführung zu Fuß, die das Hostel gemeinsam mit Gordon's Tours veranstaltet, ist sehr zu empfehlen.

Good to know

PREIS
€€€€€

AUSSTATTUNG
Kostenloses WLAN; alle Zimmer mit eigenem Bad; Selbstversorgerküche; gemütliche Gemeinschaftsbereiche; Mehrbettzimmer mit Balkon; Billardtisch; Bar; Parkplätze gegen Gebühr.

Tipp: Das Wombat's in München ist eine Top-Wahl für alle die zum Oktoberfest möchten. Das Hostel liegt nämlich nicht weit entfernt vom Festgelände.

Reykjavík: Superklein aber oho

Ob in Thermalbädern, gemütlichen Restaurants oder Bars – Reykjavík lädt zum Entspannen und Feiern ein.

Reykjavík ist für viele nicht mehr als ein Ausgangspunkt für eine Reise durch Island. Dabei hat die Stadt mehr als genug zu bieten. Hier einige meiner Empfehlungen für alle, die ein paar Tage in Europas nördlichster Hauptstadt eingeplant haben.

Kulinarisches

Die Kette Bæjarins Beztu Pylsur (zu Deutsch: die besten Würstchen der Stadt) versorgt mit ihren überall in Reykjavík verteilten Ständen seit mehr als 50 Jahren hungrige Einheimische und Touristen mit so hervorragenden Hotdogs, dass sie vom *Guardian* einmal als die besten Europas bezeichnet wurden. Hotdogs gelten als Islands Nationalgericht und wurden schon von vielen Berühmtheiten mit einem hochgereckten Daumen bedacht, so von Bill Clinton und dem US-amerikanischen Starkoch Anthony Bourdain. Wer „einen mit allem" bestellt (*eina með öllu*), bekommt sämtliche Beilagen dazu, sprich Ketchup, süßen Senf, gebratene sowie rohe Zwiebeln und Remoulade.

Der Sægreifinn (Seebaron) ist ein Restaurant am Hafen, das für sich in Anspruch nimmt, die beste Hummersuppe der Welt zu servieren. Es ist in einer alten, grünen Fischerhütte untergebracht, in der man sich mit ebenjener Suppe und frisch gegrillten Meeresfrüchtespießen verwöhnen lassen kann.

Die Noodle Station ist ein spartanisches Lokal in der Einkaufsstraße Skólavörðustígur, das drei Nudelsuppen zur Auswahl hat: mit Rind, mit Hühnchen und vegetarisch. Die aromatisch-scharfen Suppen mit starker Sternanis- und Zitronengrasnote sind eine schnelle und günstige Alternative für hungrige Reisende. Und wer nachts noch einmal Appetit bekommt, kann sich →

MOUNT Esja
GROTTA
Sægreifinn
Bæjarins beztu pylsur
Gaukurinn
Harpa
SKULI CRAFT Bar
Solfar
HALLGRIMSKIRKJA
KAFFI VINYL
SUNDHÖLLIN
Perlan

schnell ein köstlich-fettiges Sandwich bei Nonnabiti holen, auch liebevoll Nonni genannt.

Bars

Das Kaffi Vínyl ist eine nette, entspannte Location für einen Kaffee und ein paar Snacks, in der auch Vegetarier und Veganer auf ihre Kosten kommen. Zum Café gehört ein Schallplattenladen mit einer schönen Auswahl an elektronischer und klassischer Musik neben heißgeliebten Oldies.

Hat man vor, den nordwestlichsten Punkt Reykjavíks aufzusuchen und den Grótta-Leuchtturm zu besichtigen, sollte man sich seine eigenen Getränke mitbringen. Von hier aus überblickt man an klaren Tagen den kompletten Faxaflói (so der Name der Bucht) bis hin zum Esja und sogar zum Gletscher Snæfellsjökull. Dabei kann man die Füße in das geothermale Wasser des Fußbades tauchen, das in einen Felsen am Strand gehauen wurde und sich danach ein Bier im Saemundur í Sparifötunum genehmigen, einem Gastropub im KEX Hostel. Das zentral gelegene Hostel legt großen Wert auf Livemusik und ist ein beliebter Treffpunkt für Einheimische und Touristen.

Ausgehen

Wer Lust auf Livemusik, Karaoke, Stand-up-Comedy, Screenings von Kultfilmen und Drag-Shows hat, sollte auf jeden Fall ins Gaukurinn gehen (Happy Hour täglich von 14 bis 21 Uhr). Das Húrra gleich auf derselben Straße lädt zu einem weiteren Boxenstopp ein: Fans alternativer Musik bekommen hier alles von Jazzkonzerten bis hin zu Abstract Electronic Music geboten. Der Nachtclub Paloma lockt Hipster auf seinen Dachboden im Wikinger-Style (samt Wikingerschiff-Bar) und betört sie mit einem unberechenbaren Mix aus Konzerten isländischer Alternative-Bands und DJs, die alles von Elektro, Techno, Reggae und Pop bis hin zu dunkelstem Deep House spielen. Zu guter Letzt sollte man unbedingt noch der Boheme-Bar Kaffibarinn einen Besuch abstatten, deren Miteigentümer der Musiker Damon Albarn ist und die auch im Film *101 Reykjavík* auftaucht.

Flanieren

Wer durch Rauðhólar (die „roten Hügel") oder das Naturreservat Heiðmörk wandern möchte, kann im Zentrum einen der Busse nehmen oder eine ausgedehnte Fahrradtour dorthin machen.

Reykjavík selbst ist recht klein und lässt sich gut zu Fuß erkunden. Man kann sehr schön am Hafen entlangspazieren und wer einer der Hauptachsen folgt, der Sæbraut, beginnt (oder beendet) seinen Spaziergang an einem der repräsentativsten Wahrzeichen der Stadt, dem Konzerthaus Harpa. Ein Stückchen weiter kann man die Skulptur Solfár (Sonnenfahrt) besichtigen. An klaren Tagen hat man von hier eine ungehinderte Sicht auf die Inseln Engey and Viðey und mit etwas Glück sogar auf den Stratovulkan Snæfellsjökull.

Im zentrumsnahen Stadtbezirk Laugardalur (Tal der heißen Quellen) lässt es sich ebenfalls sehr schön spazieren. Auf dem Gelände des Sport- und Erholungszentrums gibt es zahlreiche befestigte Wege, die zu den verschiedenen Sportplätzen führen, einen botanischen Garten, Campingplätze sowie einen Streichelzoo. →

Die Isländer lesen und schreiben unheimlich gern. Das *Nexus* ist der perfekte Ort, um die innige Liebe der Isländer zu ihren Büchern hautnah zu erleben.

Orte zum Entspannen

Unbedingt zu empfehlen ist ein Besuch des Thermalfreibads Bláa Lónið (Blaue Lagune). Ja, das ist ein typischer Reiseführertipp, aber es lohnt sich wirklich. Man sollte versuchen, noch vor dem ersten Ansturm da zu sein, aber selbst danach noch garantiere ich ein entspannendes und absolut einzigartiges Erlebnis. Oder man macht es wie die Einheimischen und geht in eines der vielen öffentlichen Schwimmbäder Reykjavíks. Die Eintrittspreise variieren, teils zahlt man aber nicht mehr als 2 €. In den meisten anderen Ländern gehen die Leute ins Schwimmbad, um zu schwimmen, doch in Island kommt man vor allem her, um zu relaxen und Freunde zu treffen. Das kürzlich renovierte Sundhöllin im Zentrum soll besonders schön sein.

Aussichtspunkte

Ein Besuch der Hallgrímskirkja, einer 74,5 Meter hohen, raketenförmigen Kirche, die sich auf dem Skólavörðuhæð-Hügel in der Innenstadt befindet, lohnt sich sehr. Der Turm von Islands größter Kirche bietet einen fantastischen Rundblick über die Stadt und die kleinen, bunten Häuser in 101, wie das Zentrum meist von den Einheimischen genannt wird.

Eine Tageswanderung auf den Esja (914 Meter über dem Meeresspiegel) belohnt ebenfalls mit einem spektakulären Blick über Reykjavík, die Gemeinde Mosfellsbær und die umliegende Landschaft.

Wer Islands felsige, mystische Landschaft mal aus einer anderen Perspektive erleben möchte, dem empfehle ich einen Reitausflug auf den wundervollen Islandpferden von Íshestar. Die Touren in die Umgebung von Reykjavík dauern zwischen einer und fünf Stunden, teilnehmen können sowohl Anfänger als auch Fortgeschrittene.

Versteckte Orte

Mein Geheimtipp ist das Haus des berühmten Filmemachers Hrafn Gunnlaugsson, ein dreistöckiges Gebäude, das aus rostigen Metallteilen und Gerümpel besteht und wie eine unfertige Skulptur aussieht. Mit etwas Glück heißt einen Gunnlaugsson persönlich willkommen und führt einen herum.

Die Isländer lesen und schreiben unheimlich gern. Tatsächlich veröffentlicht jeder zehnte Isländer irgendwann mal in seinem Leben ein Buch. Das Nexus ist der perfekte Ort, um die innige Liebe der Isländer zu ihren Büchern hautnah zu erleben. Der Comicbuchladen hat von Brettspielen bis hin zu anderen lebenswichtigen Dingen wie Büchern und Spielzeug von allem etwas.

KEX Hostel

Von der Keksfabrik zum Designhostel

Mit seiner Lobby, die an eine Retro-Hipster-Lounge erinnert, gehört das Kex Hostel zu den schicksten Hostels in Europa – und könnte genausogut in einem Interior Magazine zu finden sein.

Kex (isländisch für Keks) liegt in einer ehemaligen Keksfabrik im Zentrum von Reykjavík. Die Innenausstattung setzt auf wiederverwertete Materialien und Objekte und verbindet so ein Vintage- und Industrie-Flair gleichermaßen. Im Kex finden bis zu 215 Gäste Platz und können aus Doppelzimmern, Schlafsälen und reinen Frauenschlafsälen wählen – alle sauber und bequem. Einige Zimmer haben interessante Wanddekorationen, aber den echten Wow-Faktor hat der Eingangsbereich. Restaurant und Bar, Lounge, beheizte Außenterrasse, Touristeninformation, klassischer Fitnessbereich und Konferenzraum sind wunderschön gestaltet. Im großen Gemeinschaftsraum gibt es Hängematten und gemütliche Sofas, in der Bibliothek Ledersessel und ein gut sortiertes Bücherregal. An den Wänden hängen altmodische Karten und Magnetbuchstaben für kreative Poeten. In einer anderen Ecke befindet sich ein Friseursalon wie aus den 1940ern. Das Hostel hat eine Bar und ein eigenes Restaurant mit Gourmetmahlzeiten wie diese: Gebratenes Mark mit Crostini und Salat, danach Tiramisu auf isländische Art mit säuerlichem Skyr-Joghurt statt Mascarpone.

Kex liegt im Zentrum von Reykjavík und blickt über die →

Good to know

PREIS
€ € € € €
AUSSTATTUNG
Gastropub; Frühstücksbüfett; WLAN; Events und Live-Mic-Nights; Büchertausch; Schließfächer im Zimmer; sichere Gepäckaufbewahrung; rund um die Uhr Zugang und Sicherheitspersonal; Konferenzraum; Lounge; beheizte Außenterrasse; Selbstversorgung möglich; Fahrradvermietung.

Tipp: Die ehemalige Keksfabrik beherbergt das The Living Art Museum für zeitgenössische Kunst und verschiedene Künstler-Studios.

Kex Hostel liegt in einer ehemaligen Keksfabrik im Zentrum von Reykjavík.

Bucht auf die Esja-Berge. Die alte Keksfabrik beherbergt außerdem The Living Art Museum und verschiedene Studios von Künstlern, Tänzern und Modedesignern. Ob Nachtleben, Restaurants, Einkaufsstraßen, kuturelle Attraktionen oder andere spannende Orte in der Stadt: Alles ist leicht zu Fuß zu erreichen. Auch der Anschluss ans Busnetz ist sehr gut und somit steht der Erkundung der Umgebung nichts im Wege.

Die Mitarbeiter im Kex haben ein Reisebüro und helfen gern, eine von Dutzenden Exkursionen in Reykjavík auszuwählen und zu buchen. Viele Reisende auf Island verbringen ihre Zeit auf der Jagd nach dem Adrenalinkick beim Gletscherklettern, Rafting, oder Schnorcheln in eiskaltem Wasser. Kex ist der perfekte Ort, um sich von diesen Abenteuern zu erholen und zu entspannen.

226

Midgard Base Camp

Früher stand Midgard einfach nur für Midgard Adventure, einen isländischen Touranbieter. Aber nach einigen erfolgreichen Jahren mit Besucherabenteuern im Land wurde es erweitert und umfasst nun auch das Base Camp – ein familiäres Hostel, in dem man sich wie zu Hause fühlt. Das Midgard Base Camp liegt in einem modernen Industriegebäude am Rande von Hvolsvöllur. Gemeinsam mit einem jungen isländischen Designteam wurde das Gebäude zu einem warmen und trendigen modernen Zentrum. Elemente aus der Natur und von Abenteuerreisen wurden ins Design eingearbeitet; aber am besten ist immer noch die großartige Aussicht auf die Berge und die schneebedeckte Spitze des Eyjafjallajökull.

Im Midgard Base Camp gibt es Schlafsäle mit Etagenbetten und Privatzimmer. Die Etagenbetten haben gute Matratzen, Vorhänge, Nachttischlampen, abschließbare Schubladen und lichtundurchlässige Jalousien. Im Familienzimmer finden vier Personen Platz.

Die vom Unternehmen veranstalteten Abenteuer bieten eine tolle Möglichkeit, Island zu entdecken, und es gibt zahlreiche Events. Manchmal reicht aber auch ein entspannter Abend im Hot Tub auf dem Dach.

Good to know

PREIS
€ € € € €
AUSSTATTUNG
Kostenloses WLAN; Hot Tub; Sauna; Café; Bar; Restaurant.

Tipp: Das Midgard Base Camp hat ein eigenes Café und eine Bar, bei deren täglicher Happy Hour man Reisende und Einheimische trifft. Das Restaurant bietet viele vegetarische und vegane Optionen.

YHA Ambleside

Good to know

PREIS
€€€€€

AUSSTATTUNG
Rollstuhlgerecht; kostenloses WLAN; Selbstversorgung möglich; Waschküche; Gepäckaufbewahrung; Parkplätze; Fahrradaufbewahrung; Esszimmer; Trockenraum; Gelände; Bibliothek; Grillbereich; Brettspiele; TV; Bar mit Alkoholausschank und Restaurant; Lounge; Privatzimmer.

Tipp: Das Hostel hat einen eigenen Steg, die Gäste können für einen Tag ein Kajak mieten oder mit einem Picknick am Wasser sitzen.

Gelegen im Schoße der Natur am Lake Windermere, ist dieses eins der malerischsten Hostels der Welt. Ein Aufenthalt hier ist ein Traum.

Das YHA Ambleside wurde vor Kurzem renoviert und bietet seinen Gästen saubere, moderne Zimmer und eine ausgezeichnete Ausstattung, darunter ein Café mit lokalen Spezialitäten und ein Restaurant.

Es gibt verschiedene Unterbringungsmöglichkeiten für Reisende und viele der Zimmer blicken auf den See oder die Langdale Pikes hinaus.

Die Lage des Hostels ist perfekt und nah an vielen Wander- und Fahrradwegen. Außerdem hat es einen eigenen Steg, die Gäste können für einen Tag ein Kajak mieten oder mit einem Picknick am Wasser sitzen. Auf dem See kann man eine Reihe von Wassersportarten betreiben oder man fragt an der Rezeption nach einer Rundfahrt.

Bei schlechtem Wetter kann man es sich im Spielzimmer (perfekt für Kinder) gemütlich machen.

Kapstadt: Metropole am Meer

Mit seiner herrlichen Tafelberg-Kulisse macht Kapstadt seinem Ruf als *einer der schönsten Städte der Welt* alle Ehre.

Von der kultigen V & A Waterfront über die berüchtigte Gefängnisinsel Robben Island, auf der Nelson Mandela 18 Jahre lang gefangen gehalten wurde, bis hin zu den Brillenpinguinen von Boulders Beach und natürlich den Cape Winelands, wo man einige der besten Weine der Welt kosten kann – Kapstadt lässt keine Wünsche offen.

Kulinarisches

»Das Kloof Street House ist eine kulinarische Institution. Schon wenn man die Lichterketten am Garteneingang passiert und die Stufen zum Gebäude hinaufgeht, ist man verzaubert. Die Deko ist überwältigend, der Service ausgezeichnet und das Essen ein Genuss.«

MILOU STAUB
– The B.I.G: Backpackers in Green Point

Eines der ungewöhnlichsten Gerichte, das man in Kapstadt probieren sollte, ist der Waterblommetjie Bredie, ein Wasserblumeneintopf, der mit Lamm und Kartoffeln zubereitet wird. Waterblommetjies, die Blüten der Zweijährigen Wasserähre, die man in den Dammlandschaften und Sümpfen außerhalb der Stadt und am Westkap findet, haben einen ganz charakteristischen Geschmack. Das elegante Café Hemelhuijs ist genau der richtige Ort, um dieses außergewöhnliche Gericht zu probieren.

Das El Burro ist eine gute Wahl, wenn man bezahlbare und authentisch-mexikanische Küche mag. Das Essen ist toll, der Service ebenso und die Atmosphäre entspannt. Hier kann man sich seine Tacos selbst zusammenstellen, zum Beispiel mit El Burros hervorragendem Ceviche, hergestellt aus weißfleischigem Fischfilet aus regionaler, nachhaltiger Fischerei. Oder man probiert die exotischen Pilze mit →

Robben ISLAND
Bo-Kaap
Bloof STREET HOUSE
Asoka
ASOKA
Hemelhuijs
HEMELHVIJS
table mountain
clifton BEACHES
The Botanical BAR
ERF 81 Market
cloud 9
SIMON'S TOWN
Boulder's BEACH
Cape Peninsula
Cape OF GOOD HOPE

Weiße-Bohnen-Quesadilla. Dazu kann man sich ein gutes Craft-Bier oder einen der berühmten Tequila-Cocktails genehmigen.

Ein absolutes Muss für alle, die gern schön präsentierte Gerichte in einer traumhaften Umgebung zu sich nehmen, ist das preisgekrönte Tapasrestaurant Chefs Warehouse des irischen Kochs Liam Tomlin. Vom Tartar mit pikantem Szechuan-Dressing bis hin zum köstlichen Risotto, der Spezialität des Hauses – hier schmeckt einfach alles großartig. Reservierungen werden nicht angenommen und es kann sein, dass man eine halbe Stunde warten muss, aber es lohnt sich auf jeden Fall.

Bars

Es gibt zwar jede Menge Bars und Pubs der Spitzenklasse, die einen Besuch wert sind, aber die sind alle ziemlich teuer und voll mit Touristen. Daher lässt man lieber den ganzen Rummel hinter sich und mischt sich unter die Einheimischen. So hat man am Ende des Abends gute Drinks genossen und ganz sicher Freundschaft mit ein paar Kapstädtern geschlossen.

Das Asoka ist die erste Anlaufstelle für Cocktails, seine Porn Star Martinis gelten als die besten des Landes. Die Bar wurde um einen Olivenbaum herum gebaut, neben dem der DJ seinen magischen Sound verbreitet. Das Asoka ist berühmt für seine dienstäglichen Jazznächte und für den kleinen Hunger zwischendurch kann man bis Mitternacht Tapas bestellen, was für Kapstadt ungewöhnlich ist.

»Bars, die sich auf Gin, Wein oder Bier spezialisiert haben, findet man überall in Kapstadt. Mein Favorit ist die Botanical Bar, in der köstliche Gin-Cocktails mit Extrakten einheimischer, wild wachsender Pflanzen aus der Provinz Western Cape serviert werden.«

SOPHIE BAGHERI
– Once in Cape Town

Ausgehen

Once in Cape Towns hauseigene Bar Yours Truly ist ein wunderbarer Ort, um in die Nacht zu starten. Die unter Jacaranda-Bäumen gelegene und dicht begrünte Bar ist tagsüber ein Café und abends ein Biergarten. Die Einheimischen kommen wegen der DJs, die von Donnerstag bis Sonntag auflegen und einen Mix aus House, Hip-Hop, Old School Vinyl und R & B auflegen.

The Village Idiot ist eine witzige Bar (und ein Restaurant) mit Vintage-Flair in der Innenstadt, die den Schwerpunkt auf die südafrikanische Braai-Barbecue-Kultur legt, welche unter Einheimischen und Touristen gleichermaßen beliebt ist. Neben Grillplatten (Braai Boards) kann man Hähnchencurry Durban-Style, Boerewors (Bratwurstschnecken), Potjiekos (Eintopf), Biltong (Trockenfleisch) und Käseplatten schlemmen. Nach dem Essen zieht sich der Abend für gewöhnlich mit Livemusik oder einem DJ noch bis in die frühen Morgenstunden.

Flanieren

Durch Kapstadt zu laufen ist jedes Mal wieder ein Erlebnis. Man kann wunderbar Leute beobachten und ist immer wieder erstaunt, welchen schillernden Persönlichkeiten man so begegnet. Besonders beliebt ist der Weg über die Sea Point Promenade bis Camps Bay, der die Küste entlangführt und gern von Einheimischen frequentiert wird, die hier joggen oder mit ihren Babys in der Abendsonne spazieren. Kapstädter lieben auch die zahlreichen Wege auf dem Tafelberg. Sehr zu empfehlen ist der Tranquility Cracks – man wandert durch ein waldähnliches Gelände und in der Nähe des Plateaus kommen auch Boulderfans auf ihre Kosten. →

Von der kultigen *V&A Waterfront* über die berüchtigte Gefängnisinsel *Robben Island*, bis hin zu den Brillenpinguinen von *Boulders Beach* und den Cape Winelands— Kapstadt lässt keine Wünsche offen.

»Ich liebe es, im Deer Park am Fuß des Tafelbergs zu spazieren, der hauptsächlich von Einheimischen aufgesucht wird. Die beste Zeit für einen Besuch ist im September, wenn der ganze Park blüht. Der Blick über die Stadt ist überwältigend. Man ist von jedem Punkt der Stadt aus in nur fünf Minuten hier und gleich mitten in der Natur.«

LEE HARRIS
– The Backpack Kapstadt

Herumkommen

In Kapstadt gibt es sowohl Taxify als auch Uber, mit deren Taxis man zuverlässig, günstig, sicher und schnell von A nach B kommt. Die Stadt ist zudem sehr fußgängerfreundlich: Man kann wunderbar ohne bestimmtes Ziel herumbummeln und die Atmosphäre auf sich wirken lassen.

Orte zum Entspannen

Für Sundowner geht es auf den Signal Hill – es gibt nichts Schöneres, als die Sonne mit einem köstlichen Glas südafrikanischem Wein über dem Meer untergehen zu sehen. Die Clifton Beaches mit ihrem makellos weißen Sand sind das Zentrum von Kapstadts Strandszene und perfekt, um Leute zu beobachten und Sonne zu tanken.

Aussichtspunkte

Schöne Aussichten kann man überall in der Stadt genießen. Wenn ich morgens aufstehe, auf die Straße gehe und die überwältigende Kulisse des Tafelbergs mit den darüber hängenden Dunstwolken sehe, läuft mir jedes Mal ein Schauer über den Rücken. Viele lieben den Milnerton Beach wegen seiner Postkartenansicht der Stadt, die kaum zu überbieten ist – von diesem Panorama bekommt man nie genug und seinen Hund darf man sogar auch mitbringen. Die Cloud 9 Rooftop Bar bietet ebenfalls einen großartigen und unverstellten Blick auf die Berge, das Meer und die Stadt, sodass man sich von hier aus wunderbar in der „Mutterstadt" orientieren kann.

»Unser Geheimtipp: Von diesem Aussichtspunkt hat man einen wundervollen Blick auf die gewaltige Bergkette der Zwölf Apostel und den Löwenkopf, eine Bergspitze, die eindrucksvoll über den vier Clifton Beaches aufragt. Man erreicht ihn über eine der teuersten Straßen Kapstadts – und damit Afrikas –, die hoch am Hang der Bergkette liegt. Der Weg führt an einem Haus vorbei, das 40 Millionen US-Dollar gekostet haben soll.«

BAGHERI
–Once in Cape Town Hostel

Versteckte Orte

Weniger ein geheimer Ort als ein Geheimnis an sich ist First Thursdays, ein Konzept, das einem Teile der Stadt näherbringt, die man sonst vielleicht nie zu Gesicht bekommen hätte. An jedem ersten Donnerstag im Monat – wie der Name schon sagt – öffnen Galerien und Kultureinrichtungen ihre Tür und zeigen bis 21 Uhr ihre Kunst und weitere Ausstellungen kostenlos.

Once in Cape Town

Vernetzung und nachhaltiger Luxus

Once in Cape Town wurde 2013 von fünf begeisterten Reisenden gegründet, die meinten, der Unterkunftsmarkt in Kapstadt brauche ein Hybridkonzept: günstige Preise und Spaß wie im Hostel, Luxus wie im Drei-Sterne-Hotel.

Das Hostel befindet sich in der Kloof Street, von wo aus man das Zentrum mit Bars und Restaurants zu Fuß erreichen kann; die perfekte Lage, um die Stadt zu erkunden.

Im Vergleich zu anderen Hostels ist das Once in Cape Town relativ groß (Platz für etwa 150 Personen); es setzt hauptsächlich auf Privatzimmer, hat einige Schlafsäle mit vier Betten und alle Zimmer haben frisch renovierte eigene Bäder. Die Zimmer sind komfortabel und gut durchdacht, mit frischer weißer Bettwäsche, handgemachter Ausstattung und lokaler Kunst.

Im Hostel gibt es verschiedene Gemeinschaftsräume – einen Coworking Space, Konferenzräume, ein Kinozimmer, eine Gemeinschaftsküche, ein eigenes Restaurant und eine Bar – und einen täglichen Kalender, der die Interaktion der Gäste fördern soll. In der „No Power Hour" erhalten diejenigen gratis Bier, die ihr Telefon aus der Hand legen; so kann man leichter neue Freunde und Reisegefährten treffen. Außerdem im Angebot sind Wanderungen, Walking Tours zu Streetart, Yogastunden, Bar Crawls sowie Ausflüge zum Strand oder zum Farmers' Market.

Die Bar, Yours Truly, ist eine Institution in Kapstadt und jeden Tag sowohl von Gästen als auch von Einheimischen gut besucht. DJs spielen eine Mischung aus Vinyl, Hip-Hop, R & B, House und Elektrofunk, zu der man ziemlich gut abtanzen kann. Am nächsten Morgen gibt es hier ein kostenloses leichtes Frühstück und Barista-Kaffee.

Ein zusätzlicher Vorteil: Once in Cape Town ist das erste Hotelunternehmen in Südafrika mit einer 100-Prozent-Fairtrade-Akkreditierung.

Good to know

PREIS
€€€€€
AUSSTATTUNG
24-Stunden-Rezeption; kostenloses WiFI; Selbstversorgung möglich; kostenloses Parken; Fahrradvermietung; Kinozimmer; Braai (Grill); Tour- und Empfangstresen; kleiner Konferenzbereich; Konferenzraum; Coworking Space; Bar; Café-Restaurant.

Tipp: Die Bar, Yours Truly, ist eine Institution in Kapstadt und jeden Tag sowohl von Gästen als auch von Einheimischen gut besucht.

Somewhere Nice

Nachhaltiger Boho-Schick in Ghana

Das Somewhere Nice ist das jüngste Geisteskind von Mathias Schwender, dem Gründer der Bohemian Hostels, einer Hostelkette aus Prag im Boho-Schick.

Dieselben erfolgreichen Visionen und Werte haben damit den Sprung auf den afrikanischen Kontinent gewagt: In Accra, Ghana, wurde das Somewhere Nice gegründet, eins der vornehmsten afrikanischen Luxushostels.

Im quirligen Viertel Kokomlemle in einem schön restaurierten Haus im Kolonialstil untergebracht, bietet das Somewhere Nice seinen Gästen Mehrbettzimmer, Einzel- und Doppelzimmer sowie elegante Appartements an, die wohnlich afrikanisch eingerichtet sind.

Die Zimmer sind auf dem neusten Stand: eigene Badezimmer mit Regendusche, eigene Terrasse mit Sitzgelegenheiten und Sonnensegel, Ventilator und Klimaanlage gegen die Hitze und regional hergestellte oder Recyclingmöbel. Die Philosophie des Hostels sieht nämlich vor, möglichst ghanaische Handwerkskunst und regionale Produkte zu verwenden.

Um ein umweltbewussteres und saubereres Ghana zu fördern, agiert das Somewhere Nice nachhaltig, was zu einigen einzigartigen Ideen führte. So wurde es mit allerlei umfunktionierten und wiederverwendeten Gegenständen gestaltet: Schilder aus alten Türen, Spiegel aus Fensterscheiben, Stühle und Tische aus Gummireifen.

Der Swimmingpool, der Garten und die teilüberdachte Open-Air-Lounge zeichnen das Hostel aus. Den Gästen werden ein großzügiges kostenloses Frühstück und gefiltertes Trinkwasser angeboten.

Good to know

PREIS
€ € € € €
AUSSTATTUNG
24-Stunden-Rezeption; Leselampe; Pool; Garten; Klimaanlage; kostenloses Trinkwasser. Frühstück ist inbegriffen.

Tipp: Um Accra so authentisch wie möglich zu erleben, empfiehlt sich eine Fahrt mit den typischen Tro-Tros, einer Mischung aus einem Bus und einem Taxi. In der Nähe des Hostels gibt es zahlreiche Haltestellen.

Curiocity Joburg

Ehrliche Gastfreundschaft

Die besten Hostels sind die im Herzen der einheimischen Bevölkerung verankerten, die es Reisenden erlauben, eine Stadt oder Region auf andere Art zu erleben.

Eines dieser seltenen Exemplare ist das Curiocity Joburg, die Idee des 25-jährigen Bheki Dube. Das Curiocity ist das Herzstück der Gegend und wird auch als „Tourismusministerium" von Maboneng in Johannesburg bezeichnet. Wenn man Bheki trifft, versteht man warum. Bevor er Curiocity eröffnete, veranstaltete er Main Street Walks und bot damit Touristen einen authentischen, rauen Einblick in die inneren Bezirke von Johannesburg. Dieser klare und ehrliche Blickwinkel verwandelte sich in Curiocity, wo die Gäste neben dem Trubel von Maboneng „Jozi" in seiner ganzen zähen, doch wunderschönen Art erleben können.

Das umgebaute Industriegebäude von Curiocity Joburg hat eine wechselvolle Geschichte: Es war einst Heim der wagemutigen Pacific Press, die Anti-Apartheid-Flugblätter wie The Black Sash veröffentlichte. Zu Zeiten des großen Widerstands war das Gebäude auch Zuflucht für Apartheidgegner wie Nelson Mandela und Desmond Tutu. Das Hostel hat 70 Betten und bietet sowohl Privatzimmer als auch Schlafsäle. In einem Wohngebäude in der Nähe gibt es außerdem ein Dutzend Unterkünfte für Selbstversorger, jede von einem lokalen Künstler gestaltet. Die Schlafsäle haben stabile Etagenbetten, kostenloses WLAN und Schließfächer; es gibt nur Gemeinschaftsbäder. In den hippen Privatzimmern gibt es ein eigenes Bad und eine Kochnische.

Das ungewöhnlichste Zimmer ist „The Lighthouse". Hier wurde ein Leuchtturm zu einem Apartment mit Doppelzimmer, Kochnische und großartiger Außendusche umgebaut. Die Aussicht über Joburgs Großstadtdschungel ist einfach gigantisch.

Good to know

PREIS
€ € € € €

AUSSTATTUNG
Bar; Hof; Loungebereich; Planschbecken; Fahrradvermietung; Yogaangebot; Surfausflüge; nächtliche Fahrradtouren; Stadttouren (zu Fuß oder mit dem Rad); Tauchen; Kruger-Camps.

Tipp: Die vom Hostel täglich angebotenen Touren reichen von Fahrradtouren und Underground Pub Crawls zu Rollschuhtouren, Picknicks und Ausflügen in Nationalparks.

Once in Joburg

Ein Hostel für abenteuerlustige Flashpacker

Once in Joburg eröffnete 2015 in Braamfontein, dem dynamischen Kulturbezirk von Johannesburg, und unterstützte so die Stadterneuerung in einer vorher heruntergekommenen Gegend.

Das Hostel hat eine zentrale Lage zwischen NGO-Hauptquartieren, Universitäten, Kaffeeröstern und Cafés, Restaurants, trendigen Boutiquen und modernen Coworking Spaces. Diese Gegend mit ihren Märkten und ihrem Nachtleben zeigt eine authentische Seite von Johannesburg.

Das Design des Once in Joburg ist elegant und modern; viele Kunstwerke von lokalen Künstlern sind an den Wänden zu sehen.

Neben den komfortablen und gut durchdachten Zimmern mit frischer weißer Bettwäsche, einer handgemachten Ausstattung und renovierten Bädern gibt es verschiedene Gemeinschaftsräume – Konferenzbereich, Coworking Space, Konferenzraum, Kinozimmer, Gemeinschaftsküche, eigenes Restaurant und Bar.

Genau wie im Partnerhostel Once in Cape Town gibt es einen täglichen Kalender, der das gegenseitige Kennenlernen der Gäste fördern soll. In der „No Power Hour" erhalten zum Beispiel diejenigen gratis Bier, die ihr Telefon aus der Hand legen.

Außerdem gibt es Wanderungen, Walking Tours zu Streetart, Yogastunden, Bar Crawls sowie Ausflüge zum Strand oder zum Famers' Market. Ein kostenloses leichtes Frühstück mit Espressospezialitäten wird täglich serviert.

Die Zimmer, ob Schlafsaal oder Privatzimmer, sind modern und an verschiedene Bedürfnisse der Reisenden angepasst. Once in Joburg bietet so viele Möglichkeiten, sodass man mit einem Bier in der Bar direkt Anschluss findet, und als Alleinreisender schnell zum Mitglied einer Gruppe werden kann. ⌂

Good to know

PREIS
€€€€€
AUSSTATTUNG
24-Stunden-Rezeption; kostenloses WiFi; Selbstversorgung möglich; kostenloses Parken; Fahrradvermietung; Kinozimmer; Braai (Grill); Tour- und Empfangstresen; kleiner Konferenzbereich; Konferenzraum; Coworking Space; Bar; Café-Restaurant.

Tipp: Das Hostel liegt in einer Gegend, die mit ihren Märkten und Nachtleben eine authentische Seite von Johannesburg zeigt.

The Backpack

Nachhaltiges Reisen in Afrika

The Backpack ist ein preisgekröntes Fairtrade-Hostel, das in Menschen, Gemeinschaft und die Umwelt investiert – in der Hoffnung, eine sinnvolle Reiseerfahrung zu bieten.

Das Hostel hält das Konzept des nachhaltigen Tourismus hoch und bemüht sich darum, die Wasseraufbereitung, das Beheizen der Duschen mit Solarkraft, Müllrecycling, Wurmfarmen und Kompostierung zum selbstverständlichen Teil des Hostellebens zu machen.

Das Hostel befindet sich im Herzen von Kapstadt – und ist somit auch äußerst praktisch gelegen. Gäste können zum Green Market Square spazieren und die kopfsteingepflasterten Straßen des bunten Bo-Kaap-Viertels erkunden oder im Company's Garden lustwandeln. Das Design des Hostels lässt sich am besten als zeitgemäß und urban beschreiben. Das in einem 100 Jahre alten viktorianischen Haus untergebrachte The Backpack verfügt über einen Innenhof und Gärten. Es gibt eine große Auswahl an Räumen einschließlich Mehrbettzimmern, Einzel- und Doppelzimmern mit geteiltem oder eigenem Bad, Familienräumen und einem Loft-Apartment mit Küche. Die Gäste können morgens ein kostenloses Kontinentalfrühstück genießen – und die spektakuläre Aussicht auf den Tafelberg.

Es gibt so viele Extras in diesem umweltbewussten Hostel: einen Gemeinschaftsladen mit Produkten aus dem Kunstgewerbe, eine Bar, die bis spät in die Nacht geöffnet ist, einen Swimmingpool, kostenloses WLAN und eine Selbstversorgerküche. Dank der ethischen Einstellung und der achtsamen Geschäftspraxis kann man sich zudem sicher sein, dass der Aufenthalt hier sich rundum richtig anfühlt.

Good to know

PREIS
€€€€€
AUSSTATTUNG
Café; Bar; Reiseschalter; Gemeinschaftsladen für Kunst und Souvenirs.

Tipp: The Backpack liegt ideal im Herzen von Kapstadt. Zahlreiche Bars und Restaurants finden sich in der Nähe und auch die Victoria & Alfred Waterfront und die Seilbahn am Tafelberg sind nur eine kurze Taxifahrt entfernt.

91 Loop

Luxus am Kap der guten Hoffnung

Das 91 Loop befindet sich im Herzen von Kapstadt und verbindet mühelos Luxusleben und Modernität. Das Hostel ist gemütlich und komfortabel und liegt nur einen kurzen Fußweg entfernt von der Long Street und vom historischen Green Market Square. Früher ein Sklavenmarkt, wird der Platz heute für regionale Biomärkte und Flohmärkte genutzt.

Eine Generalrenovierung war notwendig, um das ehemals verfallene Gebäude aufzufrischen und ihm dieses luxuriöse Design zu verleihen: schick, modern und minimalistisch.

Die Rezeption des Hostels ist 24 Stunden besetzt – Gäste können also rund um die Uhr anreisen. Insgesamt gibt es 150 Betten, die über zwei Etagen verteilt sind – in einem Mix aus Einzel- und Doppelzimmern mit Bad, Mehrbettzimmern oder futuristisch anmutenden Schlafkabinenunterkünften (mit Klimaanlage).

Das Restaurant The Honey Badger ist im Bistrostil gehalten. Hier wird frisches saisonales Essen, das von regionalen Erzeugern stammt, serviert. Die Gerichte sind einfach aber schmackhaft und können im Innenhof genossen werden. Das Frühstück ist inklusive und beinhaltet auch lokal gerösteten Kaffee und frische Zutaten.

Die Mitarbeiter vom 91 Loop bieten ihren Gästen eine Vielfalt an Aktivitäten wie kostenlose Stadtführungen und Filmabende an.

Good to know

PREIS
€ € € € €
AUSSTATTUNG
24-Stunden-Rezeption; Keycard; Tischtennisplatte; Tischkicker; Spiele; Innenhof; Bar; Restaurant.

Tipp: Das Hostel liegt unweit vom historischen Green Market Square. Früher ein Sklavenmarkt, wird der Platz heute für regionale Biomärkte und Flohmärkte genutzt.

Curiocity Durban

Hedonismus für Fortgeschrittene

Wie die anderen Standorte von Curiocity ist auch Curiocity Durban von der Geschichte, Tradition und Ästhetik seiner Umgebung beeinflusst. Das Hostel liegt im lebendigen Rivertown Triangle in einem historischen Gebäude aus den 1930er-Jahren im britischen Kolonialstil.

Der Strand, das Durban International Convention Center und Warwick Junction sind zu Fuß zu erreichen. Im Hostel gibt es Einzel-, geschmackvoll eingerichtete Doppelzimmer sowie Schlafsäle mit vier bis acht Betten. Die meisten der Zimmer haben einen eigenen Balkon mit Blumenkästen und häufig auch einer Hängematte. Die Etagenbetten haben Stromanschluss und Leselampe sowie ein Schließfach darunter.

Gäste halten sich gern im Loungebereich im Innenhof auf den Segeltuchstühlen unter bunten Lichterketten auf. Vom morgendlichen Yoga und Salsatanzen bis zu den Filmabenden am Montag findet hier alles statt. In der ausgezeichneten Bar Curio treffen sich Gäste und Einheimische und probieren lokale Craft-Biere, südafrikanische Weine und verschiedene hochprozentige Drinks.

Das Außergewöhnlichste am Curiocity Durban ist sicherlich das eigene Spa. Nane ist ein urbanes Spa für ganzheitliche Behandlungen mit natürlichen Produkten. Diese sind ein luxuriöser Genuss für müde Reisende und schmeicheln Körper und Seele. Auch wenn man nicht im Hostel wohnt, ist man hier herzlich willkommen.

Langweilig wird es in Durban wirklich nicht, wenn darüber hinaus noch vielseitige Stadttouren, Fahrradtouren jeden Donnerstag und tägliche Surfausflüge mit einer großartigen lokalen NGO namens Surfers Not Street Children auf dem Programm stehen.

Good to know

PREIS
€ € € € €
AUSSTATTUNG
Bar; Hof; Loungebereich; Planschbecken; Fahrradvermietung; Yogaangebot; Surfausflüge; nächtliche Fahrradtouren; Stadttouren (zu Fuß oder mit dem Rad); Tauchkurse.

Tipp: Wer schon immer surfen lernen wollte, ist hier genau richtig – Surfausflüge mit der lokalen NGO Surfers Not Street Children stehen täglich im Programm.

Rodamón Riad

Marrokanische Lebensart

Dieser 100 Jahre alte Riad im Herzen von Marrakesch ist wie ein neues Zuhause. Rodamón Riad, ein Hostel für eine neue Generation kulturell neugieriger Reisender, ist eine Oase der Ruhe inmitten der trubeligen Stadt.

Es befindet sich in einem historischen Gebäude, aber bietet alle modernen Annehmlichkeiten. Vor dem Rodamón Riad gab es schon viele andere Unterkünfte in traditionellen Riad-Häusern, aber diese waren häufig sehr teuer und nichts für preisbewusste Reisende. Das Rodamón war die Lösung: Man verwandelte ein traditionelles Gebäude in ein modernes Hostel. Die Renovierung dauerte fast zwölf Monate, aber das Ergebnis ist ein atemberaubendes Luxushostel.

Überall im Design merkt man, dass auch auf kleinste Details geachtet wurde. Die Inneneinrichtung besteht aus Perserteppichen, handgefertigten Möbeln und traditionellen marokkanischen Elementen. Die Wand hinter der rund um die Uhr besetzten Rezeption ist grau mit smaragdgrünen Kacheln – ein zauberhafter und einladender Ort.

Die Zimmer im Rodamón erstrahlen in makellosem Weiß mit schönen lokalen Details. Sie sind einfach, aber praktisch dekoriert und als Kontrast zu den weißen Wänden werden Marineblau, Gelb und Grau eingesetzt. Die klimatisierten Zimmer bieten verschiedene Ausstattungen, von der Superior →

Good to know

PREIS
€ € € € €
AUSSTATTUNG
Bar; Swimmingpool; Dachterrasse.

Tipp: Schwimmen im Pool, einen leckeren marokkanischen Minztee im Liegestuhl genießen, im landestypischen Hamman entspannen oder den herrlichen Ausblick über den Djemaa el Fna und das imposante Atlasgebirge von der Dachterrasse des Hostels genießen, hier findet man immer eine Beschäftigung.

Rodamón Riad bietet ein authentisches marrokanisches Erlebnis.

Suite über Privatzimmer bis zu gemeinsamen oder privaten Schlafsälen. In den Gemeinschaftsbereichen herrscht ein nordischer Stil vor, Pflanzen überall auf der Terrasse und im Aufenthaltsraum sorgen für eine wärmere Atmosphäre.

Im Innenhof gibt es einen Swimmingpool. Wer nicht schwimmen möchte, kann auf einem Liegestuhl einen leckeren marokkanischen Minztee genießen. Man kann im Lesebereich Bücher ausleihen oder sich im landestypischen Hammam entspannen. Von der Dachterrasse des Hostels hat man einen herrlichen Ausblick über den Djemaa el Fna (nur 10 Minuten zu Fuß) und das imposante Atlasgebirge (in viel weiterer Entfernung). Beim ersten Besuch kann das Hostel schwer zu finden sein, aber seine Lage – mitten in der Medina – sorgt für ein authentisches Erlebnis mit dem Minz- und Orangenduft der Souks (Märkte). Das Smartphone-GPS lässt einen hier schnell im Stich, deshalb sollte man einen Treffpunkt mit Riad-Mitarbeitern vereinbaren oder sich am Flughafen abholen lassen; sonst wird es schnell frustrierend, wenn man mit Gepäck durch die engen Gassen läuft und sich mit inoffiziellen „Stadtführern" herumschlagen muss.

Das Hostel selbst veranstaltet nicht viele Events, aber die Mitarbeiter sind bei der Organisation gern behilflich: Es gibt Walking Tours, Fahrrad- und Kamelausflüge oder eine abendliche Tour mit Tapas und Craft-Bier.

Die Atmosphäre im Rodamón Riad ist ruhig, damit die Gäste dort ungestört arbeiten oder entspannen können. Dennoch gibt es keine altmodische Sperrstunde. Da die Rezeption rund um die Uhr besetzt ist, können die Gäste lange das Nachtleben, den Trubel der Souks und das gute Essen genießen.

Das Rodamón Riad ist nicht luxuriös oder schrill, sondern innovativ, inspirierend, schön und gesellig. Wie seine Schwesterhostels ist auch dieses stilvoll und aufregend, dennoch günstig und schlicht.

جمال

STAY Hostel Apartments

Rhodos' erstes Designhostel

In einer ruhigen Seitenstraße in Rhodos' Neustadt gelegen und dennoch nur zehn Gehminuten vom Strand entfernt, bietet das STAY Hostel Unterkunft für kosmopolitische Reisende ebenso wie für Sonnenanbeter. Gegründet von einem griechisch-deutschen Paar, Notis und Gesine, wurde dieses elegante Hostel mit Sinn für Funktion gestaltet; höchste Priorität war dabei, den Bedürfnissen eines modernen Reisenden gerecht zu werden.

Mit einem Mix aus klarem, modernem Design und umfunktionierten alten Elementen – wie Haken aus alten Kleiderbügeln und den aus Europaletten gebauten Sitzen im geräumigen Hostelkino – haben Notis und Gesine ein Hostel mit persönlicher Note geschaffen.

Dank der verschiedenen Gemeinschaftsräume, sowie der angebotenen Aktivitäten ist es superleicht, im STAY andere Reisende kennenzulernen. Das regelmäßige Programm reicht von Pizza- und Souflakinächten über Yoga- und Gymnastikkurse, Massagetherapie, Konzerte und Filmnächte bis zu Strandaktivitäten und verschiedenen anderen Ausflügen.

Es gibt eine Bar mit täglicher Happy Hour, in der man mit anderen Gästen ein paar günstige Getränke genießen kann, bevor man sich in das Nachtleben von Rhodos stürzt.

Zudem können Gäste ein Fitnessstudio und eine geräumige Gemeinschaftsküche nutzen. Gegen einen kleinen Aufpreis bekommt man ein nahrhaftes Frühstück – samt griechischem Joghurt mit Müsli, Honig und Obst sowie einer Auswahl an Sandwiches.

Das funktionale Design, die Ausstattung und die freundlichen Inhaber machen das STAY zu einem jener Hostels, in denen man sich sofort wie zu Hause fühlt.

Good to know

PREIS
€ € € € €
AUSSTATTUNG
Bettwäsche; Handtücher; kostenloses WLAN; Selbstversorgerküche; Waschmaschinen; Bar; tägliche Reinigung; später Check-out; Gepäckaufbewahrung; Minimarkt; Föhn; kostenlose Schließfächer; Ohrstöpsel und Lampen an allen Betten. Frühstück gegen Aufpreis.

Tipp: Die Terrasse und die Bibliothek bieten eine tolle Gelegenheit zum Entspannen. Außerdem gibt es auch ein Fitnessstudio.

Caveland Hostel

Ein in Vulkanstein gehauenes Hostel? – Willkommen im einmaligen und wundervollen Caveland Hostel auf der Insel Santorini.

Die Topografie der Vulkaninsel Santorini besteht vorwiegend aus Bimsstein – ideal für Unterkünfte im Untergrund. Dieser Hostelkomplex gliedert sich in zusammenhängende Höhlenhäuser, die sich über Terrassen nach außen öffnen. Das Gelände liegt inmitten malerischer Gärten voll blühender Pflanzen. Zitronen-, Granatapfel-, Orangen-, Vanille-, Birnen- und Pistazienbäume buhlen hier um Aufmerksamkeit und schaffen eine entzückende Atmosphäre. Das Caveland liegt auf einem alten Weingut und verbreitet angenehmen Shabby Chic. Das Design ist mit aufgearbeiteten Antiquitäten und Möbeln einfach gehalten.

Falls man ein Upgrade möchte, empfiehlt sich der Aufenthalt im „Historischen Apartment" (das alte Büro des Weinguts).

Good to know

PREIS
€€€€€

AUSSTATTUNG
Barrierefreier Zugang (auch zu einigen Höhlen); Handtuchverleih; kostenloses WLAN; Waschmaschinen; Parkplätze; Gepäckaufbewahrung; Automaten; Föhn; Safe; Ausflüge und Events (Yoga; Grillabende; Abendessen); Kaffeebar auf Spendenbasis; Büchertausch. Frühstück ist inbegriffen.

Tipp: Das Gelände liegt inmitten malerischer Gärten voll blühender Pflanzen wie Zitronen-, Granatapfel- und Pistazienbäumen.

Hostel 1W

Good to know

PREIS
€€€€€
AUSSTATTUNG
24-Stunden-Rezeption (in der Sommersaison); kostenloses WLAN; Selbstversorgerküche; bis zum Mittag kostenlos Kaffee; Tee und ein Croissant. Frühstück ist nicht inbegriffen.

Tipp: Das Hostel liegt direkt am Korzo, der Hauptfußgängerzone und eignet sich somit als idealer Ausgangspunkt, um Rijeka und Umgebung zu erkunden.

Das Hostel 1W liegt in einem Gebäude aus dem 19. Jahrhundert, als die Habsburger noch in Rijeka regierten. Die traditionelle kroatische Gastfreundschaft lebt hier in modernem Design neu auf. Schöne Räume, ein fabelhaft freundliches Team und eine großartige Lage am Korzo (der Hauptfußgängerzone) zeichnen das Hostel 1W aus. Von hier lassen sich Rijeka und die Umgebung wunderbar erkunden.

Die Mehrbettzimmer sind geräumig und wurden clever ausgestattet mit großen Schließfächern und Klimaanlage, an jedem Bett gibt es Vorhänge, Leselampe und eine Steckdose. Außerdem gibt es eine gemütliche Leseecke und in den Schlafräumen für Frauen zusätzlich eine Schminkecke. Die privaten Zimmer wurden für Paare, Familien und Geschäftsreisende entworfen und verfügen über ein Bad, Kabelfernsehen und Schreibtisch.

Im Wohnzimmer des Hostels bietet das Team abends allen Gästen ein kostenloses Willkommensgetränk an – einen rakija (Brandy aus der Region). Es gibt eine Gemeinschaftsküche, eine Internetstation und verschiedene Waschräume für die Gäste in den Mehrbettzimmern. Am Morgen gibt es ein Croissant und Kaffee gratis, für umgerechnet 6€ zusätzlich Müsli, Brot, Saft und Kaffee.

The B.I.G.

Kapstadts ikonische Berge und die Wellen des Atlantiks sind eine fantastische Kulisse für das stylishe Backpackers in Green Point alias B.I.G. Nachdem sie die Welt bereist und in den besten (und schlimmsten) Unterkünften gewohnt hatten, wollten die Inhaber des B.I.G. in Kapstadt das perfekte Hostel gründen. Ihre Erfahrungen spiegeln sich im Design des Hostels wider.

Die Mehrbettzimmer haben geräumige Etagenbetten aus Holz und die Zimmer werden täglich hergerichtet, sodass man nach einem langen Erkundungstag in ein schön gemachtes Bett fallen kann. Die Einzel- und Doppelzimmer haben Fernseher, auf denen man seine Netflix-Dosis bekommt. Das Hostel serviert ein leckeres, kostenloses Kontinentalfrühstück samt frischem Kaffee für einen guten Start in den Tag. Mit erstklassiger Ausstattung und traditionellen südafrikanischen Grillpartys, braai genannt, bietet das B.I.G. das perfekte Hostelerlebnis.

Good to know

PREIS
€€€€€

AUSSTATTUNG
Kostenloses WLAN; Swimmingpool; Parkplatz; Bibliothek und Büchertausch; Spieleraum; Fernseher; Filme; X-Box; Garten; *braai*-Plätze (Grillmöglichkeiten); Flughafentransfer.

Tipp: Die Einzel- und Doppelzimmer haben Smartfernseher, auf denen man seine Netflix-Dosis bekommt – beispielsweise um sich vom Jetlag zu erholen.

Abraham Hostel

Good to know

PREIS
€ € € € €
AUSSTATTUNG
Geräumige Zimmer mit eigenem Bad; Klimaanlage. Frühstück mit frischem Obst; Kaffee; Brot; Müsli; Joghurt und Saft inklusive.

Tipp: Das Abraham organisiert den ganzen Sommer über täglich Strandausflüge mit reichlich Schatten und kühlem Bier.

Im hippen Miniviertel Gan HaHashmal und damit direkt im Herzen Tel Avivs liegt das Abraham Hostel, umgeben von Restaurants, Bars und Clubs. Livekonzerte lokaler Musiker, israelische Kochkurse und organisierte Kneipentouren – das Abraham bietet seinen Gästen authentische Kulturerfahrungen. 350 Betten stehen in ganz unterschiedlich gestalteten Zimmern bereit. Bei der letzten Renovierung waren Graffitikünstler eingeladen, die Wände des Hostels zu verschönern. Ihre Kunst zeigt das farbenfrohe Straßenleben von Tel Aviv und betont den Multikulticharakter des Hostels – das Ergebnis ist so lebhaft wie eklektisch. Die neongrünen, aquamarinblauen und violetten Flure führen von der lichtdurchfluteten Lobby vorbei an einem geräumigen Aufenthaltsraum bis hinauf zur schönen Dachterrasse, von der aus man die Nachbarschaft überblickt und den Tag entspannt ausklingen lassen kann.

Das Hostel bietet eine hervorragende Auswahl an kostenlosen Stadtführungen an. Man kann einen Spaziergang durch die Altstadt von Jaffa machen oder durch das moderne Florentin wandeln – in diesem spannenden Viertel kann man sich in den kleinen Gassen verlieren und einiges über die lokale Street-Art-Szene lernen.

Abraham Hostel

Unter diesem Dach ist für alle Platz

Das Abraham Hostel ist das erste hochwertige Hostel für Backpacker in Jerusalem. Zwei Reiseverrückte, die bereits eine Geschäftsidee mit Walking Tours nach Tipps von Einheimischen umgesetzt hatten, kamen auf etwas Neues: einen Ort zu schaffen, an dem Reisende die besten Seiten Jerusalems erleben können. Das Ergebnis ist das Abraham Hostel, das dem wachsenden Bedarf der Stadt an günstigen Unterkünften mit einem gewissen Flair, Sauberkeit, Aktivitäten (drinnen wie draußen) und einer guten Kundenorientierung entgegenkommt. Dank der Lage im Zentrum kann man viele der Sehenswürdigkeiten Jerusalems zu Fuß erreichen. Gründer Gal Mor sagt: „Das Abraham Hostel Jerusalem liegt mittendrin, ein multikulturelles Sahnehäubchen auf einem unglaublich vielseitigen Stadtkuchen."

Jerusalem liegt zwischen grünen Wäldern und der Wüste des Jordangrabens und ist Heimat einer facettenreichen Bevölkerung. Für drei der abrahamitischen Weltreligionen ist die Stadt ein Heiligtum: Christentum, Judentum und Islam. Daher passt es gut, wenn ein Hostel – ein Ort der Ruhe für Reisende aus allen Ecken der Welt – diesen Namen trägt. Dieses Hostel lebt von Neugier und Geschichte und versteht sich eher als eine Heimat auf Zeit für Gleichgesinnte als bloße Durchreisestation. Beim Betreten des Hostels sehen die Gäste als erstes die einladende und bunt dekorierte Lobby. In den verwinkelten Fluren und auf dem Hof erblicken sie überall auffällige Graffiti aus dem Backpacker-Leben oder von bekannten Punkten Jerusalems.

Vor der Tür des Hostels wartet die Stadt mit all ihrem Trubel und ihrer Kultur nur darauf, entdeckt zu werden. Die duftenden Wege des Mahane-Yehuda-Markts sind nur einige Minuten entfernt. Hier →

Good to know

PREIS
€€€€€
AUSSTATTUNG
Kostenloses WLAN; Selbstversorgung möglich; Waschküche; Bar; Lounge; TV-Zimmer; Reisezentrum. Frühstück inbegriffen.

Tipp: Neben den täglichen Angeboten in der Altstadt bietet das Hostel auch Ausflüge ins Westjordanland, nach Ägypten und nach Jordanien an, wo man Petra und das Wadi Rum besuchen kann und die Möglichkeit hat, in einem Beduinenlager zu übernachten.

Abraham Hostel versteht sich eher als eine Heimat auf Zeit für Gleichgesinnte als eine bloße Durchreisestation.

sollte man die vielfältige Küche probieren und nach Gewürzen, Kitsch und Must-haves stöbern.

Ein weiterer Bonus des Abraham sind die Touren abseits der Touristenpfade. Neben den täglichen Angeboten in der Altstadt bietet das Hostel auch Ausflüge ins Westjordanland, nach Ägypten und nach Jordanien an, wo man Petra und das Wadi Rum besuchen kann und die Möglichkeit hat, in einem Beduinenlager zu übernachten.

Zurück im Abraham kann man in der luftigen und gemütlichen Lounge entspannen oder (im Sommer) eine beruhigende Yogastunde auf der Dachterrasse absolvieren. Zahlreiche Events sorgen für Unterhaltung, von Open Mic Nights, Hummus-Workshops, Pub Crawls bis zu Hebräischunterricht. Abends wird die Gästeküche zum Gemeinschaftsort, an dem man sich trifft, um mit seinen Freunden zu kochen. Bei wärmeren Temperaturen wird auf dem Dach gegrillt und es gibt Drinks zum Sonnenuntergang. Apropos: Das Hostel hat auch eine gut ausgestattete Bar mit Happy Hour zwischen 18 und 20 Uhr.

Das großzügige kontinentale und kostenlose Frühstück besteht unter anderem aus Müsli, Salat, Käse und Brot und wird zwischen 7 und 10 Uhr serviert. Handtücher und Bettwäsche sind für Gäste kostenlos und alle Schlafsäle haben Schließfächer – man muss nur ein eigenes Schloss mitbringen. Wenn man sich auf einen längeren Ausflug begibt, bietet das Hostel kostenlose Gepäckaufbewahrung während des Aufenthalts ebenso wie nach dem Check-out. Das Abraham Hostel hat außerdem zwei Schwesterhostels in Tel Aviv und Nazareth und zwischen allen Hostels verkehrt ein Shuttleservice. Das Shuttle fährt täglich und bringt die Gäste bis zur Tür der anderen beiden Hostels.

ABRAHAM THE
FIRST BACKPACKER

Fauzi Azar Inn

Ein Ort der Begegnung

Das Fauzi Azar Inn sagt von sich selbst, dass es das erste Guesthouse in der Altstadt von Nazareth ist. Dieses Guesthouse und Hostel wurde 2005 eröffnet und hat seitdem unzähligen Gästen einen Ort der Ruhe und Entspannung in der historischen Stadt Jesu geboten. Es befindet sich in einer wunderschönen 200 Jahre alten arabischen Villa und trägt den Namen seines früheren Besitzers.

Das Fauzi Azar Inn bietet sich als Basis für die Erkundung Nazareths und Galiläas förmlich an. Wenn man das Hostel betritt, spürt man sofort, wie geschichtsträchtig es ist. Jeden Morgen erzählt die Enkelin von Fauzi Azar die einzigartige Geschichte des Hauses und wie die einstige Vision einer Zusammenarbeit von Juden und Arabern inzwischen Realität geworden ist.

Die Lage im Herzen Nazareths ist beneidenswert: nur eine Minute vom Shuk (dem Markt) entfernt, einige Blocks von beiden Innenstädten und in der Nähe vieler Restaurants und Cafés sowie der Sehenswürdigkeiten der Altstadt. Alle Hauptattraktionen in Nazareth liegen 10 - 15 Minuten vom Fauzi Azar entfernt, darunter die Verkündigungsbasilika, die Weiße Moschee und die Griechisch-Orthodoxe Kirche St. Gabriel. Im Hostelkomplex selbst kommt man zunächst in die rustikale Lounge, die sowohl als Empfangs- als auch als Essbereich dient. Das Hostel hat einen Innenhof mit einem alten Brunnen, der von osmanischen Bögen und Architektur umgeben ist. Nach oben in die Lounge kommt man über eine schmale Treppe. Die obere Etage mit beeindruckenden Fresken, hohen Decken und Marmorböden ist atemberaubend. Drei große Bogenfenster bieten einen spektakulären Ausblick über die Altstadt und die Verkündigungsbasilika.

Abends verwandelt sich die Lounge in einen Gemein-

→

Good to know

PREIS
€ € € € €
AUSSTATTUNG
Kostenloses WLAN; Selbstversorgung möglich; Lounge; Innenhof; kostenlose Altstadt-Tour.

Tipp: Es gibt Tagestouren zum See Genezareth, zu den Golanhöhen (inklusive Weinverkostung auf einem Boutique-Weingut und Lunch in Masada) sowie die selbstgeführte Tagestour durch Haifa, Akkon und Rosh haNikra.

»Wir glauben, dass unsere Hostels kulturellen Austausch fördern und Wirtschaftsbeziehungen aufbauen können, durch die wir mit unseren Nachbarn Dialoge führen und Brücken bauen können.«

schaftsraum, in dem man gemeinsam Arabisch lernt, Musik hört oder an Koch-Workshops teilnimmt.

Das Inn hat eine gut ausgestattete Gästeküche, Waschmöglichkeiten und blitzsaubere Duschen und Bäder. Das Frühstück ist inbegriffen und mit seiner Auswahl aus frischem Obst, Gemüse, gebratenem Käse, Oliven, Feta, Hummus, Pitabrot, Pizza, Omeletts, Salaten und leckeren Kuchen sowie frischer Minzlimonade, Tee und Kaffee ein echtes Highlight. Die hausgemachten Kuchen kann man mit kostenlosem Kaffee, Wasser oder Tee übrigens den ganzen Tag genießen.

Das Hostel veranstaltet täglich eine Reihe Events. Es gibt eine kostenlose Walking Tour durch die Altstadt an sechs Tagen die Woche (außer sonntags). Bei Interesse an einer Tour zu den Orten im Leben Jesu sollte man am Empfang nach der Jesus Trail Tour fragen. Praktischerweise beginnt diese Tour gleich neben dem Hostel.

Für weitere Ausflüge gibt es Tagestouren zum See Genezareth, zu den Golanhöhen (inklusive Weinverkostung auf einem Boutique-Weingut und Lunch in Masada) sowie die selbstgeführte Tagestour durch Haifa, Akkon und Rosh haNikra.

Wer Hostels mit Geschichte und viel Charakter mag, wird das Fauzi Azar Inn lieben. Es ist gemütlich und komfortabel und in Nazareth kann man perfekt dem Trubel in Tel Aviv entkommen. Ein Spaziergang durch die engen Gassen der Altstadt ist eine wahre Freude und bietet überall, auch im Hostel selbst, Aussichtspunkte mit wunderbarem Panoramablick über Nazareth.

Das Hostel ist ein Ort des Friedens, an dem Menschen verschiedensten Glaubens und Ursprungs zusammenkommen. Als lokales Symbol der Einheit in einer früher konfliktbeladenen Gegend ist das Fauzi Azar Inn ein Ort, an dem Personen gemeinsam leben und arbeiten können, ohne dass Glaube oder Herkunft eine Rolle spielt.

Das Fauzi Azar Inn hat außerdem zwei Schwesterhostels in Tel Aviv und Jerusalem. Es gibt ein tägliches Shuttle, das die Gäste bis zur Tür des anderen Hostels bringt. Eine viel bequemere Alternative als öffentliche Verkehrsmittel.

Co-working Hostels

Arbeiten unterwegs

Hostels sind oft ein perfekter Ausgangsort für Digital Nomads. Kostenloses WLAN, Arbeitsplätze, die Möglichkeit Leute zu treffen und Kontakte zu knüpfen, plus die Erschwinglichkeit der Hostels im Vergleich zu den Wohnungspreisen: Man kann länger und besser reisen, auch stressfreier mit Blick aufs Konto. Diese Hostels sind optimal für effiziente Arbeitsstunden und belohnende Feierabendgetränke.

LetsBunk Poshtel, New Delhi

Das hippe wie historische Long Story Short Hostel (Seite 258) in Olmütz bietet einen extra Arbeitsplatz, Vault42, im Erdgeschoss. LetsBunk Poshtel (Seite 274) in Neu Delhi überführt die Erfahrung eines lokalen Hostels in die eines globalen Arbeitsplatzes, an dem es leckeren Kaffee gibt und eine Dachterrasse mit Blick auf eine Festung aus dem 13. Jahrhundert. Im Adler Hostel (Seite 298) in Singapur tummeln sich verschiedene Hightech-Start-ups, Investoren, MMA-Kämpfer und Webentwickler, sie alle nutzen die fantastischen Einrichtungen dieses tollen Hostels. ONEDAY | Pause & Forward (Seite 280) ist ein neues Hostel mit Arbeitsplatz in Bangkok. Holz, Backstein und Pflanzen des Interieurs, die großen Fenster und schön glänzende Betonboden regen die Kreativität an und das schnelle WLAN, die Konferenzräume und Einzelschreibtische bieten alles, was man braucht, um produktiv zu sein. The Yellow Hostel (Seite 134) in Rom, eins der besten Party-Hostels in Europa, eröffnet neue Arbeitsplätze mit kostenlosem iPad-Verleih. So kann man nächtliche Kapriolen tagsüber mit Arbeit ausgleichen oder einfach die Zeit zwischen den geführten Stadtspaziergängen und dem Kochkurs nutzen. Untergebracht in einem Gebäude des UNESCO-Weltkulturerbes ist das Away Hostel & Coffee Shop (Seite 126) ein Tripel aus Café, Hostel und Büro – ein beliebter Ort für Reisende und Einheimische. Obwohl das Café kein ausgewiesener Arbeitsplatz ist, wird hier effektiv gearbeitet, mit dem Bonus nebenbei hausgemachtes Essen, lokale Produkte und Cocktails genießen zu können.

» Hostels sind oft ein perfekter Ausgangsort für Digital Nomads. Kostenloses WLAN, Arbeitsplätze, die Möglichkeit Leute zu treffen und Kontakte zu knüpfen. «

ONEDAY Pause & Forward, Bangkok

Away Hostel & Coffee Shop, Lyon

Long Story Short Hostel, Olmütz

Swanky Mint

Aufregendes Domizil mit verspielten Farben

Dieses Hostel im Herzen von Zagreb mischt Eleganz und postindustriellen Schick, wodurch es dekadent und wahrhaft mondän wirkt. Tolle Sonnenterrassen, wunderbar gestaltete Räume, freundliche und lustige Mitarbeiter und eine auch bei den Einheimischen sehr beliebte Bar. Mit der Eröffnung des neuen Außenpools und der Bar im letzten Jahr hat das Swanky Mint seinen Status als aufregendstes Luxushostel Kroatiens nur noch gefestigt.

Was hier sofort ins Auge fällt, ist die Kombination des interessanten Erbes des Gebäudes mit einem modernen Design. Es war einst eine Fabrik zum Färben und Reinigen von Textilien, was im freigelegten Mauerwerk, den Rohren und Stahlträgern zu erkennen ist; im Hof findet man Reste der Maschinen.

Im Swanky Mint gibt es eine Auswahl an verschiedenen Zimmern. Für eine Reise mit der Familie oder Freunden sind die schönen Apartments für Selbstversorger ein Schnäppchen. Dort gibt es einen Wohnbereich (mit Bettsofa), eine kleine Kochnische und ein Doppelbett auf der Mezzaninebene. Für Pärchen stehen vier sehr schicke Privatzimmer mit Doppelbett und farbenfrohem eigenen Bad zur Auswahl. In allen Doppelzimmern und Apartments hat man Satelliten-TV, Klimaanlage und ein eigenes Bad. Die meisten Betten und Möbel bestehen aus recycelten Materialien, die Etagenbetten in den Schlafsälen sind beispielsweise aus Spanplatten. Auch in den Schlafsälen gibt es Klimaanlagen und Schließfächer.

Alle Gäste werden auf kroatische Weise begrüßt: mit einem Glas Rakija, einem traditionellen Obstbrand. Diesen gibt es auch in der →

Good to know

PREIS
€€€€€

AUSSTATTUNG
Bettwäsche; 24-Stunden-Rezeption; kostenloses WLAN; Möglichkeit zur Selbstverpflegung; Parkplätze; Flughafentransfer.

Tipp: Das Hostel bietet einige kostenlose Walking Tours an. Es gibt eine in Zagreb, die vom Steampunk inspiriert in die wissenschaftliche Geschichte Kroatiens abtaucht und eine in der Bergregion.

Alle Gäste werden auf kroatische Weise begrüßt: mit einem Glas Rakija, einem traditionellen Obstbrand.

wunderbaren Swanky Bar, dem Treffpunkt für Gäste und Einheimische. Hier hört die Party niemals auf: Zwischen Konzerten, DJs und Kunstevents ist die Swanky Bar selbst der Star. Draußen geht der Spaß auf der sonnigen Außenterrasse mit vielen Tischen und gemütlichen Ecken weiter; die Mitarbeiter nehmen die Bestellung am Tisch auf, sodass man sich nicht zur Bar durchschlagen muss. Hier ist immer etwas los – morgens, mittags und abends. Allerdings läuft man so auch Gefahr, einfach hier zu bleiben und nichts von Zagreb zu sehen.

Das Swanky Mint hat bereits viele tolle Dinge zu bieten und arbeitet an weiteren. Im letzten Jahr wurden der kleine Pool und die beiden neuen Terrassen im hinteren Hof eröffnet. Außerdem gibt es eine Fahrradvermietungsstation im vorderen Hof und einen Flughafentransferservice, den man vorab per E-Mail anfragen sollte.

Neben der Außenbar findet man auch eine voll ausgestattete Gästeküche – wobei die Bar wirklich das beste Hostelfrühstück aller Zeiten serviert. Für nur 35 Kuna kann man aus überbackenem Toast, Croissants oder Burek (leckerem gefülltem Käsegebäck) auswählen und sich zusätzlich am Frühstücksbüfett mit Müsli, Waffeln, Brot, Marmelade, Nutella, Joghurt und Saft, Kaffee oder Tee gütlich tun. Einen Föhn oder Adapter kann man an der Rezeption ausleihen und bei einem frühen Check-in oder späten Abflug kann man sein Gepäck sicher aufbewahren.

Außerdem veranstaltet das Hostel einige bekannte kostenlose Walking Tours. Es gibt eine in Zagreb, die vom Steampunk inspiriert in die wissenschaftliche Geschichte Kroatiens abtaucht und eine in der Bergregion Medvednica, bei der man sich die unterirdischen verlassenen Militärkomplexe ansieht. Mit einem Aufenthalt in diesem schicken Hostel bleibt Zagreb immer unvergessen.

PLACES TO RELAX:
CARSTVO MRAVA
OUR FAVOURITES CAFÉS:
Dežman
Velvet
Botaničar
Café in the yard

SWANKY
MONKEY
GARDEN

Czech Inn

Designparadies in Europas Jugendstilmekka

Zwischen den Bezirken Vinohrady und Vršovice liegt in einem Jugendstilgebäude aus dem 19. Jahrhundert das einzigartig eingerichtete Hostel Czech Inn. Der Kontrast aus strahlenden Farben und gedämpften Tönen, Vintage-Möbel und schräges Dekor hier und dort machen das Hostel zu einem der visuell umwerfendsten und interessantesten überhaupt. Jeder Raum im Czech Inn hat ein anderes klares und minimalistisches Design. Die Gäste können zwischen luxuriösen Appartements und Zimmern, in denen man sich eher wie im Hotel fühlt, sowie kleinen und großen Mehrbettzimmern für bis zu 36 Personen wählen. Es gibt Waschräume und Zimmer mit eigenem Bad. Die beiden Premium-Mehrbettzimmer ganz oben verfügen über eine Gemeinschaftsküche und Wohnzimmer – man fühlt sich wie in der eigenen Wohnung.

Im Keller des Czech Inn findet sich eine Bar, die fantastisches Bier aus der eigenen Mikrobrauerei ausschenkt. Dort ist immer was los: Filmnacht, Quizabend, Fernsehsport. Tagsüber können die Gäste an kostenlosen Stadtführungen teilnehmen. Es gibt Waschmaschinen im Hostel, aber keine Küche – diese ist jedoch bereits in Planung. Das Frühstück kostet 6 €, oder man besucht die Kaffeeecke bei der Rezeption, wo La-Bohème-Kaffee aufgebrüht wird – beste Qualität in ganz Prag! Anschließend kann man im veganen Café Moment oder in Marthy's Kitchen an der Francouszká frühstücken.

Vom Czech Inn kann man bequem in die beiden spannenden Bezirke Vinohrady und Žižkov spazieren. In beiden lässt es sich nachts fabelhaft feiern, es gibt viele großartige Restaurants und tolle Architektur. Für einen atemberaubenden Sonnenuntergang geht man 15 Minuten zum Riegrovy sady (Riegerpark), pflanzt sich mit ein paar Flaschen Bier auf den Rasen und genießt die traumhafte Aussicht über die historische Stadt.

Good to know

PREIS
€€€€€
AUSSTATTUNG
Bettwäsche; Handtücher; kostenloses WLAN; Adapter; Föhn; kostenlose Stadtführungen; Bücherei; Events; Gemeinschaftsküche; Café; Bar. Frühstück ist nicht inbegriffen.

Tipp: Wenn man das überfüllte Stadtzentrum verlassen will, bietet sich das extrem angesagte Viertel Vrsovice an, das als Hipsternest Prags gilt und dementsprechend dicht mit Cafés und Bars besiedelt ist.

Sir Toby's Hostel

Good to know

PREIS
€€€€€
AUSSTATTUNG
Bettwäsche; Handtücher; Stadtführungen; Sicherheitsschlösser und andere Annehmlichkeiten an der Rezeption; Balkone; Garten; Bar.

Tipp: Der alte Industriecharme zieht Künstler unter den Reisenden an. In der Gegend finden sich das Zentrum für zeitgenössische Kunst DOX, der namhafte Cross Club und die Prager Markthalle.

Sir Toby's ist etwas abseits gelegen: im verwegenen Industrieviertel Holešovice. Der alte Industriecharme zieht Künstler unter den Reisenden an. In der Gegend finden sich das Zentrum für zeitgenössische Kunst DOX, der namhafte Cross Club und die Pražská tržnice (Markthalle), außerdem gibt es in diesem Teil der Stadt immer viele seltsame und wundervolle Dinge zu sehen und zu erleben. Die Gäste im Sir Toby's können zwischen Fünf- bis Zwölfbettzimmern (reine Frauen- und Männerschlafräume inklusive) und gemütlichen, mit interessanten Antiquitäten geschmackvoll eingerichteten Einzel- und Doppelzimmern wählen. Die Räume sind mit schönen dunklen Parkettböden ausgestattet, kunstvoll bemalten oder tapezierten Wänden, prächtigen Möbeln und Vorhängen. In allen Betten finden sich kuschelige Kissen und in den kleineren Mehrbettzimmern stehen keine Etagenbetten. Neben Leselampen gibt es Schließfächer mit Steckdose, sodass man sein Handy sicher laden kann.

Geselligkeit wird im Sir Toby's an der fantastischen Bar, mit Livemusik, Quizabenden und Grillabenden auf der Gartenterrasse gelebt.

Sophie's Hostel

Sophie's Hostel liegt etwas versteckt in einer ruhigen Seitenstraße von Prags Neustadt. Das Jugendstilhaus aus dem 19. Jahrhundert liegt am Rand von Vinohrady, dem malerischsten Viertel der Stadt und ist umgeben von Läden, Restaurants, Bars und Cafés. Zwischen Hostel und historischem Stadtzentrum liegen nur wenige Tram- oder Metrostationen. Sophie's Hostel ist eine sehr gute Wahl für alle, die keine Hauptsehenswürdigkeit verpassen wollen und dennoch das authentische Prag erleben möchten.

Die Mehrbettzimmer haben schöne Holzböden, Bettrahmen aus gebürstetem Stahl, bequeme Matratzen und große, flauschige Kissen. Für jeden Gast gibt es ein persönliches Schließfach, Regal, Leselampe und Steckdose.
Die Frauenschlafräume sind mit Einzelbetten – keine Etagenbetten – ausgestattet, mit eigenem geräumigem Bad und einer Kochnische. So ist Sophie's Hostel für Frauen eine gute Wahl.

Die Hostelbar ist 24 Stunden geöffnet, morgens können die Gäste ein hausgemachtes Frühstücksbüfett genießen. Für 6 € bekommt man ein kaltes Büffet oder für 8 € ein warmes Büffet mit Würstchen, Schinken, Eiern, Pfannkuchen und gebratenem Gemüse.

Good to know

PREIS
€ € € € €

AUSSTATTUNG
Bettwäsche; Handtücher; kostenlose Stadtpläne; kostenloses WLAN; Selbstversorgerküche; Föhn; Bügeleisen; Wecker; Adapter; Bar. Frühstück ist nicht inbegriffen.

Tipp: Eine der Rezeptionistinnen hat Kunst und Geschichte studiert und bietet einmal in der Woche für alle wissbegierigen Gäste eine Tour durch das Viertel an.

Hostel Old Plovdiv

Vintage-Charme fernab der Touristenzentren

Das historische Interieur dieses Hostels spiegelt den Geist von Plovdiv, einer alten, farbenfrohen Stadt. Ursprünglich gehörte das Hostelgebäude dem reichsten Tabakhändler von Bulgarien und wurde 1868 während der bulgarischen Renaissance vollendet. Es verfiel mehr und mehr, bis die heutigen Hostelbesitzer es sorgfältig restaurierten.

Die hölzernen Säulen des Hauses wurden aus libanesischer Zeder gefertigt, der Marmor stammt aus der osmanischen Türkei und im Esszimmer ist sogar noch eine original römische Festung zu sehen. Details wie die getrockneten Blumen auf dem Kissen und schwarz-weiße Familienporträts an den Wänden erhöhen noch den nostalgischen Charme.

In den Mehrbettzimmern gibt es keine Etagenbetten, die Badezimmer und Duschräume sind makellos und gut gepflegt. Persönliche Schließfächer gibt es in Form alter Koffer – eine hübsche Idee.

Der sonnendurchflutete Innenhof ist das i-Tüpfelchen des Hostel Old Plovdiv, dicht gefolgt vom ausgezeichneten Gratisfrühstück. Man sollte also beides genießen – und den Tag am besten mit regionalem Aufschnitt und Käse, Brot, Marmelade, frischem Kaffee und Tee im Schatten eines Mispelbaums und beim fröhlichen Plätschern des Springbrunnens im Hintergrund beginnen.

Plovdiv ist ein unterhaltsamer und schöner Ort auf einer Reise durch Bulgarien. Diese kaum bereiste Stadt ist es allemal wert, gründlich erkundet zu werden. Das Hostel Old Plovdiv liegt zentral und nur zwei Gehminuten von der Fußgängerzone entfernt. Beim Flanieren durch die pittoresken Kopfsteinpflasterstraßen kann man die ganze Schönheit der Stadt aufsaugen und den Einheimischen beim Schachspielen zuschauen. Vielleicht laden sie einen sogar auf eine Partie ein – ganz egal, ob man Bulgarisch spricht oder nicht.

Good to know

PREIS
€€€€€
AUSSTATTUNG
Bettwäsche; Handtücher; WLAN; Schließfächer; Parkplätze; Tee; Kaffee und hausgemachte Limonade sind umsonst; Garten. Frühstück ist inbegriffen.

Tipp: Beim Flanieren durch die Stadt kann man den Einheimischen beim Schachspielen zuschauen. Vielleicht laden sie einen sogar auf eine Partie ein, ganz egal, ob man Bulgarisch spricht oder nicht.

Long Story Short

Eine Geschichte zum Verlieben

„Das Long Story Short Hostel & Café ist einer dieser Orte, die man mit eigenen Augen sehen und selbst erleben muss. Das Gebäude hat eine besondere, ausgeglichene Energie, die es einzigartig macht. Wir haben es nicht als Luxushostel gebaut, sondern einfach das getan, was unseren Werten und diesem Raum gerecht wurde – und daraus entstand etwas wirklich Tolles." sagt Eva Dlabalová. Die Geschäftsfrau wurde von ihren eigenen Reisen und Auslandsaufenthalten zu diesem Projekt inspiriert. Sie holte die Innenarchitektin Denisa Strmisková und den Eigentümer des historischen Podkova-Gebäudes aus dem 17. Jahrhundert ins Boot, um eine freundliche und kosmopolitische Unterkunft für Digital Nomads zu schaffen.

Das Long Story Short Hostel liegt im historischen Zentrum von Olomouc und ist perfekt für Reisende, die etwas ganz Besonderes suchen. Der Name Long Story Short bezieht sich auf die lange Geschichte des Gebäudes – die freundlichen Mitarbeiter erzählen die Langfassung gern. Es ist auch ein Wortspiel bezogen auf das Gebäude selbst und seinen unglaublich langen Flur. Nicht zuletzt bringt es ohne langes Gerede auf den Punkt, dass man nirgendwo besser für wenig Geld wie in einem Luxushotel schlafen kann. Das Designkonzept und alle Möbel entstanden von Grund auf neu. →

Good to know

PREIS
€€€€€
AUSSTATTUNG
Behindertengerecht; kostenlose Handtücher; kostenloses WLAN und Internetzugang; Wäscheservice; Schlüsselkarten; persönliche Schließfächer; Föhn; Regenduschen; Wickelmöglichkeiten; Garten; Terrasse; Boomerang-Treffpunkt; Büchertausch; Filmabende; Musik; Grillen; Konferenzraum; Pétanque-Spiefeld; freundliche Mitarbeiter; Frühstücksbüfett (mit vegetarischen / glutenfreien Optionen).

Tipp: Den Rote-Bete-Salat unbedingt probieren!

Die Gründerin Eva Dlabalová ließ sich von ihren eigenen Reisen inspirieren und schuf mit *Long Story Short* eine freundliche und kosmopolitische Unterkunft für Digital Nomads.

Denisa Strmisková verbrachte zwei Jahre mit dem Entwurf: Sie wollte die Genialität der historischen Elemente hervorheben und sie mit entsprechenden Anpassungen in ein zeitgenössisches Design integrieren. Die Geschichte des Podkova wurde mit modernen Materialien wie Holz, Stein und Metall verknüpft.
Als Kontrast zu den eher „harten" Materialien werden Werke lokaler Kunsthandwerker ausgestellt und mit zierlichen Vintagemöbeln ergänzt.

Das Hostel hat sowohl Privatzimmer als auch Schlafsäle – aber keine Etagenbetten. Eva Dlabalová sagt: „Wir glauben nicht an Etagenbetten! Wir konzentrieren uns bei allem, was wir tun, auf Komfort, Qualität und das Erlebnis." Die Schlafzonen in den Schlafsälen wurden daher mit Mezzaninebenen gebaut, die für eine gewisse Privatsphäre und reichlich Platz für persönliche Gegenstände sorgen – wahrlich die Idee eines Luxushostels.

Die Premium-Doppelzimmer haben alle ein eigenes Bad. Die Hochzeitssuite ist mit ihrer ausgefallenen Badewanne das aufregendste Zimmer.

Das Herzstück des Hostels ist die Rezeption, die gleichzeitig als Gemeinschaftsraum und Café fungiert. Von der Rezeption führt ein Gewölbeflur zu allen Zimmern, aber dieser hat es in sich: Er erscheint aus verschiedenen Perspektiven immer wieder anders und überrascht ständig neu. Die Möbel sind zu →

TOILETS

privaten Sitzbereichen angeordnet und ihre pastellfarbene Polsterung fällt vor den weißen Wänden und den schwarzen Details sofort ins Auge.

Die meisten Einrichtungsgegenstände sind Spezialanfertigungen. Betten, Spiegel, Lampen und Regale wurden genau wie die Badeinrichtung maßgerecht von lokalen Künstlern angefertigt. Sie passen elegant zum klassischen modernistischen Design des vorigen Jahrhunderts und den trendigen Details. Das Long Story Short hat eine sehr lange Liste von kuriosen und bemerkenswerten Features: von der Innenbeleuchtung über das minimalistische Navigationssystem (das auf dem komplexen visuellen Stil des Hostels basiert) bis zu den Kunstwerken des Tschechen David Minarík. Einige Vorzüge: Café und Bar im Hostel, ein Konferenzraum, kostenloses WLAN, ein Treffpunkt zum Netzwerken, ein Coworking Space für Nomaden mit engen Deadlines und vieles mehr. Die Gäste können sich auf der wunderschönen Gartenterrasse entspannen, die häufig für Events wie Live-DJ-Shows oder Grillabende mit unterschiedlichen Themen genutzt wird.

Von der Terrasse aus sieht man das Pétanque-Spielfeld (ähnlich wie Boccia). Umgeben von vielen Bäumen des benachbarten Parks, kann man hier einen ruhigen und sonnigen Morgen mit einer Tasse Kaffee genießen.

Das Café verwendet nach Möglichkeit nur regionale Produkte. Für einen kleinen Aufpreis genießt man das reichhaltige und vielseitige Frühstücksbüfett.

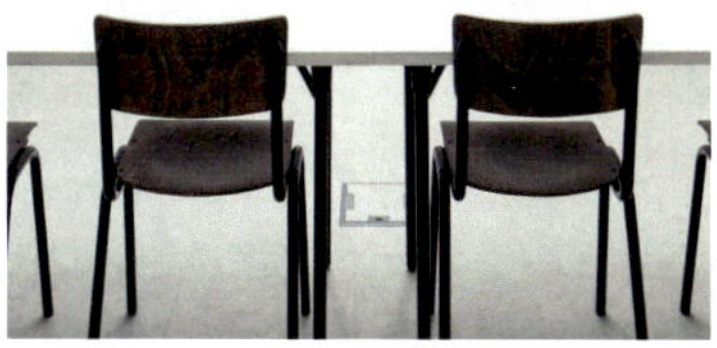

TwoWheels Hostel

Willkommen im Biker-Paradies

TwoWheels ist ein gemütliches kleines Hostel mit vielen Geschichten. Man fühlt sich hier eher, als sei man bei Freunden zu Gast. Das zweistöckige Holzgebäude ist wunderbar rustikal, dafür sorgen knarrende Holzböden, eine gewundene Treppe und viele Töpfe mit Grünfarnen auf den Fensterbänken. Ein eigenwilliger und interessanter Ort, an dem klassische lettische Architektur und ein familiäres Umfeld aufeinandertreffen. Wie der Name schon sagt, hat das Hostel ein Motorrad-Thema. Man entdeckt an den Wänden und in allen Ecken Motorradteile und kann außerdem Motorräder mieten.

Die Zimmer im TwoWheels sind ausgesprochen gemütlich. Alle 20 Zimmer sind individuell gestaltet und tragen die Namen verschiedener Städte der Welt, darunter New York, Teheran und London. Überall gibt es kleine Designdetails wie Batikvorhänge, lokale Kunst, bunte Teppiche und vielfältige Deko auf allen Oberflächen. Für zusätzliche Wärme sorgen die kuscheligen Decken auf jedem Bett. In allen Zimmern finden sich mehrere Steckdosen, Beistelltische und Korbstühle sowie Schubladen und Kleiderschränke statt Schließfächern. Die meisten Zimmer verfügen über ein eigenes Bad: eine Dusche mit Glaswänden (gewöhnungsbedüftig, wenn man mit Freunden reist) und einem starken Duschkopf.

Am Empfangstresen gibt es jeden Morgen zwischen 9 und 11 Uhr ein Frühstücksbüfett. Dieses umfasst Toast, gekochte Eier, Aufschnitt, Joghurt, Müsli, Obst, Filterkaffee, Tee und Orangensaft.

Der Empfangsbereich ist gleichzeitig auch Gemeinschaftsraum mit Stühlen und Tischen, alle aus Holz. Überall auf den zwei Etagen gibt es zudem bequeme Sessel und Sofas. Der kleine Balkon mit Tischen und Sonnenschirmen ist ideal, um den Sonnenuntergang mit einem eiskalten Bier zu genießen.

Good to know

PREIS
€€€€€
AUSSTATTUNG
Bar; kleines Restaurant; Sonnenterrasse; Harley-Davidson-Vermietung; Frühstück inbegriffen.

Tipp: Riga bietet außer seiner beeindruckenden Jugendstilarchitektur auch eine wunderbare Café-Kultur. So kann man beim Herumwandern in den Gassen immer wieder zu Kaffee und Kuchen einkehren.

Downtown Forest

Grüner Hafen der Ruhe

Das Downtown Forest Hostel & Camping ist ein Ausdruck der litauischen Seele, der Liebe zur Natur und der Offenheit der Hostelgäste. Es befindet sich im künstlerischen und alternativen Herzen der Hauptstadt Vilnius, der selbst erklärten unabhängigen Republik Užupis.

Mit seiner Vielzahl an Kirchen hat Vilnius vielleicht eine der schönsten Altstädte Europas, aber richtig erlebt man die Stadt erst, wenn man nach alternativen und kuriosen Dingen Ausschau hält – im Bezirk Užupis beispielsweise gibt es Streetart und kleine Engel zu entdecken. Oder man streift durch die unglaublichen Friedhöfe der Stadt.

Obwohl es sich im Zentrum der Hauptstadt befindet, ist Downtown Forest so ruhig und entspannt, dass man den Trubel der Stadt gar nicht bemerkt. Es gibt Zimmer für jede Art von Budget: helle, geräumige Schlafsäle ebenso wie Privatzimmer – manche sogar mit eigenem Balkon. Das Hostel ist außerdem der zentralste Ort in ganz Vilnius, um sein Zelt aufzuschlagen oder den Camper zu parken. Morgens gibt es gratis Tee und Kaffee und mit den frisch gebackenen Croissants beginnt der Tag angenehm.

An kühleren Tagen kann man im kleinen, aber schönen Gemeinschaftsraum entspannen und eines der Bücher aus dem Tauschregal lesen. Im Hostel kann man auch lokale Craft-Biere probieren.

Die Außenterrasse wird im Sommer zur Bar, in die viele Einheimische zum Grillen und Chillen kommen, und ab und zu gibt es hier auch Konzerte. Dieses Hostel ist perfekt, um Vilnius zu entdecken.

Good to know

PREIS
€ €€€€
AUSSTATTUNG
Kostenloses WLAN; morgens gratis Tee und Kaffee; Bar; kostenlose Konzerte; Grill.

Tipp: Das Hostel ist der zentralste Ort in ganz Vilnius, um sein Zelt aufzuschlagen oder den Camper zu parken. Obwohl es sich im Herzen der Hauptstadt befindet, ist Downtown Forest ruhig und entspannt.

Soul Kitchen

Herzhafte Gastfreundlichkeit

Das Konzept des Soul Kitchen wurde von zwei passionierten Reisenden entwickelt. Dabei sollte die Privatsphäre eines Hotelaufenthalts mit der sozialen Komponente eines Hostels und coolem Design kombiniert werden. Das Ergebnis: Soul Kitchen, Russlands – und vermutlich Europas – schickstes Designhostel. Es eignet sich gleichermaßen für Alleinreisende, Paare und Familien, da es Privatzimmer mit eigenem Bad, maßgefertigte Etagenbetten mit Vorhängen und ein tolles Design anbietet. Die Schlafsäle gehören zu den luxuriösesten, die man in einem Hostel finden kann. Alle Betten sind beinahe Queensize und bieten (falls gewünscht) Platz für zwei. Außerdem haben sie eine Leselampe und einen Stromanschluss. Die Matratzen sind bequem, es gibt Privatsphäre und auch keinen Schock durch grelles Licht um 3 Uhr morgens – ein Universalschalter an der Rezeption hält das Licht nachts gedämpft. In die Schließfächer unter den Betten passen Rucksäcke, außerdem haben sie Stromanschlüsse innen, damit man seine Geräte sicher laden kann, während man unterwegs ist. Die Privatzimmer variieren: Doppelzimmer mit eigenem Bad, Luxuszimmer mit Bad, Kamin und Dusche und Familienzimmer. Alle Zimmer sind mit Schlüsselkarten gesichert. In der TV-Lounge gibt es eine große Couch (mit Steckdosen) und einen Fernseher mit etwa 1000 Kanälen.

Frühstück ist nicht im Preis inbegriffen, aber Kaffee und Tee gibt es rund um die Uhr kostenlos. Die Gästeküche ist allerdings so schön und so gut ausgestattet, dass man geradezu Lust bekommt, sich hier selbst zu versorgen.

Good to know

PREIS
€ € € € €
AUSSTATTUNG
Bettwäsche; Handtücher und Internetzugang kostenlos; kostenloses WLAN; kostenlose internationale Festnetzgespräche; Schirme für regnerische Tage; Brettspiele; Lounge; Bibliothek; geräumige Badezimmer.

Tipp: Die tolle Gästeküche lädt geradezu ein, auf einem der vielen Märkte der Stadt einzukaufen und dann selbst zu kochen.

Fabrika Tbilisi

Eine alte Sowjetnäherei im Herzen von Tiflis

Am linken Flussufer der Kura in der Altstadt von Tiflis erweckt das Fabrika Hostel einen einst vergessenen historisch-kulturellen Stadtteil der georgischen Hauptstadt wieder zum Leben. Da sowohl georgische als auch internationale Gäste die Sehenswürdigkeiten und symbolträchtigen Stätten von Tiflis langsam wiederentdecken und wertschätzen, wird das Stadtgebiet nun saniert.

Das Hostel ist ein Projekt des georgischen Gastrounternehmens Adjara Group. Mit fortschrittlichem Design will das Unternehmen die Nachhaltigkeit und Authentizität des Hostels fördern. Die Fassade der alten Näherei wurde kaum verändert, abgesehen von ein paar industriellen Elementen, die im starken Kontrast zum gealterten Beton der Außenwand stehen. Das Fabrika Hostel vermischt Altes mit Neuem und die hohen Decken und großen Gemeinschaftsbereiche verleihen ihm ein großzügiges Raumgefühl.

Die Lobby ist riesig und mit leuchtenden orientalischen Teppichen ausgeschmückt. In dem Raum wurden großzügig Sitzflächen verteilt – Sessel, behagliche Sofas und sogar die eine oder andere Hängematte.

Jedes Möbelstück ist sorgfältig ausgewählt, um einen lebhaften und gemütlichen Aufenthaltsraum zu schaffen, der Begegnungen anregt. Das Tageslicht fällt auf zwei Seiten durch bodentiefe Fenster in den Raum, blaue und violette Neonlichter der Eckbar versprechen hingegen bei Nacht „Cocktails and Dreams". An der Längsseite der stylishen Lobby und des Speisesaals sind einige Multifunktionsräume und ein Hof untergebracht – überall finden sich Menschen zusammen, tauschen Reiseerfahrungen aus, teilen ihre →

Good to know

PREIS

€€€€€

AUSSTATTUNG

24-Stunden-Rezeption; Touren und andere Aktivitäten; kostenloses WLAN; Selbstversorgungsmöglichkeiten; Multifunktionsräume; Gepäckaufbewahrung; Keycard; Waschmaschinen; Gemeinschaftsraum; Frühstücksbüfett; Restaurant; Cocktailbar; Fabrika-Shop.

Tipp: Im Innenhof befinden sich zahlreiche Cafés und Bars, Künstlerateliers, Werkstätten, Läden, Arbeitsplätze und es finden immer wieder wechselnde einmalige Events statt!

Das *Fabrika Tbilisi Hostel* vermischt Altes mit Neuem und die hohen Decken und großen Gemeinschaftsbereiche verleihen ihm ein großzügiges Raumgefühl.

Geschichten und erleben miteinander neue. Das Fabrika Tbilisi weiß die Räume der ehemaligen sowjetischen Nähfabrik gut auszunutzen: 354 Gäste können hier insgesamt untergebracht werden. Man kann zwischen Mehrbettzimmern, Einzelzimmern und Apartements wählen – das Hostel bietet alles. Die Mehrbettzimmer sind sauber und minimalistisch (bequeme Betten mit gestärkter, weißer Bettwäsche) und einige der Privatzimmer haben einen großartigen Ausblick.

Das Frühstücksbüfett ist ein opulentes Festmahl aus starkem Kaffee, frischem Obst, hausgemachten Joghurts, diversen Marmeladen und Kompotten, frisch gebackenem Brot, köstlichen Küchlein, grünem Salat und hart gekochten Eiern.

Das hippe urbane Design, Raffinesse, freundlicher Service, die fantastische Einrichtung und großartige Schlafquartiere machen das Fabrika Tbilisi zu einer preiswerten Alternative ohne Kompromisse. ⌂

LetsBunk Poshtel

Minimalistischer Ruhepol im hektischen Delhi

Das LetsBunk Poshtel liegt im hippen Hauz Khas Village und damit gleichzeitig zentral und umgeben von geschichtsträchtigen Gebäuden aus dem Sultanat von Delhi im 13. Jahrhundert. Dieses „Poshtel" ist ein erster Versuch, die Mischung aus guten Preisen, Stil und Gemeinschaftsgefühl nach Indien zu bringen. Es bietet genau das richtige entspannte und doch soziale Umfeld, in das man nach einem hektischen Tag voller Delhi-Eindrücke zurückkehren kann.

Die Designidee war einfach: das Konzept eines Boutiquehotels mit einem gehobeneren Hostel zu verbinden, mit Fokus auf Bequemlichkeit, Sauberkeit und Gemeinschaft. Gründer Gautam Munjal sagt: „Wir wollten einen geräumigen, sauberen und bequemen Ort schaffen, mit monochromen Farben und minimalistischen Einflüssen." Bei den Möbeln im Hostel wurden viel Schmiedeeisen und gedämpfte Farben verwendet, sodass die Einrichtung fast skandinavisch anmutet – ungewöhnlich im farbenfrohen Indien.

LetsBunk hat insgesamt 11 Zimmer, von Frauenschlafsälen bis hin zu Queen- und Kingsize-Zimmern mit eigenem Bad. Die geräumigen Betten (210 × 120 cm) sind ein weiterer Pluspunkt.

Die Gäste können an einer Vielzahl von Events teilnehmen, von wöchentlichen Grillabenden mit indischer Bierverkostung über Filmabende, Bar und Café Crawls bis zu Aktivitäten wie Ultimate Frisbee, Slacklining und Klettern. LetsBunk ist auch mit der Bevölkerung vor Ort bestens vernetzt. Bei den LetsBunk Socials betreuen die Einwohner einzigartige Events wie Workshops für Filmemacher, Pop-up-Märkte und akustische Live-Mic-Sessions auf der Dachterrasse des Hostels.

Wenn man unterwegs arbeiten möchte, bietet LetsBunk mit dem Coworking Space und Café ein weiteres Highlight.

Das gepflegte Hostel eignet sich sehr gut, um sich bei einem Besuch in Delhi zu erholen.

Good to know

PREIS
€ € € € €
AUSSTATTUNG
Kostenlose Handtücher und Hygieneartikel; Klimaanlage; eigenes Bad; Föhn; Dachterrasse; Brettspiele; Zugang zu Gym und Spa von Partnereinrichtungen; tägliche Touren und Aktivitäten; Kaffee und Tee kostenlos. Frühstück inbegriffen.

Tipp: Wenn man unterwegs arbeiten möchte, bietet LetsBunk mit dem Coworking Space und Café einen weiteren Grund, sich für das Hostel zu entscheiden.

Bangkok: die goldene Stadt

Die Hauptstadt von Thailand ist eine Stadt der Kontraste, in der goldene Tempel auf Streetfood treffen.

Wer wie ich den Fehler begeht, ein Taxi vom Flughafen zu nehmen, das im Schneckentempo über die Autobahn schleicht und sich beinahe vom Fahrer übers Ohr hauen lässt, weil der sich weigert, das Taxameter einzuschalten, dessen erster Eindruck von Bangkok wird vermutlich nicht der beste sein. Als ich in meinem Hostel ankam, atemlos und um ein paar graue Haare reicher, war ich erst einmal bedient. Doch nachdem ich ein paar Tipps von Einheimischen bekommen hatte, fühlte ich mich besser gerüstet für die Stadt. Und am Ende hat sich meine Einstellung zu Bangkok vollkommen geändert.

Das gastronomische Angebot der Stadt ist beispiellos. In Thailand sind die meisten Menschen sehr höflich und gastfreundlich – von einer ersten Begegnung im Taxi oder Tuk Tuk sollte man sich da nicht irritieren lassen. Am meisten haben mich Bangkoks Kontraste fasziniert, wie das Nebeneinander des schillernden Großen Palastes, der so voller Geschichte steckt und der schicken, auf Hochglanz polierten Einkaufszentren von heute. Hier meine Tipps, um das Beste aus einem Aufenthalt dort zu machen:

Kulinarisches

Bangkoks Streetfood-Szene hat mich am allermeisten begeistert. Es werden nicht nur unzählige Köstlichkeiten angeboten, man bekommt diese auch noch für wenig Geld. Ein günstiger Snack, den man unbedingt probieren sollte, ist der scharfe Papayasalat Som Tum – er ist superlecker und kostet meist nur 20 Baht (um die drei Cent)! Veganer und Allergiker sollten jedoch Garnelen- und Fischsaucen meiden. Das Streetfood in der Chinatown Street ist umwerfend und nach ein paar Gerichten ist man schon pappsatt. Die Food-Courts in den großen Malls wie Siam Square →

Khao san Road
anuSawan CHAI Samoraphum
Sorry I'M GAY
Golden MOUNT TEMPLE
Sao CHING CHA
Phra BOROM Maha Ratcha WANG
KOKO
BLUE FLAG tourist boat
WAT PHO
Brocoli REVOLUTION
Bangkra chao

One und MBK bieten eine noch breitere Palette an günstigen, lokalen Gerichten an und für 50 Baht bekommt man eine ordentliche und leckere Portion Pad Thai.

Das Koko in der Nähe des Siam Square ist ein kleines, schlichtes Lokal, in dem man gut zubereitete, traditionelle Thai-Gerichte bekommt. Es eignet sich auch für Vegetarier, aber allen, die Fleisch essen, würde ich das Panang-Curry mit Schweinefleisch empfehlen.

» Als Veganerin liebe ich das Massaman-Curry von Siam Ceylon in der Nähe des Yim Yam. Wenn ich mir etwas gönnen will, gehe ich zu Broccoli Revolution, wo es ausgefallene, gesunde Gerichte wie Smoothie-Bowls und Veggie-Burger gibt, oder ins Ethos auf einen riesigen Salat mit hausgemachtem Dressing oder ein vegetarisches Thai-Gericht. «

CARRIE
– Yim Yam Hostel

Bars & Ausgehen

Wer sich jemals für das Nachtleben in Bangkok interessiert hat, wird sicher schon vom Nervenkitzel der Khao San Road gehört haben. Neben den hypermodernen Clubs gibt es hier etliche Bars mit wohltuendem Live-Jazz und -Blues, während andere Läden alles von Hip-Hop über House bis hin zu Acid Jazz und Rockballaden spielen. Weitere beachtenswerte Party-Hotspots sind Chinatown und vor allem die Gegend um die Charoen Krung Road. Die Tep Bar, Ba Hao, Teens of Thailand, Asia Today, Jua, Tropic City, Soulbar und FooJohn Building sind nur einige der Clubs, die es auszutesten gilt.

» Zum Pflichtprogramm aller meine Gäste gehört ein Besuch des Train Night Market Ratchada, der täglich von 17 bis 1 Uhr geöffnet ist. Er befindet sich direkt hinter dem Esplanade Cineplex an der geschäftigen Ratchadaphisek Road und ist immer gerammelt voll. In Bangkok kann man zwar fast jedes Wochenende überall in der Stadt auf Märkte gehen, aber der Train Market ist seit jeher ein Garant für großartiges Essen zu moderaten Preisen und punktet mit einer Reihe quirliger Bars und Pubs mit Livemusik. «

CHOTIRAT APIWATTANAPONG
– Yim Huai Khwang Hostel

Das Sorry I'm Gay ist meine erste Wahl unter den Cocktailbars auf dem Train Market. Die Tresen bestehen aus alten VWs und die DJs legen in diesem winzigen Lokal jede Nacht einen Mix aus House und „Berlin-Style-Technobeats" auf. Weitergefeiert wird in der Mustache Bar, die ganz in der Nähe ist und sich gerade einen Ruf als bester After-Hour-Hotspot erarbeitet.

Flanieren

Aufgrund des dichten Verkehrs bietet es sich an, durch Bangkok zu laufen.

» Ich finde es herrlich, den ganzen Weg vom Yim Yam zum Tempel des Goldenen Berges und dann über die Khao San Road oder zum Großen Palast zu laufen. Der Spaziergang dauert recht lange und ist ein gutes Work-out, aber dafür kommt man an vielen spannenden Märkten vorbei, die einen bei Laune halten. Außerdem ist man zu Fuß manchmal schneller als mit dem Bus oder Taxi. «

CARRIE
– Yim Yam Hostel

Weniger anstrengend ist es, sich einen Weg durch die engen Straßen des historischen Distrikts Talad Noi, unweit von Chinatown, zu bahnen, wo Herrenhäuser aus der Kolonialzeit neben jahrhundertealten Tempeln stehen.

Ein Gang über den Chatuchak Market ist zwar das Gegenteil von einem entspannten Spaziergang, aber dafür finden sich hier jeden Mittwoch und Donnerstag zahlreiche Händler aus ganz Thailand ein, die Pflanzen, Bäume und Blumen verkaufen. Daneben gibt es Produkte wie zum Beispiel lokal produzierte Keramikwaren zu erstehen. Der perfekte Zeitpunkt, über den Talad Tonmai zu spazieren, ist mittwochnachmittags bei Sonnenuntergang.

Herumkommen

Bangkok ist berüchtigt für seine Staus und verstopften Straßen, weshalb Laufen oft die beste Alternative ist. Der Skytrain ist →

Bangkoks Streetfood-Szene hat mich am allermeisten begeistert.

zwar etwas teuer, aber ebenfalls eine gute Wahl, wenn man schnell und bequem durch die Stadt kommen möchte.

Die Einheimischen kennen jedoch ein günstigeres, schnelleres und aufregenderes Transportmittel: die Saen-Saeb-Kanalboote, die einen direkt nach Pratunam und Siam bringen, zu den wichtigsten Einkaufszentren Bangkoks. Letzter Halt ist die Phan Fah Bridge, von der aus man ganz schnell zu Fuß in Bangkoks Altstadt und am Tempel des Goldenen Berges ist.

Die „Hop-on-hop-off"-Blue Flag-Touristenboote fahren an den wichtigsten Sehenswürdigkeiten wie dem Wat-Arun-Tempel und dem Großen Palast vorbei. Es lohnt sich, ein Tagesticket zu lösen – in der kühlen Brise des Chao Phraya die ruhmreiche Vergangenheit der Stadt an sich vorbeiziehen zu lassen, gehört zu meinen schönsten Bangkok-Erlebnissen.

Aussichtspunkte

Die Executive Lounge im 31. Stock des Millennium Hilton Hotel verfügt über eine hervorragende Aussicht. Man könnte glatt den ganzen Tag hier verbringen und die Skyline dieser quirligen, geschäftigen Stadt betrachten. Für diejenigen, die nicht ganz so viel ausgeben wollen, gibt es jedoch noch andere Optionen. Vom River View Guest House in Chinatown hat man ebenfalls einen tollen Blick auf die Skyline und den Chao Phraya und dessen Dachterrasse kann man sich definitiv eher leisten.

Der Tempel des Goldenen Berges ist ohne Frage der beste Ort, um den Sonnenuntergang inklusive Rundumblick über die Stadt zu genießen. Diese spirituelle Oase der Ruhe weckt Demut und Dankbarkeit.

Versteckte Orte

Bang Krachao, Bangkoks grüne Lunge, ist ein wenig bekannter Dschungel mitten in der Stadt. Hier kann man der Luftverschmutzung entkommen, in der Natur entspannen und sich fühlen, als hätte man die Megametropole weit hinter sich gelassen. Es empfiehlt sich auf jeden Fall, ein Fahrrad zu mieten, um auf Dschungelpfaden die Nachbarschaft, schwimmende Märkte, verschnörkelte Tempel und hübsche Parks zu erkunden.

» Das Lungs Luean Chicken Noodle wurde vor 60 Jahren gegründet und ist ein einzigartiges Nudellokal im Huai-Khwang-Viertel. Die leckere Hühnersuppe und die Nudeln mit frittiertem Hühnchen und süßer Sauce kann ich nur empfehlen. «

CHOTIRAT APIWATTANAPONG
– Yim Huai Khwang Hostel

ONEDAY Pause and Forward

Konzepthostel auf Bangkoks belebtestem Boulevard

An der quirligen Sukhumvit Street gelegen, ist das ONEDAY ein Arbeits- und Lebensraum zugleich – eine Mischung aus Hostel, Arbeitsplatz, Café und Restaurant. Reisende können hier sowohl arbeiten und ihre Freizeit gestalten als auch übernachten – alles unter einem Dach.

Ehemals ein altes Lagergebäude, erstrahlt das Hostel heute im Loft-Design und zollt doch der Vergangenheit des Gebäudes Respekt. Eine weite, luftige Inneneinrichtung und freigelegte Backsteinmauern erinnern an dessen Geschichte und verleihen den Räumen zugleich einen entschieden modernen Industriecharme. Verschiedene Vintage-Elemente wie Möbel, Lampen und viele andere kleine Dekostücke komplettieren den Look.

Thailändische Grafiken, Kunstwerke, Landkarten und Früchte sind authentische und schmückende Details. Das Preis-Leistungs-Verhältnis ist mehr als fair angesichts dessen, was man geboten bekommt.

Komfort und Sauberkeit sind im ONEDAY garantiert: Bettzeug und Bezüge sind hochwertig, Handtücher und Decken werden auch für die Gäste der Mehrbettzimmer bereitgelegt, Shampoo und Duschgel, kostenloses WLAN, münzbetriebene Waschmaschinen und Trockner, Schließfächer, Küchenbenutzung, Instantkaffee und Tee – all die kleinen Dinge, die einen Hostelaufenthalt angenehm machen, sind hier eine Selbstverständlichkeit.

Ein Bonus: Es gibt im Haus einen Vorführraum mit großem Fernseher und DVD-Player.

Good to know

PREIS

€ € € € €

AUSSTATTUNG

Handtücher; kostenloses WLAN; Selbstversorgerküche; Kaffee und Tee gratis; Shampoo und Duschgel; Wascheinrichtungen; Bügeleisen und -brett; Gemeinschaftsraum; Fernsehraum / Vorführraum; Schließfächer.

Tipp: Das beste Streetfood gibt es in Chinatown und Banglamphu, Bangkoks Altstadt. Das Khao Soy oder Khao Niew sollte man sich auf keinen Fall entgehen lassen.

ONEDAY ist ein Arbeits- und Lebensraum zugleich – eine Mischung aus Hostel, Arbeitsplatz, Café und Restaurant.

Yim Yam Hostel & Garden

Ein fröhlicher Empfang im *Land des Lächelns*

Das Yim Yam Hostel & Garden steht für eine neue Generation von Hostels für Backpacker, die mehr als ein günstiges Bett wünschen – hier entdeckt man die Seele seines Reiseziels.

Wie Gründer Gun Phansuwon sagt: „Wir möchten, dass unsere Gäste die exotische Kultur und die Gastfreundschaft erleben, für die Thailand so berühmt ist. Ein Besuch in einem fremden Land sollte wie eine Odyssee sein, die das Leben verändert und auf der man Erinnerungen und Freundschaften sammelt, die ewig halten."

Für diese Erlebnisse bietet das Hostel einen vollgepackten Eventkalender. Als Gast kann man sich auf kostenlose Yogakurse, Ausflüge zu den berühmten Wochenendmärkten der Stadt oder eine Food-Tour zur Yaowarat Road, Bangkoks Chinatown, freuen, wo es weltberühmte Streetfood-Spezialitäten zu verkosten gibt.

Das Hostel ist sozial, aber dennoch ruhig. Viele der Gemeinschaftsaktivitäten finden in der hübschen Retrolounge statt, die in besonders schönem Thai-Blau gestrichen ist und alle im Land des Lächelns willkommen heißt. Dank der Möbel aus der Region, der Originalsteinböden in der Lobby, der Kunstwerke und vielen bunten Papierlaternen an der Decke fühlt man sich wie im Bangkok der 1980er-Jahre.

Auch der Innenhof und ein Coworking Space zählen zu den Gemeinschaftsräumen.

Das Hostel bietet Zimmer zur privaten oder halbprivaten Nutzung und Schlafsäle. Bei jeder Zimmerart ist das reichhaltige Frühstück im Preis inbegriffen.

Good to know

PREIS
€ € € € €
AUSSTATTUNG
Kitchenette für Gäste, Café, Bar, Gemeinschaftsraum, Yoga Shala auf der Dachterrasse, Frühstück inbegriffen.

Tipp: Als Gast kann man sich auf kostenlose Yogakurse, Ausflüge zu den berühmten Wochenendmärkten der Stadt oder eine Food-Tour zur Yaowarat Road, Bangkoks Chinatown, freuen.

Yim Huai Khwang

Familiäres Ambiente im Schmelztiegel der Kulturen

Das Yim Bangkok Hostel & Café ist ein Schmelztiegel verschiedener Menschen, Kulturen und Designkonzepte. Die Eigentümer und Mitgründer Tem und Bee sagen: „Die Einwohner Bangkoks übernehmen sehr schnell kulturelle Eigenheiten und Trends. Der Charme dieser Stadt ist, dass sie sich ständig neu erfindet und Einflüsse aus verschiedenen Teilen der Welt vermischt."

Dieser Charme spiegelt sich auch im Hostel wider, in dem Farben und verschiedene Designs miteinander kontrastieren. Die schicke und moderne dunkle Fassade erinnert an Gotham City, während innen eine wahre Farbexplosion auf einen wartet. Eine Collage aus alten Mode- und Designmagazinen hängt gleich neben dem Marmorempfang und der Treppe in knalligem Türkis und Gelb. Die Farben machen das Hostel aufregend und zu einem fröhlichen Ort, an dem man gern aufwacht. Sie stehen im Kontrast zur Gestaltung der 16 Zimmer, die weiß getüncht und minimalistisch sind. Die Frauen- und die gemischten Schlafsäle haben geräumige, kapselförmige Etagenbetten aus Holz, die für ein uriges und entspanntes Flair sorgen.

Im Loungebereich ist die Atmosphäre ruhig, aber gesellig. Hier unterhalten sich Mitarbeiter und Gäste, man spielt Brettspiele und isst Nudelsuppe. Einmal im Monat findet ein Potluck statt, zu dem sich die Gäste treffen und bei Speis und Trank Geschichten austauschen.

Das Hostel ist sehr familiär, mehrere Familienmitglieder von Tem und Bee arbeiten hier. Tems Mutter bringt Obst mit Dips vorbei oder trägt ihren leckeren Sukiyaki-Hotpot oder ein Thaicurry zum Potluck bei. Bees Schwager, der sich für Geschichte interessiert, macht mit den Gästen am Dienstagmorgen eine Alternative Walking Tour durch Bangkok. Bee und ihre Schwester trifft man häufig an der Rezeption und am Ende des Aufenthalts fühlt man sich fast selbst als Teil der Familie.

Good to know

PREIS
€€€€€
AMENTITIES INCLUDE
Gemeinschaftsraum; Außenterrasse; Café; Dampfbad; Safe; Föhn; Waschmaschine.

Tipp: Das Hostel liegt gleich in der Nähe des hippen, meist von Einheimischen besuchten Ratchada-Train-Nachtmarkts und des Chatuchak-Wochenendmarkts, auf denen es tolle Nudelsuppen für 30 bis 35 Baht gibt.

Lub d Siem Reap

Entspannung und Partyleben am Pool

Das Design des Lub d Siem Reap erinnert an traditionelle Stelzenhäuser der Khmer und ist inspiriert von den schwimmenden Dörfern von Kompong Phluk außerhalb von Siem Reap. Im Hostel gibt es 150 Schlafsaalbetten und 72 Privatzimmer. Die Schlafsäle sind geräumig und haben einen Umkleidebereich; an jedem Bett gibt es eine Ladestation, eine Leselampe sowie ein eigenes Schließfach. Privatzimmer haben ein eigenes Bad, bequeme Matratzen und lichtundurchlässige Vorhänge. Außerdem gibt es einen Smart-TV, einen kleinen Kühlschrank, einen Safe und Tee- und Kaffeebereiter.

Im The Little Red Fox, das sich auf dem Hostelgelände befindet und zu den beliebtesten Cafés von Siem Reap zählt, kann man ausgiebig frühstücken oder zu Abend essen. Einige der besten Köche der Stadt bereiten hier Gerichte aus hauptsächlich regionalen Zutaten zu und unterstützen so die Menschen vor Ort.

Hier gibt es viel zu erleben, vor allem rund um den Pool. Dieser ist eine bekannte Location für abendliche Partys mit lokalen DJs. Es gibt Trinkspiele und manchmal werden abends Filme gezeigt. Dies ist das größte Partyhostel in Kambodscha, ein ruhiger Aufenthalt ist eher unwahrscheinlich.

Partner des Hostels ist Garage Space: Gäste können einen voll ausgestatteten Coworkingspace innerhalb des Hostels nutzen, mit WLAN und Eventmöglichkeiten. Außerdem gibt es Veranstaltungen, bei denen die Gäste mehr über verantwortungsvolles Reisen erfahren und wie man die einheimische Kultur und Tradition respektiert.

Good to know

PREIS
€ € € € €
AUSSTATTUNG
Pool; Coworking Space; Konferenzraum; Speisen und Getränke den ganzen Tag über; Smart-TV in Privatzimmern; Föhn; Wäscherei; WLAN; 24-Stunden-Rezeption; Gepäcklagerung bis zu 60 Tage; rund um die Uhr Überwachung durch Sicherheitsdienst.

Tipp: Das Hostel veranstaltet Events, bei denen die Gäste mehr über verantwortungsvolles Reisen erfahren und wie man die einheimische Kultur und Tradition respektiert.

Nexy Hostel

Komfort und Stil im Herzen von Hanoi

Das Nexy Hostel ist das erste seiner Art in Hanoi. Es verbindet die Ausstattung eines Boutiquehotels mit den Annehmlichkeiten eines Hostels: der ideale Rückzugsort für stylishe, aber preisbewusste Reisende.

Mit seiner Lage in der Altstadt von Hanoi wird das Nexy Hostel passend als „ein Ort zum Schlafen oder an dem man niemals schläft" beschrieben. Die Atmosphäre im Hostel ist ausgesprochen sozial, bietet aber trotzdem das richtige Umfeld für eine erholsame Nacht.

Es gibt sowohl Privat- als auch Mehrbettzimmer; alle sind minimalistisch eingerichtet, dennoch einzigartig. Hier gibt es immer ein bequemes Bett sowie saubere Zimmer und Badezimmer.

Weitere Höhepunkte des Hostels: tolle heiße Duschen, kostenloses WLAN und viele praktische und durchdachte Details – Spiegel in jedem Zimmer, Haken für nasse Handtücher, Schließfächer für Wertsachen, Steckdosen zum Aufladen des Smartphones über Nacht sowie Vorhänge am Bett für die nötige Ruhe am Abend. Das Hostel bietet ein einfaches, im Preis inbegriffenes Frühstück. Der Tag beginnt hier mit Müsli, Toast, frischem Obst, Tee, Kaffee und unterschiedlichen Säften.

Das Nexy hat mehrere Gemeinschaftsbereiche: eine Bar, ein Spielzimmer, ein Café, ein TV-Zimmer, eine Bibliothek und eine Dachterrasse. Alle Mitarbeiter sind ausgesprochen freundlich und unterstützen das Gefühl der Geselligkeit. Sie wollen, dass ihre Gäste die schönen Seiten von Hanoi voll genießen können, neue Freunde finden und hoffentlich ein paar Geschichten von ihrer Reise zu Hause erzählen.

Good to know

PREIS
€ € € € €
AUSSTATTUNG
Bar; Spielzimmer; Café; TV-Zimmer; Bibliothek; Dachterrasse. Frühstück inbegriffen.

Tipp: Gelegenheiten, andere Reisende kennenzulernen, gibt es zur Genüge – das Nexy hat mehrere Gemeinschaftsbereiche: eine Bar, ein Spielzimmer, ein Café, ein TV-Zimmer, eine Bibliothek und eine Dachterrasse.

Oxotel Hostel

Der perfekte Ausgangspunkt für Nord-Thailand

Chiang Mais neues Designhostel Oxotel ist eine tolle Wahl in der größten Stadt Nord-Thailands; nicht nur wegen seiner tollen Lage nahe dem Stadtzentrum und gutem Anschluss an den internationalen Flughafen.

Auf der Wua Lai Road, wo der berühmte Saturday Walking Street Market stattfindet, rahmen Juweliere und Silberläden das Hostel ein. Das Gebäude wurde in den 1970er-Jahren gebaut, dann aber bis zu seiner kürzlichen Renovierung und Verwandlung lange nicht genutzt. Die Besitzer legten großen Wert darauf, einige der Originalstücke zu erhalten; die Gäste können die Vintage-Paneele, Ventilschächte, Metalltüren und das altmodische Treppengeländer bewundern. Zusammen mit zeitgenössischen Möbeln, glänzendem Parkett und Materialien wie Holz, Stahl, freigelegten Balken und Mauerwerk sowie Beton tragen die alten Stücke zum modernen Look bei.

Das Oxotel ist voller Leben und Charakter und ein toller Ort, um sich auszuruhen oder Reisegeschichten auszutauschen. Alle Bereiche sind luftig und hell. Die komplette Glaswand in der Lobby und im zweiten Stock lässt Sonnenlicht durch das Hostel strömen und sorgt für natürliches Licht. Es gibt insgesamt sieben Gemeinschaftsbereiche, darunter einen teilweise überdachten Außenbereich und einen großen Garten.

Das Oxotel bietet mit seinen zwölf Zimmern eine Mischung aus Schlafsälen und Privatzimmern. Schlafsäle gibt es gemischt oder nur für Frauen und sie bieten jeweils Platz für sechs. Die Privatzimmer haben Standard-/Twinbetten. Man kann aber auch eines der →

Good to know

PREIS
€€€€€
AUSSTATTUNG
Bettwäsche und Handtücher kostenlos; kostenloses WLAN; Schlüsselkarten; Klimaanlage; Gepäckaufbewahrung; Schließfächer (eigenes Schloss mitbringen); kostenlose Hygieneartikel; Föhn; Leselampe und eigene Steckdose im Schlafsaal. Frühstück inbegriffen.

Tipp: Das ausgefallenste Zimmer ist der Wohnwagen im hinteren Garten. Ausgestattet mit einem eigenem Bad ist es perfekt für ein Pärchen.

Die Besitzer legten großen Wert darauf, einige der Originalstücke des alten Gebäudes zu erhalten.

Superior-Doppelzimmer buchen, bei denen zusätzliche Annehmlichkeiten wie Klimaanlage, eigenes Waschbecken, TV und Radio, Kleiderstange sowie Handtücher und Bettwäsche inbegriffen sind. In den Schlafsälen hat jeder ein eigenes Nachtlicht, Schließfach und Steckdosen. Das ausgefallenste Zimmer ist aber der Wohnwagen im hinteren Garten.

Die Gemeinschaftsbäder sind nach Geschlechtern getrennt. Es gibt kostenloses WLAN, eine rund um die Uhr besetzte Rezeption, kostenloses Parken, tägliche Reinigung, eine Waschküche, einen Verkaufsautomaten und eine Touristeninformation.

Im großartigen Artisan Café im Erdgeschoss bekommt man heiße Getränke, leckeres Gebäck und gutes Essen.

102

Lub d Patong Phuket

Das größte Hostel in Asien

Lub d heißt wörtlich übersetzt „gutes Schlafen". Das Hostel hält, was sein Name verspricht: Die Gäste im Lub d schlafen in den bequemen und frisch bezogenen Betten der maßgefertigten Mehrbettzimmer sicher gut. Man bekommt außerdem so viele Handtücher, wie man will, und persönliche Schließfächer. Die Räume „Junior" oder „Deluxe" haben den Standard eines Boutique-Hotels; jedes Zimmer hat ein eigenes Bad, einen Balkon mit Hängematte und Extras wie einen Smart-LCD-Fernseher, eine Kaffeemaschine und einen Safe für Wertsachen. Alle Räume sind mit Klimaanlage und kostenlosem WLAN ausgestattet.

Allerdings bietet das Lub d so viel mehr als nur einen Schlafplatz. So kann man hier etwa im Swimmingpool abtauchen oder in der Hängematte mit einem Erdbeer-Smoothie entspannen. In der Hostellobby steht sogar ein eigener Boxring, in dem die Gäste mit einem Profi Thaiboxen ausprobieren können. Wie in allen Lub-d-Hostels findet ein regelmäßiges Abendprogramm statt – falls man Lust hat zu feiern. Man kann die Reisegefährten zu einer Partie Riesen-Jenga, Bierpong oder Flip Cup herausfordern oder nach Sonnenuntergang eine Poolparty starten.

Das Hostel kooperiert mit dem Coworking-Anbieter Garage Society und kann somit Gästen Arbeitsplätze anbieten – so fällt es auch auf der Reise leicht, alle Fristen einzuhalten. Dank superschnellem WLAN kann man sich ganz einfach um das Geschäftliche kümmern.

Good to know

PREIS
€€€€€
AUSSTATTUNG
Kostenloses WLAN; Arbeitsplätze; Training im Thaiboxen; Swimmingpool; ganztägiges Essensangebot; Konferenzräume; Gepäckaufbewahrung; Reiseschalter.

Tipp: Im Swimmingpool abtauchen oder in der Hängematte mit einem Erdbeer-Smoothie entspannen. In der Lobby steht sogar ein eigener Boxring, in dem die Gäste mit einem Profi Thaiboxen ausprobieren können.

Adler Hostel

Singapurs erstes und einziges Luxushostel

Eröffnet wurde Singapurs erstes und einziges Luxushostel an einem denkwürdigen Datum: dem 12.12.2012. Früher beherbergte das günstig im Herzen von Chinatown gelegene Adler-Gebäude ein Pfandhaus und eine Teestube. In dem denkmalgeschützten Haus aus den 1940er-Jahren mit dem unverkennbaren Art-déco-Einfluss spiegelt sich die Geschichte der Stadt. Eine bemerkenswerte Kombination von antiken Möbeln und kunstvoll dekorierten Zimmerdecken – bemalt mit der Flora und Fauna Singapurs – versetzt den Gast zurück in die Kolonialzeit.

Das Adler Hostel bietet alles, was ein Luxushostel ausmacht: 24-Stunden-Zimmerservice, Segafredo-Kaffee und Clipper-Tee, warmes Frühstück, Abdeckservice, Gutscheine für Nachtclubs und persönliche Routenplanung.

„Schlaf ist wichtig, besonders auf Reisen“, so das Motto des Gründers und Besitzers Adler Poh, selbst bekennender und begeisterter Flashpacker. Einzelzimmer gibt es keine, doch alle sechs Mehrbettsuiten sind mit Schlafkabinen ausgestattet, die den Gästen Privatsphäre bieten. Die geräumigen Kabinen sind luxuriös und modern eingerichtet: Jede verfügt über ein integriertes privates Schließfach, in dem das Gepäck verstaut werden kann, Daunenkissen, eine feine Leinensteppdecke, Kleiderbügel, eine Leselampe, eine Steckdose und Vorhänge für die Privatsphäre. Jeder Gast erhält ein Handtuch und kostenlose Kosmetikproben.

Foodies schätzen die Vielfalt und Qualität der nahe gelegenen preisgünstigen Essensangebote, darunter die Satay Street an der historischen Markthalle Lau Pa Sat, in der an vielen Ständen köstliche Saté-Spieße vom Holzgrill mit verschiedenen Soßen angeboten werden.

Good to know

PREIS
€€€€€

AUSSTATTUNG
Bettwäsche; kostenlose Stadtpläne; Handtücher; kostenloses Highspeed-WLAN; Sicherheitsschließfächer; Keycard; Gemeinschaftsraum; Klimaanlage; Adapter; Heißwasserduschen; Leselampen; Parkplatz; Tresorfach; Waschmaschine. Das Frühstück ist nicht inbegriffen.

Tipp: Das günstigste Michelin-Stern-Restaurant der Welt – Liao Fan Hong Kong Soya Sauce Chicken Rice & Noodle liegt direkt ums Eck.

The Mahjong Hostel

Für kulturell interessierte Entdecker

The Mahjong ist eine der angesagtesten Unterkünfte in der Metropole Hongkong. Mitten in diesem hektischen Großstadtdschungel liegt The Mahjong in Chinatown, einem ruhigen und friedvollen Stadtteil, aber dennoch nah an den beliebtesten Attraktionen der Stadt. Traditionsreich, doch gleichzeitig modern und zukunftsorientiert verbindet The Mahjong das Beste der Welten.

Es eignet sich ideal für den Austausch mit anderen Reisenden. Der geräumige Gemeinschaftsraum bietet eine angenehme Atmosphäre und ein großes Fenster. Der perfekte Ort, um sich zu unterhalten oder auf einem Barhocker zu sitzen, eine Tasse Kaffee auf der Fensterbank zu balancieren und über die besuchten Sehenswürdigkeiten zu sinnieren oder Pläne für den nächsten Tag zu schmieden.

In ruhigen Ecken des Gemeinschaftsraums stehen große iMacs kostenfrei zur Verfügung. Es gibt einen kleinen Selbstbedienungsbereich, um Essen aufzuwärmen oder Tee zu kochen, sowie ein kleines Café, das heiße Schokolade, Lattes und vieles mehr im Angebot hat.

Bei gutem Wetter lässt sich im Garten im Innenhof wunderbar mit einem Drink entspannen. Es gibt unterschiedliche gemischte und reine Frauenschlafsäle, jeweils mit futuristischen, spezialgefertigten Pods, individuellen Vorhängen, persönlichen Safes, Leselampen und Steckdosen. Alle Hygieneartikel in den Gemeinschaftsbädern sind im Preis inbegriffen.

Zu einem Aufenthalt im The Mahjong gehören auch tägliche Events und Aktivitäten. So zum Beispiel kann man Gaumenfreuden Hongkongs bei einer Foodie-Walking-Tour fröhnen. Auch Pferderennen oder Wandern in den Bergen, Ladies' Night, Pub Crawl oder Dim-Sum-Extravaganza stehen zur Auswahl. Langeweile ausgeschlossen.

Good to know

PREIS
€€€€€
AUSSTATTUNG
Kostenloses WLAN; Matratzen nach Hotelstandard; iMacs; Café.

Tipp: Lass dir Mahjong beibringen, ein uraltes traditionelles Spiel, das der späten Qing-Dynastie zugeschrieben wird und nach dem das Hostel benannt wurde. Mahjong gilt als Volkssport und die Einwohner der Stadt spielen es fast überall.

SPIN Designer Hostel

Zufluchtsort in den Tropen

Das Spin Designer Hostel schmiegt sich in die tropischen Gärten am Stadtrand – unweit der puderweißen Sandstrände, für die El Nido so berühmt ist.

Glatte Betonböden und natürliche Materialien geben dem Interieur des Hostels eine erdverbundene Ästhetik und vermitteln eine lockere, entspannte Atmosphäre – eine klare Absicht der Gestaltung. Tatsächlich ist alles im Hostel von der Inneneinrichtung, der Architektur und der umgebenden Landschaft rundherum wunderbar stimmig. In den Gemeinschaftsräumen ist viel Platz und die coolen Designermöbel laden dazu ein, sich zusammenzufinden und Kontakte zu knüpfen. In der ganzen Anlage, von der Rezeption bis zum Gemeinschaftsraum und den Zimmern, können die Gäste diese Philosophie des Zusammenkommens erleben. Ein Hingucker im Gemeinschaftsraum des Hostels, ist eine Wendeltreppe, deren Geländer wie ein Nest eingeflochten ist.

In den gemischten wie in den Mehrbettzimmern nur für Frauen stehen je vier Etagenbetten, es gibt für jedes Zimmer ein Gemeinschaftsbad und Schließfächer. Die Etagenbetten liegen über dem typischen Hostelstandard: Sie sind breit und haben die kuschligsten Decken, die man sich vorstellen kann. Es gibt ein Regalbrett und Steckdosen neben jedem Bett, außerdem Hängetaschen für persönliche Gegenstände. Das köstliche Frühstücksbüfett ist inklusive – mit frischem Obst, Käse, Brot, Tee und frisch aufgebrühtem Kaffee. Obendrein zaubert ein Koch auf Wunsch Omeletts oder Pfannkuchen.

Jeden Tag stehen zahlreiche Aktivitäten auf dem Programm: Picknick am Strand, Grillabende, legendäre Kneipentouren. Die Preise liegen leicht über dem Durchschnitt anderer Hostels in El Nido, doch empfiehlt sich das Spin trotzdem: Für den geringen Aufpreis bekommt man Service und Design wie in einem Boutique-Hotel.

Good to know

PREIS
€€€€€
AUSSTATTUNG
Kostenloses WLAN; Waschmaschinen; Gemeinschaftsbereich; Koch- und Essbereich; Innenhof

Tipp: Jede zweite Woche wird auf der schönen Dachterrasse gegrillt – perfekt, um sich unter die anderen 'SPINner' zu mischen. Weitere Aktivitäten: Picknick am Strand, Grillabende, legendäre Kneipentouren.

36hostel

Frieden unter Kirschblüten

Das 36hostel ist ein gemütliches Hostel in Hiroshima, der „internationalen Stadt des Friedens und der Kultur“. Ursprünglich war das Hostel ein Café mit einer kleinen Bibliothek und auch in seiner heutigen Funktion trägt es diesen Geist weiter.

Die Gelegenheit für eine Erweiterung ergab sich, als das Nachbargebäude des Cafés frei wurde. Die Besitzer Manabu und Sayaka zögerten keine Sekunde, ihr Geschäftsmodell auszubauen. Das Paar hatte so viele Reisende kennengelernt, die sich für die Geschichte Hiroshimas interessierten und beschloss, für diese eine gemütliche Unterkunft zu schaffen.

Da das 36hostel familiengeführt ist, herrscht ein fast schon intimes Flair auf seinen Fluren. Wenn man die Tür öffnet, wird man lächelnd von Haru, dem Sohn der beiden und Totto, dem kleinen, niedlichen, zotteligen Hund, begrüßt.

Das Design gründet auf den eigenen Hostelerfahrungen der Besitzer. Zunächst sollte das Hostel das Licht und die Farben von New Mexico einfangen, aber die Inspirationen aus aller Welt nahmen im Laufe der Zeit immer weiter zu. Mit der Kombination aus Vintage-Stücken und Kunstwerken hat das Hostel nun seinen ganz persönlichen Charakter entwickelt.

Alles passt perfekt zusammen und jedes Detail ist wohldurchdacht. Die Gemeinschaftsräume des Hostels sind gemütlich und man fühlt sich geborgen und wie zu Hause. Bücher und Pflanzen wurden sorgfältig ausgewählt und an den Wänden hängen viele Bilder. →

Good to know

PREIS
€€€€€
AUSSTATTUNG
Kostenlose Bettwäsche; kostenloses WLAN und Internet; Klimaanlage; Föhn; Gratis-Stadtplan; Schließfächer; Fahrradstellplatz; Kochnische für Gäste. Frühstück nicht im Preis inbegriffen.

Tipp: Wie wäre es mit einer Kaffeeverkostung im Café oder einer Hanami-Party, bei der man die Kirschblüte mit einem Picknick feiert?

Das *36hostel* ist eine schöne Unterkunft mit ruhiger Atmosphäre, die gut zu Hiroshima selbst passt.

Morgens strömt das Sonnenlicht durch ein großes Fenster. Es ist ein ganz besonderes Gefühl, wenn man in diesem angenehmen Raum eine Tasse leckeren, frischen Kaffee trinkt. Abends wird er wunderschön beleuchtet und zu einem Ort, an dem man mit anderen Reisenden ins Gespräch kommt und neue Freunde aus verschiedenen Ländern findet.

Im Schlafbereich gibt es Privatzimmer, einen reinen Frauenschlafsaal und einen gemischten Schlafsaal. Die Betten sind groß und bequem, alle Zimmer haben eine Klimaanlage. Jedes Schlafsaalbett hat ein Schließfach, eine Leselampe und einen Stromanschluss; mit dem eigenen lichtundurchlässigen Vorhang schafft man Privatsphäre. Die Gemeinschaftsduschen und -bäder sind sauber, Hygieneartikel sind kostenlos, Handtücher kann man ausleihen. Die Gäste können eine kleine Kochnische mit Wasserkocher, Mikrowelle und Toaster nutzen.

Alle Zimmer im Hostel sind mit Schlüsselkarten gesichert. Der Eingang wird um 21 Uhr geschlossen, das entsprechende Passwort erhält man beim Check-in.

Die Lage ist unschlagbar: Das Hostel liegt nur zehn Minuten vom Friedenspark entfernt und auch ganz in der Nähe der Hondori Street mit Geschäften, Restaurants und einem Shoppingcenter. Die Hostel-Events bieten auch kulturelle Unterhaltung. Wie wäre es zum Beispiel mit einer Kaffeeverkostung im Café oder einer Hanami-Party, bei der man die Kirschblüte mit einem Picknick feiert?

Das 36hostel ist eine schöne Unterkunft mit ruhiger Atmosphäre, die zu Hiroshima selbst passt.

EYESCREAM
OUTSIDE CALIFORNIA
Lennon Remembers
CLEANSING
WATER
SPA WATER

A TWO PIPE
PROBLEM

36 HOSTEL

COFFEE
& BOOK

knock
奇界遺産2
奇界遺産
WONDER CAMERA
Mt.Fuji

& BOOK
ALWAYS
LOOK ON
THE
Bright
SIDE OF LIFE

The Millennials

Schickes Zuhause für Futuristen

Ein Aufenthalt im The Millennials Kyoto fühlt sich an, als wäre man in einem Science-Fiction-Roman. Hier findet man in den Gemeinschaftsräumen allerhand hochmoderne Technik.

Was dieses Hostel in den Luxusbereich bringt, sind die über 150 multifunktionalen Smart-Pod-Einheiten. Diese befinden sich auf vier Etagen in einer Lage, die zu den begehrtesten in Kyoto gehört. Beim Check-in erhalten die Gäste einen integrierten iPod Touch. Mit dessen Hilfe lassen sich Funktionen des jeweiligen Smart Pod individuell auf den Schlaf des Gastes einstellen, unter anderem mit Weckersystem, optionalen Projektoren und Bettbewegung. Mit nur einem Knopfdruck können auch die Beleuchtung, die Lüftung und die Neigung der Matratze verändert werden. Die Betten lassen sich leicht in Sofas, ein Miniwohnzimmer oder ein Heimkino verwandeln. Manche Pods haben eigene Dockingstationen, an die der Gast sein persönliches Smartphone oder andere Geräte anschließen kann. Jeder Pod hat viel Stauraum unter dem Bett. Auch die Einzelduschen hier sind privat - Diskretion steht hier wirklich an erster Stelle. Außerdem gibt es eine Reihe kostenloser Artikel, um den Aufenthalt noch angenehmer zu machen. An der Rezeption erhält man Kosmetika, Ohrenstöpsel und Haarbürsten und kann sogar Nachtwäsche leihen. Auch ein einfaches Frühstück samt verschiedenem Gebäck und Brot ist inbegriffen.

Der Coworking Space im achten Stock ist sehr beliebt bei Gästen und Locals. Dieser ist geräumig und voll mit Unternehmern aus der Umgebung, die gern die Vollausstattung hier nutzen – inklusive unbegrenzt viel Kaffee. Jeden Abend gibt es eine lustige Happy Hour mit kostenlosem Fassbier – das reichlich fließt.

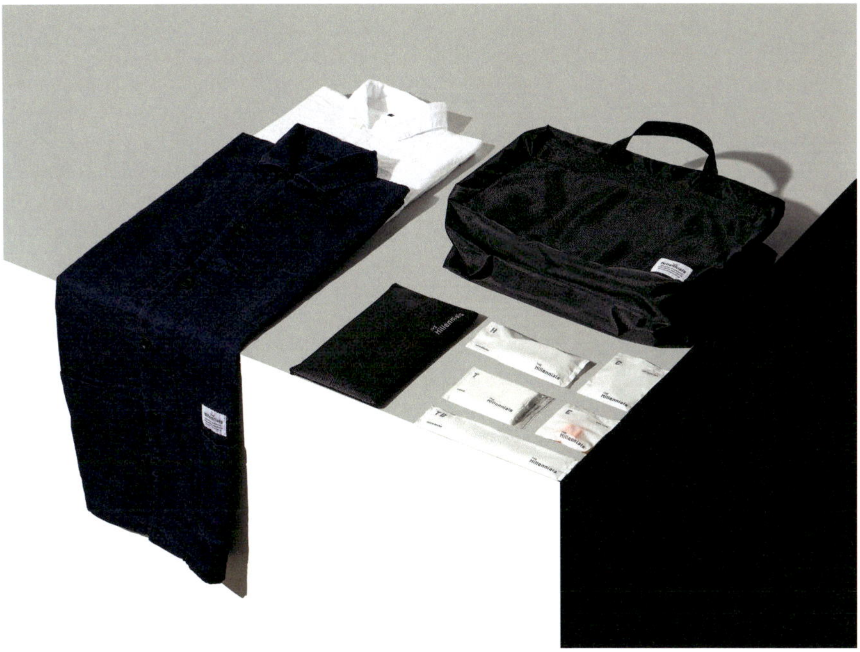

Good to know

PREIS
€€€€€
AUSSTATTUNG
Lounge; Bar; Coworking Space; Konferenzraum.

Tipp: Die Smart Pods sind wahre Multitalente. Sie lassen sich leicht in ein Miniwohnzimmer oder ein Heimkino verwandeln und nur mit einem Knopfdruck können die Beleuchtung, die Lüftung und die Neigung der Matratze verändert werden.

The Blend Inn

Japanische Ästhetik trifft zeitgenössisches Design

Das Blend Inn ist das jüngste Projekt des japanischen Architekturbüros Tato, das für eine Raumgestaltung steht, die japanische Kultur perfekt mit zeitgenössischer Architektur verbindet.

Aus der Kombination der Materialien Beton, Holz und Edelstahl mit Elementen aus dem Industriedesign entstand so eines der außergewöhnlichsten Hostels der Welt. Die bemerkenswerte Innenausstattung besorgten ausschließlich lokale Handwerker und Künstler.

In Baika, der Altstadt von Osaka, gelegen, bietet das Blend Inn sieben Räume (sowohl Einzel- als auch Mehrbettzimmer), eine offene Gemeinschaftsküche, einen Speise- und Aufenthaltsraum sowie den ParadaSan – einen kleinen Kulturraum. Das offene Design des Gebäudes schafft einen Gemeinschaftsraum, der sowohl zum Entspannen als auch zum Gesellschaftgenießen einlädt. Dabei reichen die Betonmauern des Hostels hinaus auf eine ehemalige Privatstraße, die so in das Design integriert wurde, dass die Gäste des Hostels auf ungezwungene Weise mit der Nachbarschaft in Kontakt kommen können.

Ein typischer Tag im Hostel beginnt in der hauseigenen Bäckerei Mirow. Zwischen 8 und 12 Uhr gibt es für die Gäste hier ein im Preis inbegriffenes Frühstück mit täglich wechselnden Sandwiches und einem Getränk. Bei gutem Wetter kann man im Garten oder auf der Dachterrasse essen. Waschräume, Duschen, Küche und Lobby sind Gemeinschaftsräume.

Good to know

PREIS
€€€€€
AUSSTATTUNG
Bettwäsche; kostenlose Stadtpläne; kostenloses WLAN; Gemeinschaftsraum; Terrasse; Aufzug; Fahrradständer; Klimaanlage; Selbstversorgerküche: Herd; Kühlschrank / Gefrierschrank; Küchenutensilien; Mikrowelle; Leselampen; Heißwasserduschen; Handtücher; Föhn; Waschmaschine.

Tipp: Wer verrückte leuchtende Reklametafeln bestaunen will, sollte sich das Entertainmentviertel Osakas, Namba, nicht entgehen lassen.

Das *Blend Inn* verbindet japanische Kultur perfekt mit zeitgenössischer Architektur.

Party Hotspots

Feiern mit Freunden

Falls man die Welt an einem Ort treffen mag, seine Fähigkeit im Bier Pong perfektionieren will oder Freundschaften finden möchte, die länger als der Kater dauern, wird man nicht bereuen, in einem dieser Hostels einzuchecken.

Swanky Mint Hostel, Zagreb

Yellow Square, Rom

Das oft als großartigstes Hostel auf Erden bezeichnete Yellow Square (Seite 134) bietet die billigsten Drinks in Rom. Hier finden regelmäßig bizarre wie unterhaltsame Events statt. Amistat Island Hostel (Seite 52) ist der perfekte Ort, um Ibizas berühmtes Nachtleben zu genießen. Es liegt ganz in der Nähe zum legendären Café del Mar, Golden Buddha, Kasbah und Ibiza Rocks. Eleganz und postindustrieller Chic mischen sich im Swanky Mint Hostel (Seite 248) in Zagreb, hier findet man eine Sonnenterrasse, Pool und Bar – der ideale Start, das Nachtleben der Stadt zu erkunden. Wer das Münchner Oktoberfest anpeilt, sollte nicht das fantastische Wombats (Seite 199) übersehen, Münchens erster Partypalast, in Fußnähe zur Theresienwiese sowie zur Altstadt, hier findet man auch die womBAR: Ort des billigsten Biers in der Stadt. Das Native Hostel (Seite 318) in Texas, liegt dort, wo Austins Amüsierviertel im östlichen Zentrum auf das Künstlerviertel trifft. Es ist der perfekte Platz für Partys – Dank der beliebten Native Bar & Kitchen, wo man die berüchtigte Bloody Eddy Mary probieren kann und zum Alkohol typische American Diner Gerichte verschlingen kann. La Banda Rooftop Hostel (Seite 45) in Sevilla sollte man für das beste Dachterrassen-Dinner mit Livemusik aufsuchen. Außerdem lädt das Team zu kostenlosen Touren zu ihren Lieblingsorten ein – von Sherry-Bars hin zu verrauchten Lokalen.

Casa Gracia, Barcelona

Nachtruhe

Lang und gut schlafen

Wenn man erholsame Nächte ungestörten Schlafs den lärmenden Nächten und After-Hour-Partys vorzieht, findet hier das bequemste Bett in der unwiderruflichen Liste von ruhigen Hostels, die Oasen friedlicher Ruhe bieten.

Im malerischen Dorf Capel Curig, am Fuß des Snowdonia-Nationalparks in Wales liegt eins der schönsten Hostels Britanniens: Plas Curig on the Rocks (Seite 106). Der Zauber der Nordlichter im Winter und die Mitternachtssonne im Sommer können die Gäste im 7 Fells Hostel (Seite 198) im Ylläs im finnischen Lappland genießen. Abseits vom Touristentrubel und den Taschendieben der Ramblas und des gotischen Viertels, ist das Casa Gracia (Seite 62) eine Oase der Ruhe in Barcelona. Das Hostel hat eine schöne Terrasse zum Entspannen nebst Lounge und Bar im Untergeschoss, wo man ein Bier schlürfen und ausruhen kann. Mountain Hostel Tarter (Seite 46) schmiegt sich ans Herz der Pyrenäen in Andorra und ähnelt eher einer friedvollen Berghütte als einem Hostel. Die Gäste können ein Glas von dem Wein aus dem Keller genießen – im fantastischen Jaccuzi, den warmen Außen-Whirlpool.

Plas Curig at the Rocks, Capel Curig

Native Hostel

Ein Künstlerhaus für Wanderlustige

Das Native Hostel nennt sich selbst ein „experimentelles Hostel“ und ist tatsächlich rundum ungewöhnlich. An der Grenze zwischen Austins Amüsierviertel im Osten und dem zentralen Künstlerviertel liegt dieses aus grob behauenem Kalksandstein gebaute Hostel. Die innenarchitektonische Gestaltung enthüllt geschwärzte Eisenträger, dunkel verputzte Mauern und als visuellen Kontrast Materialien wie Glas und Stahl.

Insgesamt 65 Betten verteilen sich auf zwölf Räume mit kühlen freigelegten oder weiß getünchten Backsteinmauern und leuchtenden orientalischen Teppichen auf dem glänzenden Massivholzboden. In den Vier- und Sechsbettzimmern stehen übergroße Einzelbetten. Für größere Gruppen empfiehlt es sich, den Romper Room zu buchen: ein wundervoller großer Raum für bis zu zehn Personen mit drei Bädern, acht Etagenbetten und einem großzügigen Gemeinschaftsbereich – perfekt für Partys. Das Native Hostel verströmt einen Hauch von Exaltiertheit und jede Menge Gastfreundschaft – und das unter einem stylishen Dach, wo sich Wanderlustige aus der ganzen Welt treffen.

Good to know

PREIS
€ € € € €
AUSSTATTUNG
Kostenloses WLAN; Gepäckaufbewahrung; Selbstversorgerküche; Fahrradverleih; Parkplätze; eigene Duschen und Toiletten; Veranstaltungsraum; Aufenthaltsraum; Arbeitsplätze; Café; Bar; Restaurant; wöchentliche Yogakurse; Comedy-Shows; Kunstkurse.

Tipp: In der Native Bar gibt es typische American-Diner-Gerichte wie Brisket Sliders, Buffalo Chicken Wraps und Waffle Fry Nachos.

The Quisby

Maximale Exzentrik in New Orleans

Das Quisby ist ein Hostel, das von unseren Reisen um die Welt – realen wie imaginären – inspiriert ist“, erklären die Besitzer. „Wir sind ein paar unangepasste und liebenswerte Störenfriede. Daher der Name Quisby, den man verschieden auslegen kann: ‚Missgeschick‘, einer, der ‚nicht ganz auf der Höhe‘ ist oder ‚exzentrisch‘. Einige von uns waren immer in New Orleans zu Hause. Andere kamen für ein paar Tage und sind nie wieder abgereist. Was uns verbindet, ist der Plan, eine neue Art von Hostel in New Orleans zu schaffen.“ Direkt an der St. Charles Avenue im Lower Garden District von New Orleans gelegen, verschmelzen im Quisby, ganz gemäß der Aussage der Besitzer, moderne Behaglichkeit und Komfort zu Big Easy's bestem modernen Hostel.

Das Quisby findet sich in einem restaurierten Gebäude, eines der wenigen dreigeschossigen Häuser, die im historischen Viertel erhalten blieben. In den Nullerjahren stand es meist leer, 2010 begannen die Sanierungsarbeiten. Das Hostel bezieht sich stark auf seine Vergangenheit als legendäres Audubon Hotel, das in den 1930er Jahren gebaut wurde und den Kapitänen und Deckhelfern der Mississippi-Dampfern eine anrüchige Bleibe war.

Das Gebäude wechselte oft den Besitzer, Gerüchten zufolge war es die meiste Zeit ein Bordell. In den 90er Jahren diente das Audubon als Mehrzweckraum: als Bar, Club, Galerie und als Aufführungsort im Erdgeschoss mit Hotelzimmern in den oberen Stockwerken.

→

Good to know

PREIS
€€€€€
AUSSTATTUNG
24-Stunden-Rezeption, Lobbybar, Lounge, Gästeküche, Gästewascheinrichtung, auf Vintage-Schundliteratur spezialisierte Bücherei, 24-Stunden-Hausmeisterservice

Tipp: Alle wichtigen Karnevalsparaden während der legendären Mardi Gras Feierlichkeiten ziehen durch die St. Charles Avenue und direkt am Quisby vorbei. Buche ein Zimmer hier, um die ganze Aktion im Blick zu haben.

Das *Quisby* findet sich in einem schönen restaurierten Gebäude, eines der wenigen Häuser, die im Viertel erhalten blieben.

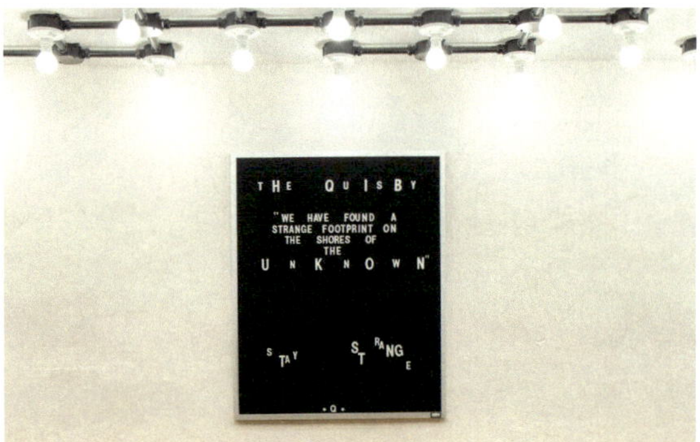

Das industriell anmutende, doch warme Design des Hostels spiegelt seine reiche Geschichte. Die Gäste finden noch immer Hinweise auf das Audubon Hotel und das ornamentale Fassadenfries ist perfekt erhalten. Schlichtes Holz und die grünen Originalsäulen des Gebäudes prägen den offenen Raum der Hostellobby. Hier gibt eine Bar, einen Arbeitsbereich und ein kleines Wohnzimmer. Die großen Frontfenster gehen auf die St. Charles Avenue. Im ganzen Gebäude hängen Werke lokaler Künstler wie Milagros und Joseph Konert. Die Hostelbesitzer schöpfen aus lokalen Quellen: die robusten Etagenbetten (jedes kommt mit persönlichem Schließfach und Stauraum) wurden von der lokalen Möbelfirma Holz Works für das Hostel maßgefertigt. Die 30 Zimmer des Hostels sind ein Mix von Mehrbett-, Einzel- und Doppelzimmern. Die Fenster der hellen und geräumigen Mehrbettzimmer auf der Sonnenseite gehen hinaus auf die Canal Street – diese Zimmer sind wärmstens zu empfehlen.

Alle Zimmer sind mit eigenem Bad ausgestattet, mit Schaummatratzen, Leselampen, USB-Steckdosen an jedem Bett, Klimaanlage und schnellem WLAN. Das Frühstück ist kostenlos und es gibt eine Bar die 24 Stunden geöffnet ist und den Gästen zahlreiche Speisen und Getränke bietet. Zu den Extras gehört die 24 Stunden Rezeption, Gepäckaufbewahrung, täglicher Zimmerservice und ein Fahrradparkplatz.

STAIR 1
FLOOR 2
2
Serves 1-3
No Roof Access
Exit Discharge
Floor 1

HELLO?

The Upcycled Hostel

Eine Oase in der Wüste

Das Upcycled Hostel mag aus verschiedenen Gründen das beste Hostel in Huacachina sein: die Nähe zur Oase, die allgemeine Sauberkeit vor Ort, die funky Design Vibes und die herzliche Gastfreundschaft.

Huacachina verdankt ihre Gründung als Stadt der beliebten Oase oder Lagune, die in der wilden Trockenheit der Atacama-Wüste gefunden wurde. Die Oase wurde zu einer der berühmtesten Touristenattraktionen in Peru. Das war vollkommen einmalig: Mitten in einer der ausgedörrtesten Wüsten der Welt zufällig auf eine üppig fruchtbare Oase zu stoßen. In einen Mantel von grünen, Schatten spendenden Palmen geschmiegt, ist die Oase ein willkommener Zufluchtsort vor der senkenden Sonne. Dazu ist es nicht nur das von Peru sondern tatsächlich eines der größten geologischen Weltwunder.

Huacacina liegt 300 Kilometer von Perus Hauptstadt Lima entfernt im dürren Saum der Atacama. In den 1940er Jahren strömten reiche Bauunternehmer herbei, um Ferienhäuser an der Oase zu errichten. So wuchs auch die Tourismusindustrie in Huacachina. Das Hostel liegt ein bisschen außerhalb von Huacachina. Nach 15 Gehminuten finden sich die Gäste im aufregenden Nachtleben, für das Huacachina berühmt ist, wieder – falls man dies sucht. Andernfalls ist das Upcycled ein vollkommen ruhiger, entzückender Ort, um an dem vielgerühmten Pisco Sours, der an der Hostel Bar ausgeschenkt wird, zu nippen und mit Freunden zu plaudern. Renzo, der Eigentümer des Hostels, das freundliche Team und der süße Hostelhund Coco verwandeln das Upcycled Hostel in ein Zuhause fernab der Heimat.

Das Hostel liegt zehn Gehminuten von der Lagune entfernt, umgeben von vielen Läden. Im Hostel wird das, was andere Müll nennen mögen, in umwerfende Möbel oder Dekorationen zweckentfremdet oder „upcyclet", von einer Bar aus Weinflaschen hin zu einem →

Good to know

PREIS
€€€€€
AUSSTATTUNG
WLAN, Pool, Bar, Garten, Restaurant, Feuerstelle, Wohnzimmer, heiße Duschen, Hängematten. Frühstück ist inbegriffen.

Tipp: Die Oase ist nicht die einzige Sehenswürdigkeit, die man während des Aufenthalts im Upcycled besuchen sollte. Das Hostelteam organisiert Buggytouren — eine wundervolle Art bei Sonnenuntergang die Schönheit der Natur zu erleben.

Das *Upcycled Hostel* ist eine Minioase mitten in der Wüste.

Waschbeckenhalter aus Singer Nähmaschinen. Das Upcycled Hostel zeichnet sich durch einen lässigen, entspannten Charme aus. Es gibt einen sehr sauberen Außenpool zur Abkühlung – ganz in der Nähe zum Barbereich mit Sofas und Hängematten im Garten. Es ist ein guter Ort, um auszuspannen, einen Cocktail zu schlürfen und ein Buch zu lesen.

Die Oase ist nicht die einzige Sehenswürdigkeit, die man während des Aufenthalts im Upcycled besuchen sollte. Für Langschläfer und Verkaterte wird ein spätes Frühstück angeboten.

Freundliche Mitarbeiter, große saubere Mehrbettzimmer und Badezimmer und eine fantastische Lage machen das Upcycled Hostel zu einer einzigartigen Unterkunft in Südamerika. Es ist selbst eine Minioase mitten in der Wüste und ein perfekter Ort, sich in entspannter Atmosphäre auszuruhen und zu erholen.

Pilsen
CALLAO

CALLAO

ANDORRA

MOUNTAIN HOSTEL TARTER
mountainhosteltarter.com
Sant Pere del Tarter, AD100 Canillo
+376 330 412
info@mountainhosteltarter.com
Fotos:
Mountain Hostel Tarter
S. 46–49

BELGIEN

THE CUBE HOSTEL
cubehostel.be
Brusselsestraat 110, 3000 Löwen
+32 16 89 45 85
hello@cubehostel.be
Fotos: Cube Hostel Leuven
S. 79

BULGARIEN

HOSTEL OLD PLOVDIV
hosteloldplovdiv.com
3 Chetvarti yanuari Str.,
4000 Plowdiw
+359 32 260 925
hosteloldplovdiv@hotmail.com
Fotos: Hostel Old Plowdiw
S. 256–257

DÄNEMARK

STEEL HOUSE COPENHAGEN
steelhousecopenhagen.com
Herholdtsgade 6,
DK-1605 Kopenhagen V
+45 3317 7110
reservations@
steelhousecopenhagen.com
Fotos: Steel House
Copenhagen
S. 180–183

DEUTSCHLAND

DIE WOHNGEMEINSCHAFT
die-wohngemeinschaft.net
Richard-Wagner-Straße 39,
50674 Köln
+ 49 221 98593090
info@die-wohngemeinschaft.net
Fotos: Natalie Bothur
(172, 173 oben, 174 oben, 175 oben,
mitte links, unten links),
Die Wohngemeinschaft
(173 unten, 174 unten,
175 unten rechts)
S. 172–175

DOCK INN HOSTEL
dock-inn.de
Zum Zollamt 4, 18057 Rostock
+49 381 670700
info@dock-inn.de
Fotos: Dock Inn
S. 147

EDEN HOSTEL & GARTEN
eden-leipzig.de
Demmeringstraße 57, 04177 Leipzig
+49 1522 5181544
info@eden-leipzig.de
Fotos: Stefanie Schmidt
(168, 169 top, 170, 171),
Anne Hutschenreuter (169 bottom)
S. 168–171

GRAND HOSTEL BERLIN
grandhostel-berlin.de
Tempelhofer Ufer 14, 10963 Berlin
+49 302 0095450
info@grandhostel-berlin.de
Fotos: Grand Hostel Berlin
S. 157

JUGENDHERBERGE NÜRNBERG
jugendherberge.de
Burg 2, 90403 Nürnberg
+49 0911 2309360
nuernberg@jugendherberge.de
Fotos: DJH
Jugendherbergen Bayern e. V.
S. 115

MULTITUDE HOSTEL
multitude.de
Lützner Straße 7, 04177 Leipzig
+49 1590 1330851
info@multitude.de
Fotos: Multitude Hostel
S. 166–167

SUPERBUDE ST. PAULI
superbude.de
Juliusstr. 1–7, 22769 Hamburg
+49 40 807915820
stpauli@superbude.de
Fotos: Christian Perl (150,
151 top, 152, 153 bottom left, center
right, bottom right), Steve Herud
(150 bottom), Eva Giolbas (153 top)
S. 150–153

SUPERBUDE ST. GEORG
superbude.de
Spaldingstraße 152,
20097 Hamburg
+49 40 3808780
stgeorg@superbude.de
Fotos: Christian Perl
S. 154–155

THE CIRCUS
circus-berlin.de
Weinbergsweg 1a, 10119 Berlin
+49 30 20003939
info@circus-berlin.de
Fotos: Sebastian Neeb (162),
Zoë Noble (163, 164 rechts) Simon
Becker (165 oben), Giacomo Morelli
(165 mitte links), The Circus
GbR (164 links, 165 unten links,
165 unten rechts)
S. 162–165

WOMBAT'S CITY HOSTEL MUNICH
wombats-hostels.com
Senefelderstraße 1, 80336 München
+ 49 089 59989180
bookmunich@wombats.eu
Luiza Puiu
S. 199

ESTLAND

HEKTOR DESIGN HOSTEL
hektorhostels.com
Riia street 26, 50405 Tartu
+372 7405 100
hektor@hektorhostels.com
Fotos:
Hektor Design Hostels
S. 192–195

FINNLAND

7 FELLS HOSTEL
sevenfellshostel.fi
Kartanontie 2, 95970 Äkäslompolo
+358 040 5229925
info@sevenfellshostel.fi
Fotos: 7 Fells Hostel
S. 198

DREAM HOSTEL & HOTEL
dreamhostel.fi
Akerlundinkatu 2, 33100 Tampere
+358 45 2360 517
info@dreamhostel.fi
Fotos: Studio Puisto
(186, 188 oben links), Jarno Laine
(187, 188 oben rechts, unten rechts,
189 oben), Dream Hostel & Hotel
(189 unten)
S. 186–189

HOSTEL CAFE KOTI
hostelcafekoti.fi
Valtakatu 21, 96200 Rovaniemi
+358 44 7961 333
info@hostelcafekoti.fi
Fotos: Kota Collective
S. 196–197

THE YARD HOSTEL
theyard.fi
Kalevankatu 3 A 45, 00100 Helsinki
+358 400 909118
booking@theyard.fi
Fotos: YARD Nights Oy
S. 190–191

FRANKREICH

**AWAY HOSTEL
AND COFFEE SHOP**
awayhostel.com
21 rue Alsace Lorraine, 69001 Lyon
+33 4 78 98 53 20
bonjour@awayhostel.com
Fotos: Frenchie Cristogatin
(126, 127 oben, unten links,
unten rechts), Gaetan Clément
(127 mitte rechts)
S. 126–127

GASTAMA HOSTEL LILLE
en.gastama.com
109, rue de Saint André, 59000 Lille
+33 3 20 06 06 80
contact@gastama.com
Fotos: Gastama Hostel
S. 124

GENERATOR PARIS
generatorhostels.com
9–11 Place du Colonel Fabien,
75010 Paris
+33 1 70 98 84 00
ask.paris@generatorhostels.com
Fotos: Generator Paris
S. 122–123

HO 36 LES MÉNUIRES
ho36hostels.com
Route de Val Thorens,
73440 Saint-Martin-de-Belleville
+33 4 79 55 08 40
hellomenuires@ho36hostels.com
Fotos: ho36hostels.com
S. 118–119

HÔTEL OZZ
hotel-ozz.com
18 Rue Paganini, 06000 Nizza
+33 4 93 88 48 83
bonjour@hotel-ozz.com
Fotos: Hotel Ozz
S. 128–129

LES PIAULES
lespiaules.com
59 boulevard de Belleville,
75011 Paris
+33 1 43 55 09 97
contact@lespiaules.com
Fotos: Les Piaules
S. 120–121

GEORGIEN

FABRIKA TBILISI
hostelfabrika.com
8 Egnate Ninoshvili street,
Tiflis 0102
+995 32 2020399
info@fabrikatbilisi.com
Fotos:
Nakanimamasakhlisi (270–272,
273 oben, unten rechts),
Bobo Lab (273 mitte links,
unten links)
S. 270–273

GHANA

SOMEWHERE NICE HOSTEL
hostelaccra.com
Cotton Avenue 9,
Kokomlemle, Accra
+233 54 374 3505
info@hostelaccra.com
Fotos: Somewhere Nice
S. 216–217

GRIECHENLAND

CAVELAND SANTORINI
cave-land.com
Karterados 39, 847 00 Karterádhos
+30 2286 022122
info@caveland.com
Fotos: Chris Spira
S. 234

STAY HOSTEL APARTMENTS
stayrhodes.com
Lochagou Fanouraki 19-21,
851 00 Rhodos
+30 22410 24024
stayrhodes@gmail.com

Fotos: Stay Hostel
Apartments
S. 232–233

GROẞBRITANNIEN

CLINK78
clinkhostels.com
78 King's Cross Rd,
London, WC1X 9QG
+44 20 7183 9400
reservations@clinkhostels.com
Fotos: Clink Hostels
S. 114

FORT YORK BOUTIQUE HOSTEL
thefortyork.co.uk
1 Little Stonegate, York YO1 8AX
+44 1904 639573
info@thefortyork.co.uk
Fotos: The Fort
Boutique Hostel
S. 110–111

PALMERS LODGE, SWISS COTTAGE
palmerslodges.com
40 College Crescent,
London NW3 5LB
+44 20 7483 8470
Fotos: Palmers Lodge
S. 98–99

PALMERS LODGE, HILLSPRING
palmerslodges.com
233 Willesden Lane,
London NW2 5RE
+44 20 7099 2435
reception@palmerslodge.co.uk
Fotos: Palmers Lodge
S. 100–101

THE ROCKS AT PLAS CURIG
snowdoniahostel.co.uk
Capel Curig, Betws-y-Coed,
Conwy LL24 0EL
+44 1690 720 225
info@therockshostel.com
Fotos:
The Rocks at Plas Curig
S. 106–109

WOMBAT'S CITY HOSTEL LONDON
wombats-hostels.com
7 Dock St, Whitechapel,
London E1 8LL
+44 20 7680 7600
booklondon@wombats.eu
Fotos: Luiza Puiu
S. 96–97

YHA AMBLESIDE
yha.org.uk
Waterhead, Ambleside LA22 0EU
+44 345 371 9620
ambleside@yha.org.uk
Fotos: YHA
(England & Wales)
S. 209

YHA HARTINGTON HALL
yha.org.uk
Hall Bank, Hartington,
Buxton SK17 0AT
+44 345 371 9740
hartington@yha.org.uk
Fotos: YHA
(England & Wales)
S. 112–113

YHA KESWICK
yha.org.uk
Station St, Keswick CA12 5LH
+44 345 371 9176
brighton@yha.org.uk
Fotos: YHA
(England & Wales)
S. 104

YHA TANNERS HATCH SURREY HILLS
yha.org.uk
Ranmore Common Rd,
Dorking RH5 6BE
+44 345 371 9542
tanners@yha.org.uk
Fotos: YHA
(England & Wales)
S. 102–103

YHA SOUTH DOWNS
yha.org.uk
Itford Farm, Beddingham,
Lewes BN8 6JS
+44 345 371 9574
southdowns@yha.org.uk
Fotos: YHA
(England & Wales)
S. 105

HONG KONG

THE MAHJONG HOSTEL
themahjonghk.com
1/F, 10-16 Pak Tai Street,
To Kwa Wan, Kowloon
+852 27051869
info@themahjonghk.com
Fotos: The Mahjong Hostel
S. 300–301

ISLAND

KEX HOSTEL
kexhostel.is
Skúlagata 28, 101 Reykjavík
+354 561 6060
info@kexhostel.is
Fotos: Borkur Sightorsson
(204, 206 unten rechts, 207 oben, mitte links, unten links),
Lilja Jónsdóttir (205, 206 oben rechts)
Jess Kay (206 oben links, 207 unten rechts)
S. 204–207

MIDGARD BASE CAMP
midgardbasecamS.is
Dufbaksbraut 14, 860 Hvolsvöllur
+354 578 3180
sleep@midgard.is
Fotos: Midgard Base Camp
S. 208

INDIEN

LET'S BUNK POSHTEL
letsbunk.live
T40, Hauz Khas Village,
Neu Delhi, Delhi
+91 81303 83199

bookings@letsbunk.live
Fotos: Dinesh Madhavan Photography
S. 274–275

ISRAEL

ABRAHAM HOSTEL JERUSALEM
abrahamhostels.com
67 Hanevi'im Street, Davidka Square, Jerusalem 9470211
+ 972 2 6502200
infojlm@abrahamhostels.com
Fotos: Abraham Hostels
S. 238–241

ABRAHAM HOSTEL TEL AVIV
abrahamhostels.com
21 Levontin Street, Tel Aviv 6511604
+ 972 3 6249200
infotlv@abrahamhostels.com
Fotos: Abraham Hostels
S. 237

FAUZI AZAR INN
abrahamhostels.com
Fauzi Azar Inn 2606, Nazareth 16125
+ 972 4 6020469
info@fauziazarinn.com
Fotos: Abraham Hostels
S. 242–245

ITALIEN

DOPA HOSTEL
dopahostel.com
Via Irnerio 41 , 40126 Bologna
+39 051 0952461
info@dopahostel.com
Fotos: Dopa Hostel
S. 144–145

OSTELLO BELLO LAKE COMO
ostellobello.com
Viale Fratelli Rosselli 9, 22100 Como
+39 031 570889
info.como@ostellobello.com
Fotos: Alice Gemignani
S. 142

OSTELLO BELLO MILAN
ostellobello.com
Via Roberto Lepetit 33, 20124 Mailand
+39 02 6705921
info@ostellobello.com
Fotos: Alice Gemignani
S. 140–141

THE BEEHIVE
the-beehive.com
Via Marghera 8, 00185 Rom
+ 39 06 44704553
info@the-beehive.com
Fotos: Maarten Mellemans
S. 143

THE ROME HELLO
theromehello.com
Via Torino 45, 00184 Rom
+39 06 96860070
ciao@theromehello.com
Fotos: Janos Grapow
S. 138–139

WE_CROCIFERI
we-gastameco.com
Campo dei Gesuiti, Cannaregio 4878, 30121 Venedig
+39 041 5286103
hello@we-crociferi.it
Fotos: Edoardo Pasero (146 oben), Riccardo Grassetti (146 unten rechts)
S. 146

YELLOWSQUARE
yellowsquare.it
Via Palestro 51, 00185 Rom
+39 06 446 3554
questions@the-yellow.com
Fotos: YellowSquare
S. 134–137

JAPAN

THE BLEND-INN
theblend.jp
1-24-21 Baika, Konohana-ku, Osaka-shi, Osaka-fu
+81 70 1745 1250
info@theblend.jp
Fotos: The Blend-Inn
S. 312–315

36HOSTEL
36hostel.com
36Hostel, 2-10-17, Tokaichimachi, Naka-ku, Hiroshima-shi, Hiroshima 730-0805
+81 070 5527 3669
info@36hostel.com
Fotos: Masaru Yamamoto
S. 304–309

THE MILLENNIALS
the-millennials-kyoto-jS.book.direct
235 Yamazakicho, Nakagyo Ward, Kyoto 604-803
+81 75 212 6887
master@themillennials.jp
Fotos: Global Agents Co.
S. 310–311

KAMBODSCHA

LUB D CAMBODIA SIEM REAP
lubd.com
7 Makara St, Wat Bo Village, Sangkat Sala Kamreuk City, Siem Reap 17254
+855 63 968 900
contact.siam@lubd.com
Fotos: Lub d Hostels
S. 288–289

KROATIEN

BOUTIQUE HOSTEL FORUM ZADAR
hostelforumzadar.com
Široka ul. 20, 23000 Zadar
+385 23 250 705
info@hostelforumzadar.com
Fotos: Boutique Hostel Forum
S. 38

HOSTEL 1W
one-world.com.hr
Barčićeva 4, 51000 Rijeka
+385 51 401 757
info@one-world.com.hr
Fotos: Hostel 1W
S. 235

SWANKY MINT HOSTEL
swanky-hostel.com
Ilica 50, 10000 Zagreb
+385 1 4004 248
mint@swanky-hostel.com
Fotos: Petar Santini
S. 248–251

LETTLAND

TWOWHEELS HOSTEL
2w.lv
Balozu street 12, Riga LV-1048
+ 371 6746 8884
info@2w.lv
Fotos: TwoWheels Hostel
S. 264–265

LITAUEN

DOWNTOWN FOREST
downtownforest.lt
Paupio str. 31A, Vilnius LT-11341
+370 686 84523
info@downtownforest.lt
Fotos:
Antanas Miknevičius
S. 266–267

MOROKKO

RODAMÓN RIAD MARRAKECH
rodamonhostels.com
Amssafah 32, Marrakesch 40000
+212 5243 78978
Fotos: Rodamón Hostels
S. 228–231

NIEDERLANDE

CLINK NOORD
clinkhostels.com
Badhuiskade 3,
1031 KV Amsterdam
+31 20 214 9731
reservations@clinkhostels.com
Fotos: Clink Hostels
S. 88

COCOMAMA
cocomamahostel.com
Westeinde 18, 1017 ZP Amsterdam
+31 20 627 2454
hello@cocomamahostel.com
Fotos: Cocomama
S. 70–71

ECOMAMA
ecomamahotel.com
Valkenburgerstraat 124,
1011 NA Amsterdam
+31 20 770 9529
hello@ecomamahotel.com
Fotos: Ecomama
S. 76–77

GENERATOR AMSTERDAM
generatorhostels.com
Mauritskade 57,
1092 AD Amsterdam
+31 20 708 5600
ask.amsterdam@
generatorhostels.com
Fotos: Generator
Amsterdam
S. 78

HELLO I'M LOCAL
helloimlocal.com
Spiegelstraat 4, 2011 BP Haarlem
+31 23 844 6916
mail@helloimlocal.com
Fotos: Anouk B
S. 86–87

HOSTEL ANI & HAAKIEN
anihaakien.nl
Coolsestraat 47, 3014 LC Rotterdam
+31 10 236 1086
info@anihaakien.nl
Fotos: Hostel
Ani & Haakien
S. 84–85

HOSTEL ROOM
roomrotterdam.nl
Van Vollenhovenstraat 62,
3016 BK Rotterdam
+31 10 282 7277
info@roomrotterdam.nl
Fotos: Hostel ROOM
S. 89

KING KONG HOSTEL
kingkonghostel.com
Witte de Withstraat 74,
3012 BS Rotterdam
+31 10 818 8778
info@kingkonghostel.com
Fotos: Abraham Quintana
(73, 75 bottom right), Nuno Viegas
(75 bottom left), Annebel Eppinga
(75 top), Christian Escobar (74),
King Kong Hostel (72, 75
center left)
S. 72–75

KINGKOOL HOSTEL
kingkool.nl
Prinsegracht 51,
2512 EX Den Haag
+31 70 215 8339
info@kingkool.nl
Fotos: Kingkool Hostel
S. 90–91

ÖSTERREICH

WOMBATS CITY HOSTEL
Vienna Naschmarkt
wombats-hostels.com
Rechte Wienzeile 35, 1040 Wien
+43 1 8972336
bookvienna@wombats.eu
Fotos: Luiza Puiu
S. 156

PERU

THE UPCYCLED HOSTEL
facebook.com / theupcycledhostel
Urbanizacion La Estancia F-5
camino a Huacachina, Ica
+51 56 408911
upcyclehostelperu@gmail.com
Fotos: The Upcycled Hostel
S. 324–327

PHILIPPINEN

SPIN DESIGNER HOSTEL
spinhostel.com
Balinsasayaw Road cor.
Calle Real, El Nido, 5313 Palawan
+63 917 566 7746
spinhostelph@gmail.com
Fotos:
Spin Designer Hostel
S. 302–303

PORTUGAL

GALLERY HOSTEL
gallery-hostel.com
Rua Miguel Bombarda, 222,
4050-377 Porto
+351 22 496 4313
info@gallery-hostel.com
Fotos: Gallery Hostel
S. 32–35

GOODMORNING HOSTEL
goodmorninghostel.com
Praça dos Restauradores 65,
1250-188 Lissabon
+351 21 342 1128
bookings@goodmorninghostel.com
Fotos:
Goodmorning Hostel
S. 12–13

HUB NEW LISBON HOSTEL
hostelshub.com
Rua de O Século 150,
1200-437 Lissabon
+351 21 347 1506
newlisbon@hostelshub.com
Fotos: Hostels Hub
S. 14–17

SUNSET DESTINATION HOSTEL
followyourdestination.com
Praça do Duque de
Terceira, Estação Ferroviária
do Cais do Sodré, 1200-161 Lissabon
+351 21 347 0219
sunset@followyourdestination.com
Fotos:
Sunset Destination Hostel
S. 39

TATTVA DESIGN HOSTEL
tattvaporto.com
Rua do Cativo 26–28,
4000-160 Porto
+351 22 094 4622
info@tattvadesignhostel.com
Fotos: Tattva Design Hostel
S. 39

THE HOUSE OF SANDEMAN
Hostel & Suites
thehouseofsandeman.pt
Largo Miguel Bombarda,
4430-175 Vila Nova de Gaia
+351 21 346 1381
reservations@
thehouseofsandeman.pt
Fotos: The House of
Sandeman Hostel & Suites
S. 22–27

THE INDEPENDENTE HOSTEL & SUITES
theindependente.pt
Rua de São Pedro de Alcântara 81,
1250-238 Lissabon
+351 21 346 1381
reservations@theindependente.pt
Fotos:
Miguel Guedes Ramos
S. 8–11

THE PASSENGER
thepassengerhostel.com
Estação São Bento, Praça
Almeida Garrett, 4000-069 Porto
+351 963 802 000
info@thepassengerhostel.com
Fotos: Vasco Maia Lopes
S. 28–31

RUSSLAND

SOUL KITCHEN
soulkitchenhostel.com
Moika embankment 62/2 app 9,
190000 St. Petersburg
+7 965 816 34 70
soulkitchenjunior@gmail.com
Fotos: Soul Kitchen
S. 268–269

SINGAPUR

ADLER HOSTEL
adlerhostel.com
259 South Bridge Road,
Singapur 058808
+65 6226 0173
contact@adlerintl.com
Fotos: Adler Hostel
S. 298–299

SÜDAFRIKA

91 LOOP
91looS.co.za
91 Loop Street, Kapstadt 8001
+ 27 21 286 1469
stay@91looS.co.za
Fotos: 91 Loop
S. 224–225

CURIOCITY HOSTELS DURBAN
curiocitybackpackers.com
55 Monty Naicker Road,
Durban 4001
+27 31 286 0025
stay@curiocitydurban.com
Fotos: Curiocity Hostels
S. 226–227

CURIOCITY HOSTELS JOBURG
curiocitybackpackers.com
302 Fox St, Johannesburg 2094
+27 11 614 0163
stay@curiocityjoburg.com
Fotos: Curiocity Hostels
S. 218–219

ONCE IN CAPE TOWN
onceincapetown.co.za
73 Kloof Street, Kapstadt 8001
+27 87 057 2638
book@onceincapetown.co.za
Fotos: Selma Olsen
(214, 215 oben links), David
Hofmeyr
(215 oben rechts, unten),
Carl Holman (215 mitte rechts)
S. 214–215

ONCE IN JOBURG
once.travel / cities / joburg
90 De Korte Street,
Johannesburg 2000
+27 87 057 2638
book@onceinjoburg.co.za
Leeroy Jason (220, 221 top),
Oliver Petrie (221 bottom)
S. 220–221

THE BACKPACK
backpackers.co.za
74 New Church Street,
Kapstadt 8001
+27 21 423 4530
backpack@backpackers.co.za
Fotos: Russel Smith
(222, 223 top right, center
right, bottom), The Backpack
(223 top left)
S. 222–223

THE B.I.G.
bigbackpackers.com
18 Thornhill Road, Green Point,
Kapstadt 8005
+27 21 434 0688
info@bigbackpackers.com
Fotos: The B.I.G.
S. 236

SPANIEN

AMISTAT ISLAND HOSTEL
amistathostels.com
Santa Rosalía, 25,
07820 Sant Antoni de Portmany
+34 971 34 38 34
ibiza@amistathostels.com
Fotos: Amistat
Island Hostel
S. 52–53

CASA GRACIA
casagraciabcn.com
Passeig De Gràcia 116 Bis,
08008 Barcelona
+34 931 74 05 28
info@casagraciabcn.com
Fotos: Casa Gracia
S. 62–63

LA BANDA ROOFTOP HOSTEL
labandahostel.com
Calle Dos de Mayo 16, 41001 Sevilla
+34 955 22 81 18
bookings@labandahostel.com
Fotos: Nicole Williams
(45 unten links), La Banda Rooftop
Hostel (45 oben,unten rechts)
S. 45

OPTION BE HOSTEL
bedandbe.com
Calle José Cruz Conde 22,
14001 Córdoba
+34 661 42 07 33
cordoba@bedandbe.com
Fotos: MarinaMLuna
(55, 56 oben rechts),Theresa
Schlage – ResiDiBerlino
(54, 56 oben links, unten rechts)
S. 54–57

QUARTIER BILBAO HOSTEL
quartierbilbao.com
Artekale, 15, 48005 Bilbao
+34 944 97 88 00
recepcion@quartierbilbao.com
Fotos: Quartier
Bilbao Hostel
S. 38

THE LIGHTS HOSTEL
lightsouthostel.com
Calle Torregorda 3, 29005 Malaga
+34 951 25 35 25
Info@LightsOutHostel.com
Fotos: The Lights Hostel
S. 36–37

TOC HOSTELS BARCELONA
tochostels.com
Gran Vía de les Corts
Catalanes 580, 08011 Barcelona
+34 934 53 44 25
bcn@tochostels.com
Fotos: TOC Hostels
S. 64

TOC HOSTELS MADRID
tochostels.com
Plaza Celenque 3, 28013 Madrid
+34 915 32 13 04
mad@tochostels.com
Fotos: TOC Hostels
S. 44

TOC HOSTELS SEVILLA
tochostels.com
Calle Miguel Mañara 18-22,
41004 Sevilla
+34 954 50 12 44
sevilla@tochostels.com
Fotos: TOC Hostels
S. 65

SCHWEDEN

GENERATOR STOCKHOLM
generatorhostels.com
Torsgatan 10, 111 23 Stockholm
+46 8 505 323 70
ask.stockholm@
generatorhostels.com
Fotos: Generator
Stockholm
S. 184–185

THAILAND

LUB D PHUKET PATONG
lubd.com
5/5 Sawatdirak Road,
Kathu, Patong, Phuket 83150
+66 76 530 100
contact.patong@lubd.com
Fotos: Lub d Hostels
S. 296–297

**ONEDAY
PAUSE AND FORWARD**
onedaybkk.com
51 Soi Sukhumvit 26, Klong Tan,
Klong Toei, Bangkok 10110
+ 66 21 088 855
contact@onedaybkk.com
Architecture and interior
design: Begray
Concept: Yiwa Bhusirat
Fotos: ONEDAY Pause
and Forward
S. 280–283

OXOTEL HOSTEL
oxotelchiangmai.com
149-153 Wua Lai Rd, Chang Wat,
Chiang Mai 50100
+66 52 085 334
oxotelcnx@gmail.com
Fotos: Oxotel Hostel
S. 292–295

YIM HUAI KHWANG
yimbangkok.com
70 Pracha Rat Bamphen Rd,
Khwaeng Huai Khwang,
Khet Huai Khwang, Krung Thep
Maha Nakhon 10310
+66 80 965 9994
yimhuaikhwang@gmail.com
Fotos: Wison Tungthunya
S. 286–287

YIM YAM HOSTEL AND GARDEN
yimyambkk.com
503/2 Petchburi Road, Phaya
Thai District, Ratchathewi
Bangkok 1040
+66 90 931 5077
info@yimyambkk.com
Fotos: Gun Phansuwon
S. 284–285

TSCHECHIEN

CZECH INN
czech-inn.com
Francouzská 240/76, 101 00 Prag
+420 210 011 100
info@czech-inn.com
Fotos: Dominik Holz
S. 252–253

LONG STORY SHORT HOSTEL
longstoryshort.cz
Koželužská 945/31, 779 00 Olmütz
+420 588 008 278
reception@longstoryshort.cz
Fotos: Josef Kubíček
josefkubicek.net
S. 258–263

SIR TOBY'S HOSTEL
sirtobys.com
Dělnická 1155/24, 170 00 Prag
+420 210 011 600
info@sirtobys.com
Fotos: Dominik Holz
S. 254

SOPHIE'S HOSTEL
miss-sophies.com
Melounova 2, 120 00 Nové Město
+420 210 011 300
info@miss-sophies.com
Fotos: Dominik Holz
S. 255

USA

HOSTEL FISH
hostelfish.com
1217 20th Street, Denver, CO 80202
+1 303 954 0962
stay@hostelfish.com
Fotos: Hostel Fish
S. 125

NATIVE HOSTEL
nativehostels.com
807 E 4th St, Austin, TX 78702
+1 512 551 9947
reservations@nativehostels.com
Fotos: Charles Reagan
S. 318–319

THE QUISBY
thequisby.com
1225 St. Charles Ave.,
New Orleans, LA 70130
+1 504 208 4881
queries@thequisby.com
Fotos: Patrick Niddrie
(320–321, 322 unten links,
unten rechts, 323),
Donald Anderson (322 oben links)
S. 320–323

VIETNAM

NEXY HOSTEL
nexyhostels.com
12 To Tich Street,
Hoan Kiem District, Hanoi
+84 24 7300 6399
hello@nexyhostels
Fotos: Nexy Hostel
S. 290–291

Die €-Skala basiert auf dem Preis eines Schlafplatzes in einem Mehrbettzimmer.

BIO

2016 wurde Kash Bhattacharya von *National Geographic* als Reiseblogger des Jahres ausgezeichnet. Er hat BudgetTraveller.org gegründet und veröffentlicht dort Beiträge, mit denen er das Reisen für stilvolle, designverliebte und kostenbewusste Menschen revolutioniert. Kash hat sich schon immer darum bemüht zu beweisen, dass man günstig und trotzdem mit Stil reisen kann. Egal, ob es darum geht, ein Luxushostel in Berlin oder die besten Aperitivo in Rom ausfindig zu machen oder einzigartige Kulturerlebnisse in Madrid zu haben, ohne allzu viel Geld auszugeben, das alles findet man in diesem Buch.

The Grand Hostels

Die schicksten Designhostels der Welt

Konzeption, Redaktion und Design
von **Gestalten**.

Herausgegeben von **Robert Klanten**
und **Maria-Elisabeth Niebius**
Mitherausgeber: **Kash Bhattacharya**
Texte von **Kash Bhattacharya**

Übersetzung aus dem Englischen
von **Anja Sackarendt**, **Frederik Kugler**
und **Wieners+Wieners**.

Projektmanagement von **Adam Jackman**

Illustrationen von **Jessica Smith**

Design und Layout von **Mona Osterkamp**

Schriften: Inters von TypeType; Malaussène von Laure Afcha (foundry: *www.fontshop.com/foundries/die-gestalten*); Victorianna von Sébastien Hayez und Jérémy Landes (Velvetyne Type Foundry); Aktiv Grotesk von Dalton Maag

Druck: Nino Druck GmbH,
Neustadt / Weinstraße
Hergestellt in Deutschland

Erschienen bei Gestalten, Berlin 2018
ISBN 978-3-89955-433-5
Die englische Ausgabe ist unter der
ISBN 978-3-89955-684-1 erhältlich.

„Es war eine wunderbare Reise von jenem bitterkalten schottischen Morgen im Dezember 2011, der Tag an dem mir die Idee für dieses Buch kam, bis heute, wo ihr es in Händen haltet. Da es in Teamarbeit entstand, möchte ich den Menschen danken, die mir bei der Umsetzung geholfen haben. Zuallererst will ich den Hostels danken, die hier vorgestellt sind. Es hat großen Spaß gemacht, euch kennenzulernen und es ist mir eine Ehre, aller Welt eure Geschichte erzählen zu können. Jedes Hostel hat nun einen Platz in meinem Herzen. Ohne eure Mithilfe und euren Enthusiasmus wäre dieses Vorhaben sicher nie Realität geworden.

Besondere Erwähnung gilt meinem Verlag, Gestalten, und Robert, Maria und Adam. Vielen Dank für euer Vertrauen und die Unterstützung bei diesem großartigen Projekt.

Ein Dankeschön auch an alle, die mich auf der Reise begleitet haben: Arpita Bhattacharya, Steve Lowy, Bernd Neff, Duarte und Bernardo D'Ecal, Gonçalo Castanho, Sofia Vasconcelos, Ana de Sousa und Chris Richardson.

Ich danke meiner Familie für ihre Liebe und die Ermutigung, stets meinen Träumen zu folgen.

Besonders erwähnen will ich Sabrina Wulf. Vielen Dank für deine liebevolle Unterstützung bei der Arbeit an diesem Buch. Ohne dich wäre das alles nicht möglich gewesen.

Abschließend möchte ich dir, lieber Leser, danken, dass du dieses Buch gekauft hast. Ich hoffe, es macht dir viel Spaß und weckt die Reiselust." – **Kash Bhattacharya**

Weitere Informationen und Buchbestellungen unter www.gestalten.com. Bibliografische Information der Deutschen Nationalbibliothek. Die Deutsche Nationalbibliothek verzeichnet diese Publikation in der Deutschen Nationalbibliografie; detaillierte bibliografische Daten sind im Internet über www.dnb.de abrufbar.

Alle in dieser Publikation vorgestellten und porträtierten Unternehmen, Projekte und Personen wurden auf Basis ästhetischer und inhaltlicher Kriterien ausgewählt und in keinem Fall aufgrund von Zahlungen oder kommerziellen Zuwendungen seitens der vertretenen Unternehmen, Designer und Künstler.

Dieses Buch wurde auf FSC®-zertifiziertem Papier gedruckt.

FSC www.fsc.org
MIX
Papier aus verantwortungsvollen Quellen
FSC® C006655